MHL

メンタルヘルス・ライブラリー　30

死刑と精神医療

●高岡 健＋中島 直 .... | 編 |

批評社

まえがき

高岡　健　Takaoka Ken

1●

　2010年7月、当時の千葉景子法務大臣は、民主党政権で初めて死刑執行を命令した。彼女の意図は、死刑執行と引き換えに、死刑に関する情報公開と、国民的議論を喚起するところにあったといわれる。もっとも、それをどこまで信じてよいのかはわからない。

　いずれにしても、情報公開に関しては、刑場のメディアへの開示がなされただけで、最も必要であるはずの、死刑囚の通信面会制限や死刑囚への取材制限が、緩和される見通しはない。また、国民的議論に関しては、法務省幹部と政務三役による「死刑の在り方についての勉強会」が10回にわたって開催されたものの、結論がえられないまま議論は打ち切られ、2012年3月に小川敏夫法相によって死刑執行が命令されたことは、周知のとおりだ。

　ところで、上述した勉強会の報告書には、以下のような「まとめ」が記されている。

　(1) 死刑制度に対する根本思想・哲学について：死刑制度廃止論からは、「死刑は残虐な刑罰である」「国家であっても人を殺す権利はない」などと主張され、死刑制度存置論からは、「命を奪った者は、殺した相手を生き返らせない限り、自分の命をもって償いをし、責任を果たすほかはない」「どうしても死刑を適用せざるを得ない事案があり、そのような事案に死刑を

適用することが社会正義を実現する司法を確立して、その司法の下で国民が安心して生きることのできる国をつくる（略）」などと主張されている。

(2) 死刑の犯罪抑止力について：死刑制度廃止論からは、「自暴自棄に陥った者や自らの命を賭して実行しなければならないという信念を持った者に対しては死刑は抑止効を持ち得ず、自殺願望から犯行に及ぶ者にはむしろ誘発性を持つ」「その存否に関する実証的・科学的根拠は存在しない」などと主張され、死刑制度存置論からは、「刑罰に犯罪抑止力があることは明らか（略）」「犯人を死刑にしておけば助かった可能性のある被害者は存在する」などと主張されている。

(3) 誤判のおそれについて：死刑制度廃止論からは、「誤判の可能性そのものを否定することは誰にもできない（略）」「冤罪による死刑執行のおそれは現実のものであり、いったん失われた命はどのようにしても回復できない」などと主張され、死刑制度存置論からは、「事件の中には誤判の余地の絶無な事件も相当ある」「誤判のおそれは死刑特有の問題ではなく、誤判のおそれを理由に死刑廃止を論じるのは刑事裁判の否定に通じる」などと主張されている。

2●

報告書の「まとめ」は、さらに次のように続ける。

(4) 被害者・遺族の心情等に関する議論について：死刑制度廃止論からは、「被害者のために死刑があるわけではない」「今は仇討ちを彷彿させるような時代ではない」「遺族の被害感情は時間や状況とともに変化していくもの」などと主張され、死刑制度存置論からは、「事件が余りに残虐で、被害感情が余りに激しく、大方の人が犯人は自己の生命をもって償うべきだと考えるような場合には、死刑をもって臨み、被害者とその遺族の悲しみと怒りを癒すことも正義につながる」などと主張されている。

(5) **犯人の更生可能性について**：死刑制度廃止論からは、「たとえ凶悪な罪を犯した者であっても更生の可能性がある」などと主張され、死刑制度存置論からは、「犯人が更生したからといって、犯人が犯した罪が消えるわけではない」「自分に同じ場面が降りかかってこない限りは（略）反省したりすることはない」などと主張されている。

　(6) **国民世論について**：死刑制度廃止論からは、「世論に迎合するのではなく、政治がリーダーシップをもって国民を死刑廃止に導いていくべき」「死刑は人権の問題であり、少数者の保護という観点からすれば多数派の意見にこだわることは相当ではない」などと主張され、死刑制度存置論からは、「死刑存廃の問題は国民にとって最も基本的かつ重要な事柄であり、国民の意識が強く反映されなければならない」「罪刑均衡のとれた刑を科さなければ国民の刑事司法に対する信頼が得られなくなり、犯罪が増え、捜査に対する協力も得られなくなる」などと主張されている。

　(7) **国際的潮流に関する議論について**：死刑制度廃止論からは、「死刑廃止は国際的な潮流であり、我が国も国際人権法を尊重すべき」「世界は死刑廃止を望んでおり、ひとり日本だけが国情や世論を理由に躊躇している時ではない」などと主張され、死刑制度存置論からは、「死刑制度存置国と廃止国の数や比較については、『事実上の廃止国』をどのように分類するかなどの問題があり、簡単ではない」「一国の司法制度や犯罪政策、司法文化はその国の国民が決めるものであり、他国からとやかく言われるものではない」などと主張されている。

3 ●

　だが、一見してわかるとおり、この「まとめ」は表層をなぞっただけの両論併記であり、いかにも深みに欠ける。死刑を廃止するにせよ存置するにせよ、この程度の議論では到底、論拠とはなりえない。

さらに、この「まとめ」に欠落している論点が、少なくとも2つ存在する。
　ひとつは、**精神障害者への死刑執行をめぐる議論**だ。裁判の過程で精神障害の存在が見落とされていなかったと仮定しても、潜在していた精神疾患が裁判後に顕在化する場合や、裁判後になって精神疾患が新たに発症する場合がある。すると、死刑囚の死刑適応能力（死刑を受ける能力）に、重大な疑義が生じることになる。本書で触れられている池袋通り魔事件や袴田事件は、その一例にほかならない。
　もうひとつは、**少年への死刑執行をめぐる議論**だ。よく知られているように、少年法51条1項は、犯行時に18歳未満であった者に対し死刑を選択すべきときは、宣告刑として無期刑を科すと定めている。少年は可塑性に富むがゆえに更生が可能との、理念に基づくものであろう。問題は、18歳以上の少年に対する、いわゆる厳罰化の流れだ。とりわけ光市事件をめぐっては、この問題が大きくとりあげられた。
　精神障害者に対してはもちろん、少年に対しても、精神医療が関与を余儀なくされる場面は少なくない。ここに本書『死刑と精神医療』を刊行する意義と目的がある。

4●

　もちろん、死刑と精神医療について論じるためには、死刑そのものにまで主題を拡げざるをえない一面がある。そこで、本書では死刑に関する広範な考察から、精神障害を有する人に特異的な死刑問題までの全てを俯瞰する目的で、まず小林修弁護士に、総論に当たる論稿を執筆いただいた。加えて、いわば死刑原論に相当する論稿の執筆を、芹沢俊介さんにお願いした。
　また、精神障害者と死刑との間に横たわる諸問題に関しては、世界精神医学会のマドリッド宣言が有名だが、本邦では日本精神神経学会の見解な

どを含めて、未だ検討の途上にあるのが現状といわざるをえない。そのため、精神疾患を有する人に対する死刑判決は許されるのか、究極の受刑能力ともいうべき死刑適応能力をどう考えるのか、死刑囚の呈する精神症状への治療をどうすべきなのかなどの山積する課題について、共同編者の中島直が概説することとした。加えて、外国との比較から本邦の状況を浮き彫りにする目的で、横藤田誠さんに、米国での議論を解説していただいた。

同時に、この主題を扱うにあたっては、精神疾患を有する人たちからの発言が欠かせない。そのため、全国「精神病」者集団の山本眞理さんから、玉稿を頂戴した。さらに、少年事件における死刑の問題を剔抉するために、大高緑地アベック殺人事件を含めて多田元弁護士に、そして光市事件に関して浜田寿美男さんに、それぞれ論じていただいた。

さらに、以上によっても網羅できない部分を、精神科医の髙田知二さん、木村一優さん、および共同編者の高岡健が補足したうえで、芹沢さんと共同編者2人による鼎談を通じて、死刑についての全体像を浮かび上がらせるという構成をとった。

5 ●

光市事件や秋葉原事件などを契機に、死刑をめぐる議論が、法曹以外の世界でも巻き起こりつつある。また、大阪姉妹殺害事件で死刑判決が下された元死刑囚が、判決後に何らかの精神疾患の症状を呈していると報じられつつも、既に死刑が執行されたという事実もある。そしていま、袴田事件に対する着目も、少しずつ高まっている。それにしても、それぞれの死刑囚や元死刑囚とは、私たちにとって、どのような存在なのか。あるいは、それぞれの死刑囚や元死刑囚にとって、私たちとは、どのような存在なのか。

かつて、幸徳秋水の処刑に際し、当時まだ20歳代の若者だった大杉栄は、有名な「春三月縊り残され花に舞ふ」という句を詠んだ。大杉の心境

は、「縊り残され」たという言葉に、すべてが集約されている。
　翻って考えるなら、私たちもまた、縊り残された存在ではないのだろうか。なぜなら、自由や革命を目指す意志的な行動であろうと、政治社会思想とは無縁に映る殺人などの行動であろうと、あらゆる人間は、それらの行動から先験的に免れているわけではないからだ。私たちは誰でも、契機さえあれば大量殺人を起こすことはありうるし、また冤罪によって絞首台へと向かわされることもありうる。その意味では、私たちもまた、確かに死刑囚から縊り残された存在であるといえよう。

死刑と精神医療

MHL 30

目次

index

まえがき　●高岡 健
――――――――――――――――――――――――――――――――3

座談会●死刑と精神医療
――精神障害者への死刑にまつわる問題
――芹沢俊介＋中島 直＋[司会]高岡 健
――――――――――――――――――――――――――――――――13

1●1年8か月ぶりの死刑執行は何を意味するか／2●死刑執行のモラトリアムの意味――背景としての親鸞思想／3●日本の死刑制度と世論調査――欧米との違い／4●社会契約としての犯罪と刑罰／5●死刑というスケープゴートの意味／6●応報感情の無効性――自殺と死刑制度／7●体感治安の悪化と安全神話のゆくえ／8●冤罪の構造――誤判と再審／9●死刑の適応能力――理解基準、援助基準、準備基準／10●精神障害者の死刑執行と拘禁反応の問題性／11●共同体の安定と刑罰概念の誕生――スケープゴートしての死刑制度／12●自殺装置と死刑の残虐性の背後にあるもの／13●少年への死刑適用とその問題点／14●終わりにあたって

[資料1] マドリード宣言――56

[資料2] 死刑執行への精神科医の関与に関する当学会の当面の態度について――60

[資料3] 死刑執行への精神科医の関与に関する当学会の見解(第二報)――62

精神障害者の場合を含む死刑問題と日弁連の見解　●小林 修
――――――――――――――――――――――――――――――――65

1●はじめに／2●我が国の死刑／3●世界の動き／4●その他の死刑問題の論点／5●死刑問題についての日弁連の取り組み／6●人権擁護大会シンポジウムと決議――日弁連の立場／7●宣言の採択／8●精神障害と死刑／9●おわりに

死刑と精神障害者　●山本眞理
――――――――――――――――――――――――――――――――92

1●赤堀正夫さんの冤罪事件が問いかけるもの／2●障害者権利条約と法的能力／3●刑事司法制度における合理的配慮とは？／4●おわりに

死刑と精神科医にまつわる問題　●中島　直
110

1●はじめに／2●死刑廃止論について／3●39条否定論について／4●死刑事件の鑑定における診断／5●経過観察という視点／6●死刑適応能力／7●死刑適応能力および再審請求能力が問われた事例／8●日本精神神経学会の議論／9●おわりに

憲法から見た精神障害者と死刑　●横藤田　誠
――アメリカの経験
126

1●死刑・憲法・精神障害／2●死刑は合憲か？／3●心神喪失者の死刑執行は許されるか？／4●「心神喪失」とはどういう状態か？／5●適正な心神喪失判定手続とはどういうものか？／6●重篤な精神障害者に死刑を科すこと自体は「残虐な刑罰」ではないのか？／7●心神喪失者への治療の強制は許されるか？

少年事件と死刑判決　●多田　元
150

1●はじめに／2●少年法における非行の理解と処遇／3●少年事件に対する死刑と量刑論／4●むすび

死刑および死刑囚についての覚書　●芹沢俊介
169

光市母子殺害事件の事実認定と死刑判決　●浜田寿美男
――謝罪追及の激しい声が事実を歪めるとき
186

1●事件発生から「死刑」判決の確定まで／2●捜査段階から最終法廷にいたるFの供述とその変遷／3●裁判の流れを支配した捜査段階の供述調書／4●犯行筋書1を支えた捜査段階の供述調書とそこから漏れ出るFの現実／5●取調室というブラックボックス／6●悲惨な事件への謝罪追及の思いと、その事件を渦中から生きた加害者の真実

死刑と精神科医　●木村一優

204

1●拘禁反応／2●ある死刑判決に直面する被告人との出会い／3●裁判員裁判で死刑を求刑された被告人との出会い／4●有期刑者との面会／5●死と死刑／6●被害者家族からみた死刑／7●死刑と精神科医

刑法39条を巡って　●髙田知二
──「死刑と精神医療」について考えるための予備的考察

215

1●刑法39条と精神鑑定／2●起訴便宜主義の問題／3●裁判を受ける権利／4●刑法39条不要論／5●責任能力の虚構性／6●精神障害者の行為を刑法39条以外の論理で減免することは可能か／7●起訴便宜主義の廃止と死刑の審理

死刑論の辺縁　●高岡 健

233

1●はじめに／2●戦争と死刑──天つ罪と国つ罪／3●裁判員裁判と被害者・遺族の心情──〈社会一般人〉の仮構／4●死刑と臓器移植──共同体の内と外／5●少年死刑囚の実名報道──メディアの倫理／6●まとめ

あとがき　●中島 直

247

＊装幀──臼井新太郎

MHL

座談会

死刑と精神医療

精神障害者への死刑にまつわる問題

芹沢俊介
中島 直
高岡 健 [司会]

Serizawa Shunsuke
Nakajima Naoshi
Takaoka Ken

Discussion Meeting

1●1年8か月ぶりの死刑執行は何を意味するか

高岡▶先日の新聞に1年8か月ぶりに死刑執行という見出しの記事が載りました。小川法務大臣によって民主党の政権で2度目の死刑が、2012年3月に執行されたという内容の報道です。[*1]

1年8か月の間は、実際には死刑は執行されていなかったのですが、これを久しぶりと言っていいのかどうかわかりません。いずれにしても、死刑が執行されたということが、新聞の一面トップに載っているわけです。

このことを手がかりにして現在の死刑の問題について考えてみたいと思うのですけれども、この1年8か月ぶりの死刑執行をどのように考えるべきなのか、そのあたりのところから発言していただけないでしょうか。

芹沢▶なぜ、死刑執行を再開したのか、またなぜ死刑執行の間が空いたのかということに対しては、一貫した思想的な根拠というのを余り感じられないような気がします。法務大臣が変わると死刑の執行が止まったり、また変わると始まったり、非常に偶然に左右されているという印象ですね。

1990年前後から3年4か月にわたって死刑が執行されなかった期間がありましたね。しかし、それもまた、後藤田法務大臣が再開してしまうということがありました。したがって、先が読みにくいというのでしょうか、3年4か月にわたって死刑が執行されなかったときは、死刑の廃止を期待したわけです。これでなし崩し的に死刑制度が空洞化していくのではないかという期待が、僕のなかにあって、そうなるといいなと思っていたのですが、あっけない形で再開されてしまった。

そういう意味で非常に偶然に左右されてしまう今の日本の現実というのを感じていました。この後どうなるのか、小川法務大臣が変われば、今度は

---

*1　執行されたのは、山口県下関市で起きた無差別殺傷事件の上部康明死刑囚（48）、横浜市内で一家3人を殺害した古沢友幸死刑囚（46）、宮崎県内の強盗殺人事件で2人を殺害した松田康敏死刑囚（44）。(Jcastニュースより)

どうなるのだろうかということがよく読めない。これが日本的なのか、ということはよくわからないですけれども、常に偶然に左右されている印象は、死刑制度自体があることの不健全さみたいなものを感じてしまうのです。

高岡▶先ほど芹沢さんがおっしゃった3年4か月の期間をモラトリアム[*2]と

---

*2 死刑制度に関する資料（衆議院調査局法務調査室より引用：平成20年6月）
第2 我が国における死刑制度の歴史
1 古代
(1) 刑罰制度としての死刑の出現
　死刑が刑罰制度として出現したのは、仁徳天皇の時代（5世紀前半）であるとされる。古事記仁徳天皇記には「死刑（ころす）」と記され、隋書倭国伝には「殺人強盗及姦皆死」と記されている。
　死刑の執行方法としては、絞、斬、焚（ふん）（焼殺）があったが、そのほか特殊の死刑として、犯罪人を死刑に処した後に梟首（きょうしゅ）（さらし首）せしめる刑もあった。
(2) 律令制が実施された時代の死刑
　律令制が実施された時代の死刑は、大宝・養老両律令[3]の規定では、絞、斬の二種類があった。斬は首を斬り、絞は、今日の吊刑の別称である絞首刑ではなく、首を縊（くび）り[4]、死に到らしめるものであった。いずれも、京においては、東西の市で行ない、衆目にさらしたが、これは刑罰の威嚇的効果をねらったものといわれている。
　このように、律の規定では絞、斬の二種類だけであったのが、宝亀4（773）年に放火と盗賊に格殺（殴り殺す）の刑を用いるようになってから、死刑は、絞、斬、格殺の三刑となった。なお、死刑については、必ず天皇に奏報して裁可を必要とされた。
(3) 律の刑罰の種類
　律の刑罰の種類については、諸説があるが、主な見解では次のように説明されている。すなわち、律における刑罰は正刑[5]と閏（じゅん）刑に分かれ、正刑というのは、一般人に科せられる刑であり、閏刑とは位のある者、僧侶など特定の者だけに科せられる刑であった。

　　3 大宝律令701年制定。養老律令718年制定。　4 首をしめて人を殺す。　5 正刑は、正規の刑罰であって、苔（ち）、杖（じょう）、徒（ず）、流（る）、死（し）の五刑がある。苔も杖も木の小枝で臀（しり）を打つのであるが、苔は細く杖は太い。徒は現在の懲役に相当する。流には遠、中、近の三等があり、妻妾とともに、特定の土地に強制移住させ、1年間は労役に服させる制度であるといわれている。

(4) 刑を減刑する傾向
　律令制定以後、犯罪処罰法の変化として、刑を減刑する傾向の生じたことが指摘されている。聖武天皇が神亀2（725）年に詔して、諸国の現禁囚徒に対して、死罪は流に従い、流罪は徒に従うなどとしたことが、その例であるとされる。

いっていいのかどうかわかりませんが、日本で死刑が執行されなかった期間が確かにあったということです。その直前に、いわゆる死刑廃止条約が、国連で採択されています。3年4か月のモラトリアムの期間にはその影響も及んでいたのではないかという考え方もあるようですが、中島さんはいかがですか。

中島▶私は死刑や死刑制度全般に関して詳しいことは言えない立場なのですが、例えば、モラトリアムという表現をされるのは、アメリカにおける死刑のなかった期間と対比してそういう表現をされるわけなのですが、アメリカの場合にはいろいろなことをオープンにして議論したわけです。日本においては本当にまともな討論がなされているのかなというのが非常に疑問です。

私が関心があるのは、精神科医療と関連する領域なので、そこの部分しか追究してはいないのですけれども、例えば、私が以前に問題にしたことのある死刑の適応能力の問題であるとか、あるいは死刑事件における訴訟能力の問題であるとか、そういった問題がアメリカにおいてはいろいろな議論がなされている。それこそ実践の苦しさ、苦悶のようなものまで含めて議論がなされています。

その一方、日本においてはそのあたりの問題がまったく議論がなされていませんね。それで死刑囚の死刑の執行については、選択をされている可能性が非常に高いのです。

よく言われるのは、いわゆるピアノ殺人事件[*3]の死刑囚の方は、長期にわ

平安時代になってからは、嵯峨天皇の弘仁元（810）年9月11日、藤原仲成が死刑に処せられて後は、少なくとも朝臣（あそ）6について、たとえ死刑の判決が下されても別勅で、遠流に処する慣行が生まれた。後白河天皇の保元元（1156）年に、保元の乱後源為義らに死刑を科するまで、26代346年間、平将門や平忠常が梟首された特例を除いては、実際上、死刑が執行されることはなかったといわれている。

　　6　684年に制定された八色（やくさ）の姓（かばね）の第二位。最初は皇別の有力な氏に与えられたが、平安時代以降、有力な氏や皇子皇孫にも与えられるようになった。

---

*3　1974年8月28日の朝に神奈川県平塚市で発生した殺人事件。ピアノの騒音を理由として母子3人が殺害された。近隣騒音殺人事件の第一号として知られている。

たっていまだに執行されていない。漏れ聞く範囲では、統合失調症が発症してかなり病状が悪い状態であるということを聞きます。本当のところはどうか判りません。

そういう人が残されているというのは、誰かがそこを診ているわけですね。そのことを誰かが言っているということが全然オープンにされない。

たとえば、その人に対しての治療がどうなっているのか、ということまで全然オープンにされません。そういうもとで日本では死刑の議論がなされない。今回も千葉法務大臣の議論がよかったかどうかわかりませんが、少なくとも議論を始めようとしているところに、今回の小川法務大臣は議論を打ち切って死刑を執行してしまったということが、私には非常に大きな疑問として残るところです。

2 ● 死刑執行のモラトリアムの意味
　── 背景としての親鸞思想

高岡▶ それ以前の3年4か月のときに議論がなかったというのはそのとおりだと思うのです。ただ、当時は海部内閣から第一次宮沢内閣のころだったと思うのですけども、そのときに比較的長く法務大臣をやっていたのが左藤恵さんという方で、あの人は真宗大谷派ですね。

それから、小泉内閣のときだったと思いますけども、明確に死刑執行をしないんだ、という法務大臣で杉浦正健さんという方がいました。あの人も真宗大谷派だと思うのです。ですから、大きな議論としてではないんだけれども、法務大臣が真宗大谷派という宗教上のところで、少なくとも杉浦さんの場合は死刑を執行しないことを宣言していたのです。左藤さんは宣言をしてないのだと思うのですけども、実際に死刑執行にサインはしないということがありました。

そうすると、議論がないかわりに、ある意味では思想的な影響があって、それが法務大臣という立場の人に影響を与えた結果、死刑のモラトリアム

につながるということが、日本の場合はあったと思うのです。このあたりの問題に関しては、真宗大谷派の教義ということについて私は詳しくはありませんので、少し補っていただくと有り難いのですが。

芹沢▶ 大谷派という名で死刑制度の廃止を訴えるようになったのはごく最近です。ですから、杉浦正健さんにしろ、その前の左藤恵さんにしろ、親鸞の思想を体現しているということが大きいのかなと思います。

　では、なぜ真宗大谷派が死刑廃止論なのかというと、根っこの部分には悪人正機という考え方があるのです。余り詳しくはお話しする力もないのですけれど、親鸞の悪人正機の思想的なベースになっているのが阿弥陀如来の48ある本願の中の第18願になります。この18願というのは人が心の底から浄土に生まれたいと思い、念仏を10回でも唱えたら誰でも浄土に迎え入れようというものなのです。

　ところが、ここには但し書きがあるのです。その但し書きというのは、五逆と誹謗正法は除くという規定です。五逆というのは両親殺し、阿羅漢を殺す等、いわば特別な対象への殺生です。誹謗正法というのは仏法を非難するということで、この五逆という行為と仏法を誹謗すると浄土に行けないよ、というのが18願の唯除規定なのです。

　親鸞はそこを見ていました。結局、涅槃経というお経の中に出てくる五逆を犯した阿闍世がお釈迦様に出会って救われていく。本来ならば地獄落ち、無間地獄に落ちる、つまり死刑ですけれども、そういうふうになるはずの者がお釈迦様に出会って救われていくという話が出てくる。阿闍世ほどの悪人でも救われるのだというところから逆転があって、そういう阿闍世のような人をお釈迦様は第一に救おうとしたんだというふうに進んだのが、悪人正機という親鸞の思想だと思うのです。

　大谷派のお坊さんたちは、そこは共有しているんです。

　基本的に自分は善人だとは思っていないわけです。大谷派の僧侶は前提として、自分は悪人だと思っているところがあって、そういう悪人こそが救ってもらえるんだということが浄土真宗思想なものですから、自分が死

刑を認めるということは、自分より悪い人を認めてしまうということにどうしてもなるのです。そうした思想が基本的に死刑執行にサインできない根拠なのだろうと思うのです。これは僕なりの説明ですけど、そんなにまちがっていないかなと思います。

```
3 ●日本の死刑制度と世論調査
　　── 欧米との違い
```

高岡▶欧米の死刑をめぐる議論に比べて日本ではどうなのかということは、とても大事だろうと思いますけれども、今、お話しいただいたような議論を本格的にやっていかないと、死刑に対しての国民的な論議というのは、とても底の浅いものになってしまうといわざるを得ないと思います。

　現在、1年8か月ぶりの死刑を行った小川法務大臣の根拠の一つは、世論調査ということですね。今回の死刑執行以前に続けられていた法務省の勉強会の中でも数字が出ていますけれども、80数パーセントの日本人が死刑を存続させるべきだと考えているというアンケート結果が、一つの理由になっているようです。

　また、その後の新聞記事ですけど、裁判員裁判で死刑事件に関して裁判員が取り扱うのは非常に負担が重いんじゃないかという趣旨のアンケートを「毎日新聞」が実施しています。その結果、死刑事件にも裁判員は関与すべきだと答えている人が64パーセントだった、と大きく報道されています。

　そうしてみると、日本の民衆の気持ちは、先ほどの真宗大谷派に関連して紹介していただいた内容と、少なくとも数字の上では随分違っているように見えるわけです。ここは考えどころだと思うのです。このようなアンケート調査、あるいは世論調査を根拠にして死刑執行というものを推進すべきかどうか、そのあたりの問題についてどのようにお考えですか。

芹沢▶その問題の前に中島さんにお伺いしたいのです。中島さんはアメリ

カの場合は、執行をめぐってとてもオープンな議論をしていることを、『犯罪と司法精神医学』（批評社）の中で、文献も丁寧に読まれた原稿をお書きになっていて、興味深く拝見いたしました。ただ僕は紹介された議論は制度内の議論ではないかと思ったのです。つまり、死刑制度を前提とした議論ではないかと思ったわけです。死刑制度を前提としていれば、死刑囚が出てくる。死刑制度があれば必然的に死刑囚を必要とするわけで、死刑囚はどんどん生まれてくる。それでも興味深かった。その議論の一つに死刑囚に死刑を執行するときには幾つかの条件があるということを紹介されていますね、その問題です。

　条件というのは、一つは自分が死刑囚であることを理解しているかという理解基準ということです。それから弁護士などを援けて自ら異議申立て申請をすることができるかという援助基準ということです。もう一つは、自分が死んでいくという死の準備ができているかどうか、という準備基準と言われています。そういう議論がなされています。そうすると、そういう議論がなされるということは、死刑制度の上に乗っかった議論であるにもかかわらず、それを超えてしまう可能性があるのではないかということについてです。

中島▶そのあたりの問題はまさにご指摘のとおりで、私はあえて論文を書いたときにはAPA（米国精神医学会）とかWPA（世界精神医学会）の人たちがそうであったように、死刑制度自体に関してはなるべく触れないという形の議論をしていたので、私もなるべくその範疇にしようと思ったのですけれども、やはりどうしても死刑制度自体があるからだ、という議論が出てきてしまう。これがこの議論の特徴だと思うのです。

　死刑制度さえなければいいのじゃないかという議論もあって、例えば一つの議論としてあるのは、死刑になりました、でも死刑の適用能力に問題が出ました、それで治療を開始しました、治療でよくなったら死刑になります、という矛盾を抱えた治療になるのです。

　それではお医者さんは、大変じゃないか、お医者さんだけじゃなくてみ

んな大変じゃないか、本人だってよくなる意欲が湧かないじゃないかという話が出たときに、やはり治療に回った人は死刑から無期懲役に、日本で言うところの無期刑ですが、無期刑に減刑することを自動的にしたらいいのじゃないかという議論がありました。実は、この考え方は一つの大きな勢力をもったのです。

　ところが、どうしてそういう人だけを無期に減刑できるのだという話になると、結局、死刑制度があるからこうした議論になってしまうのではないかという話になって、やはり死刑制度が出てきてしまうのです。ですから、死刑制度の是非に関して議論をしないようにしようとしても、死刑制度の問題は出てきてしまう。そういうことはあるのだと思うのです。

芹沢▶『犯罪と司法精神医学』を読ませていただいて、死刑制度の枠内の議論なのに、この問題を詰めていけば死刑制度自体にぶつかって、死刑制度をどうするのかという話に当然なるだろうと思いました。そこが面白いなと感じたところです。

　日本の場合は、高岡さんが紹介されたように、そういう議論をしないで世論に預けてしまう。制度の維持、存続、そして執行の可否までも世論に預けてしまう、これは非常に無責任と言えば無責任きわまりないと思えるのです。

　80パーセントから90パーセントの人たちは、一人一人が本当に死刑制度に賛成で、死刑囚がいるならどんどん執行すべきだと考えているのだろうか、問いかけの仕方を変えていくと変わってしまうのではないかと思えるのですが、その辺はどうですか。

高岡▶少なくとも80数パーセントという数字は、先ほどからいろいろな角度から指摘されている内容を議論しないまま、アンケートに答えた結果である、ということだけははっきりしていると思います。

　諸外国で死刑制度がモラトリアムを経て正式に廃止という方向に向かうときは、イギリスの場合でも、世論調査よりも、最近の流行語から言えば政治主導なのです。政治家の持つキリスト教思想――日本で言えば親鸞の

思想でもいいですけど——によって、死刑廃止に向けて引っ張っていったということが言われています。

　日本の場合はそこがなくて、常に議論のないまま世論調査に出てきた数字を根拠にしている。このあたりが単に政治家の資質の違いなのか、あるいは日本社会の上に成り立っている国家の仕組みというものが、西洋諸国と違っているせいなのか。私はやはり国家の仕組みがどこか違っている部分があるんじゃないかと思うのです。

　例えば、80数パーセントの人の中でも輪廻の思想と言いますか、人間というものは生まれ変わるのだ、そしてまた自分の生きている世の中に生まれ変わった姿で誕生してくるのだ、という考え方はそんなに荒唐無稽なものとして扱われているわけではないと思うんです。

　おばあちゃんが小学生に対して、人間というものは、死んでもまた生まれ変わってくるのだよ、あるいはあの世で幸せに暮らせるんだよ、ということを教えていても不思議ではないですね。

　それに対して、子どもはどうなのか。おばあちゃんと同じことを答えたとしても、学校の先生方や教育委員会がアンケートを採ったりしたら、今の子どもたちはゲームと同じで、いのちがリセットされると思っている、というふうになっちゃうわけです。

　たとえば、長崎での少年事件についてのアンケート結果ですけれど、私はアンケートの生のデータを見せてもらいました。すると、自由記述の中ではゲームのリセット感覚みたいなことは全然出てこなくて、おばあちゃんからそういうふうに言われた、ということが書いてあるわけです。そうすると、子どもたちまで含めて、生まれ変わりの輪廻思想というのは、けっして荒唐無稽なものとして捉えられていないわけです。

　こうしたことを根拠にして考えれば、死刑で殺してもまた生まれ変わってくるのだ、ということを前提にする限り、死刑というものはそもそも何の意味もない、ということになってしまいます。

　今の話は、一つの例として言っているに過ぎません。しかし、そうした

ことを含めた議論がない限り、日本社会の上に表面上かぶさった国家が、国家の存続にとって死刑が必要だと考える限りにおいて、死刑の存続か、そうでないかを議論しているだけという構造が、残ってしまうのではないでしょうか。

```
4 ●社会契約としての犯罪と刑罰
```

芹沢▶例えば、ヨーロッパだと社会契約が基本だと思うのです。拷問と死刑という刑罰に対して最初に反対論を唱えた人がベッカリーアというイタリアの啓蒙主義者ですが、彼の『犯罪と刑罰』(1764年)という本を開いて見ると、こんなことが書いてあります。

「法律とは各個人の自由の割り前、各人が譲ることができる最少の割り前の総体以外の何物でもない。それは個人の意思の総体である総意を表示する。しかし、誰が彼の生命を奪う権利を他の人々に与えたいなどと思っただろうか。どうして各人の差し出した最少の自由の割り前の中に生命の自由、あらゆる財産の中で最も大きな財産である生命の自由も含まれるという解釈ができるだろうか」。

ということで、彼は法に死刑があることについての反対論をぶち上げているのです。

面白かったのは、それにディドロの評注がついているのです。どんなことを言っているかというと、「生命があらゆる財産中の最大のものであるからこそ他人の生命を奪った者の、生命を奪う権利を各人は社会的に承認している」。

この後がさらに面白いのです。「各人は自分の生命の保全にだけ関心を持っているのだ。したがって、自分が他人を侵犯するということに対しては警戒していない。だから、死刑について自分の安全のため、防衛のため、公的な復讐のために利益があるとしか見ない」というのです。

これが80パーセントから90パーセントの人たちが賛成しているという死刑制度のアンケートに対して、質問内容を変えてみたら変わるんじゃないかと思った根拠なのです。自分が他人の命を侵犯するというその警戒心をもとにした質問をする。もしあなたが他人の生命を犯したときは、あなたの生命が奪われることに同意しますか、という問いかけになります。こう問いかけると随分変わるのではないか。
　こういう視点を持っていないために、自分を保全することに汲々としていますから、自分が死刑になるとは考えていなくて、自分の安全や利益を犯した人が死刑になるのは当然だ、という考え方になっていく。そうすると、どうしても死刑はそこで維持され存続するだろう、そういうディドロの評注があります。
　今、言ったディドロの評注の中の部分に対して、もし自分が他人の生命を犯したときは、自分の生命が奪われることにあなたは同意しますか、と問いかけたときはどうなるのだろうか。かなりシビアな問いだと思うし、簡単には答えられないだろう。沈黙してしまうのではないか。そういう思いがあったものですから、今の議論にこのことも一つ加えておいてみたらどうだろうかと思います。そういう社会契約的な視点が入ってきてもいいかなと思うのです。

高岡▶法務省の死刑制度に関する勉強会の報告書を見ると、幾つかの論点が整理されていて、それぞれに賛成と反対の二つの角度から両論が併記されているという特徴があります。今の議論と比較的重なる論点は、被害者あるいは被害者遺族の心情というものをどう考えるのか、という議論です。
　この議論の難点は、実際に被害者であったり、あるいは被害者の遺族である人と、それから客観的に言えば第三者である人では、明らかに違いがあるという事実です。第三者である人が被害者であったり被害者遺族であるかのように振る舞うと、混同した議論になりがちだという、そこが大きな問題点だろうと思います。
　実際に、この法務省の勉強会の報告書を見てみますと、「被害者・遺族の

心情等に関する議論」について、死刑存置論の立場から言えば、「被害者の権利・心を守ったり、その家族を守ったりする意味での社会正義が死刑なしにあり得るのか」となっています。

また、「事件が余りに残虐で、被害感情が余りに激しく、大方の人が犯人は自己の生命をもって償うべきだと考えるような場合には、死刑をもって臨み、被害者とその遺族の悲しみと怒りを癒すことも正義につながる」のだ、こういうのが死刑推進論の立場です。

これは第三者である人と、それから当事者である人との立場を故意かどうかは別として、二重写しにしている議論だろうと思うのです。

一方で、国家の側から言えば、こういう議論があると大変ありがたい、こういう議論がないと、その社会が不安定化したままになってしまうからです。つまり、生け贄を出さない限りは安定しないわけですから、生け贄を出す根拠としては大変ありがたいということになります。ですから、国家の側からと、それから民衆の側からとは位相が違うんだけども、ここで一致して死刑の存続という方向に進んでしまう。

こういう被害者の権利、あるいは被害者の心を癒すということは、昨今よく強調されているところです。でも、この点については本当は厳密な考察が必要です。

5●死刑というスケープゴートの意味

中島▶少し外れてしまうのかもしれませんが、関連して死刑にまつわってのことですが、死刑にされる人をスケープゴートにする行動というのはいろんな意味で徹底していると思うのです。

実は、死刑という議論がでてくると、どうしてそういう議論になるのかというと、刑罰というのは国家が独占する形にすることによって、本来独占している人に向かって、ちゃんとやりなさいよ、と要求を出すものであ

るにもかかわらず、死刑囚に向かって怒りが発散されるというところが問題であるように思うのです。

　死刑賛成論ではいろいろな議論がありますけれど、例えば、死刑にしないで無期懲役にしていると、その間の被告人の生活費は税金で賄っているんじゃないかという議論が割りと平気で起こってきます。死刑にもお金がかかるし、あるいは日本は矯正施設にかかる収容者の経費は、先進国の中で一番安い国ですから、そういう意味で収容者にかかる経費がどうのこうのというのは、言うこと自体が的外れなわけです。他にも無駄なことはいっぱいあるわけですから、国家にいろいろなことを委ねることによって生じる無駄なことは、国家を民主的に運営しようとするときに当然起ってくるわけです。

　そういう意味での情報操作というか、例えば、死刑の抑止論、刑罰に対する抑止論も含めて情報開示がなされていませんし、あるいは冤罪の問題もあります。戦後において死刑事件で、最後は無罪になった事例が実際にあって、その人たちがどういう言葉を発信しているかということに関しての情報が非常に少ないままで、死刑の議論が進んでいるということはあると思うのです。

高岡▶冤罪の話は大変大事なので、この直後に改めて取り上げたいと思うのですけども、被害者遺族たちの気持ちというか、別の言葉で言えば応報感情という言い方でいいと思うのですけども、こういう応報感情をもとにした議論は、随分破算しつつあるのではないかと思えるような事件が次々と出てますね。

　有名なところで言えば、大阪教育大学付属池田小学校事件[*4]の宅間守さんという人は、早く自分を死刑にしろ、人権派弁護士は要らないんだ、と主張していましたね。芹沢さんも関心をもっていらっしゃった土浦連続殺傷

[*4] 2001年6月8日、大阪教育大学附属池田小学校に凶器を持った男（当時37歳）が侵入し、次々と同校の児童を襲撃した。結果、児童8名（1年生1名、2年生7名）が殺害され、児童13名・教諭2名に傷害を負わせる惨事となった。

事件[*5]の被告人もそうですね。自分を死刑にしないんだったら死刑になるまで次々と殺してやる、という言い方をしているわけです。

　それから、大阪の姉妹殺傷事件[*6]がありましたけれども、あの事件で死刑が執行された青年も、自分は応報的な考えを持っているので、自分がやった行為に対して死刑になるのは当然であるけど、しかし、反省はしません、とはっきり言い切っています。

　こういった事件によって、応報感情というのは、振り上げたこぶしが空を切っているわけであって、根拠が随分失われているような気がするのですけども、いかがですか。

芹沢▶応報感情と被害者の声が被害者の周辺で非常に強くなってきたことは、どうも一つであって、時代背景と密接に関連しているような感じがしているのです。僕が読んだ死刑論議の中で、そんなにたくさんの文献を読んでいるわけではないのですが、これはいいなと思ったものがあるのです。

　スコット・トゥロー（Scott Turow）という人の『極刑──死刑をめぐる一法律家の思索』（岩波書店）という本です。アメリカの人で弁護士や検事補捜査官をやってきた人で、結局、死刑廃止論者になっていった。彼が関与したミシガン州で、州の首長の提案で死刑議論をやるようになって、死刑廃止にまで持っていくということまでやった人です。この人の『極刑』という本は僕はすごくいい本だと思いました。

　そこに書かれていることの一つは安全ということです。社会の中で安全意識というものが非常に強く出てきたのは、レーガン政権のころからだというのです。新自由主義の発想、いわば古典的な自由主義の再来としての新自由主義ですけれど、その市場本位（原理）主義のイデオロギーを社会が容認する風潮と、安全というイデオロギーが出てきたこととが一致して

＊5　2008年3月19日と同月23日に、茨城県土浦市で発生した通り魔事件。刃物を持った男に通行人が相次いで刺され、2人が死亡、7人が重傷を負った。
＊6　大阪市浪速区のマンションで2005年11月17日に、飲食店店員の姉妹が刺殺された事件である。

いると言うのです。

　そして同じように、そのころから被害者の声というものが審理に影響を与えるくらい強くなってきたと指摘しています。そうすると、応報感情と世論の安全志向というものは、被害者感情とどこかで深く関連していると思えるんです。こうした問題は意外と新しいものではないかと思えるところがあるんです。

　例えば、ミシェル・フーコー（Michel Foucault）が「生‐権力」と言ったときの一つである「規律（訓練型）権力」。17世紀以降に誕生してきた「規律（訓練型）権力」が新自由主義の考えと深く浸透し合って、我々の意思と感覚の基盤になってきたというか、そういう割りと新しい時代としてとらえることができるのではないか。アメリカが1980年代だとすると、日本では1990年代、10年くらいは遅れて来ているのではないかと考えることができるかなと思いました。

| 6 ●応報感情の無効性 |
| ── 自殺と死刑制度 |

高岡▶比較的新しいのではないかというご指摘から思い出したことなのですが、田中慎弥さんという、今年（2012年）の芥川賞の会見で話題になった作家がいますね。あの人のエッセイを読んでいると、浅野内匠頭の仇討ちのためにテロルに走った赤穂浪士たちは、自分自身のなかに憎しみがあって討ち入りをしたわけだから、動機もあるし責任能力もある。だけど、乱心だと言えば刑が軽くなったかもしれないのに、という書き方をしている部分があって、面白く感じました。

　そのことは面白い指摘ではあるんだけども、私がそこで思ったのは、仇討ちした赤穂浪士のテロリストを民衆が支持したじゃないかということです。被害者の立場になった応報感情や、あるいは被害者の権利とか心情という主張は出てきてないじゃないか。少なくとも民衆に流布されているレ

ベルでは出てきていないじゃないかと思ったのです。そういう面からいうと、応報感情は人間に普遍的な感情というより、新しい何らかの力が働いて出てきた、歴史のある段階に規定された感情という言い方のほうが、正しいかもしれません。

芹沢▶そんな感じがしますね。赤穂浪士の場合、人を殺せば必ず斬られる、斬（ざん）という刑のあり方が適用された時代でしたから、どうころんでも死ぬわけです。そういう意味では主君浅野内匠頭の仇討ちという方が受け入れられやすかったんでしょうね。それでも相当いい形の死に方をしています。つまり切腹という、死んでいく人に対して敬意を表する刑のあり方ですね。死を賜るしかない、ということは間違いなかったと思います。そこにある種の美学があったように思いますが、そこのところは随分変わってきたように思いました。

高岡▶もう一つ、このことに関連して応報感情をもとにした議論が無効になりつつあるんじゃないかと思えることは、自殺の裏返しとしての大量殺戮のような事件です。秋葉原事件もそうかもしれませんけれども、今回の1年8か月ぶりの死刑執行の中の一人である上部さんという下関通り魔殺人事件[*7]の方ですが、この事件もやはり自殺の裏返しじゃないかというふうに考えられるところがあります。

　昨日（2012年5月20日）、私は下関に行って来たのですが、そこで上部さんの裁判をずっと傍聴されていた方から話を聞く機会がありました。上部さんは自分の家の前で自殺未遂を繰り返している人だったそうです。

　この後、話題になるかもしれませんが、池袋通り魔殺人事件[*8]のようにナイフで殺すのは効率が悪いから車で突っ込むのだ、と上部さんは言ってこ

＊7　1999年（平成11年）に山口県下関市の西日本旅客鉄道（JR西日本）下関駅において発生した無差別殺人事件。

＊8　1999年9月8日午前11時40分頃、東京都豊島区東池袋の東急ハンズ前で23歳の男が包丁と金槌で通行人を襲い、2人（66歳女性と29歳女性）が死亡し、6人が重軽傷を負った事件。

の事件を起こしたという話ですけれども、それは自殺の裏返しとして見ることができます。こうしたことから考えると、実際に死刑を主張するということは、これらの人たちが本質的に目指していた自殺と極めて一致する方向に事態を進めるだけの話であって、応報感情といったことはこうした点からも無効になっているのじゃないかと思います。

芹沢▶比喩的に言えば、死刑制度という壁に激突して死んだ、みたいなものですね。そういう自殺の仕方もあるのだということは、宅間守もそうでしたけれども、土浦荒川沖駅無差別殺傷事件の金川青年もそうだったと思います。ですから、死刑制度自体が犯罪を生み出す、とりわけ無差別殺傷事件という犯罪を生み出すということは、かなり根拠のある議論になるのではないかと思えてしまうところがあります。

中島▶反論というわけではないのですけれども、死刑制度があるからゆえに自殺を目指した大量殺人事件が起こっていることは事実です。ただ、そうではない事件も結構ありました。純粋に金銭目的の強盗殺人を起こす事件もいっぱいありますので、そういう意味で、私は応報感情に与するわけではないのですけれども、その議論だけではやはり弱いところがあるのではないかなと、思っています。

　お二人の話をお伺いしながら、応報感情というのはどうして今出てくるのかなと思いました。それは、先ほど芹沢さんからベッカリーアの話を出されたので、そこも含めて考えたのですけど、ベッカリーアは非常に独断的な刑罰に対する規制というものが、彼の一番根底にあるわけです。それが市民社会というか、民主的に運営していく社会の動きの中で、独断的な刑罰に対する規制の議論が出てきました。ベッカリーアとしては、その意義はあったのですけれども、もう少し刑法学としての一つの動きを作っていこうとしたときに、刑罰の意味というのを考え始めています。それがフォイエルバッハあたりから変なふうになっていくわけです。

　そうすると、ある程度刑罰の効果を上げるためには刑罰を重くしなければいけないという議論が出てくるようになってきます。それが一つの流れ

としてあって、先ほどの新自由主義の話のように進展してきた、という流れではないかと思うのです。

　例えば、治安問題を例にとりますと、日本は治安が悪くなっているというデータは、はっきりしたものはないわけですけど、体感治安が悪くなっている、というようなことで刑罰を重くしなければいけないのじゃないかという議論が出てきています。これは確かに本来問題にすべきことの転嫁ではないかと思うのですけれども、そういう流れとして応報感情というのがつくられてきているんじゃないかなという思いが、僕にはあります。

7●体感治安の悪化と安全神話のゆくえ

芹沢▶体感治安が悪くなってきたという世相の捉え方は、安全ということへ我々の意識が向き始めていることを表しているように思います。1980年代に始まったアメリカ社会と1990年代に入ってからそうした意識がかなり強くなってきた日本社会というのは、本当に微細なことに関して、我々は安全を脅かされていると感じざるを得ない状況のように思います。

　例えば、単純なことですけれども、僕の子どものころは家に鍵をかけて寝なかったのです。夏は開けっぴろげで蚊帳を吊って寝ていたのです。ところが、50年経ってみたとき、今は日中でさえ家に鍵をかけないではいられないくらいです。そのくらい体感治安が悪くなってきた。誰かが入って来ることはあり得ないわけですけれども、でも常にわずかな危険性を感じ取って鍵をかけてしまう。これは数十年くらいのスパンで見ると、大きな変化だと思うのです。

　一つは極力安全を求めるということと、極力リスクを引き受けたくないという感覚がもう一つあるような気がするのです。社会のリスクというのは民主主義社会なのだから分散して社会がきちっと引き受け、受け止めるべきではないのか、そのリスクに対する正常な感覚というものが10年、

20年くらいの中でもの凄くもろくなってきている感じがして仕方がないのです。

中島▶もろくなっているのではなくて、変容しているということではないかと思います。一般的にリスクが嫌なのは、皆さん誰でも同じなわけですね。危ない思いはしたくない、こわい思いはしたくないというのは事実ですけれども、例えば、夜寝るときに窓を開けっ放しにしておこうと思えば、窓を開けたままにしても窓から人が入れないようにしておけばいいじゃないか、という話になるわけです。私の家も窓を開けても開かないように止める器具を買ったりしていますが、そのぐらいであればいいのですけれど、そういう身近なリスクの一方で、原子力発電みたいにもの凄いリスクが大きいものを抱えていたり、自動車産業も同じようにもの凄く多くの死者を生み出すわけです。それでもそれらの産業は残されているし、むしろ助長されている。それはある種のリスクを社会が無視するからです。ある種のリスクを社会が許容するわけです。

　例えば、死刑制度がありますと、僕は、明日、間違って冤罪で逮捕されて死刑にされちゃうかもしれない。そういうリスクのことは余り考えないで、自分が被害者になる、家族が被害者になる、そういうことだけを考える。これは一つのリスクの認識の歪みというか、そういうことなのではないかと思います。

---

8 ● 冤罪の構造
　── 誤判と再審

高岡▶先ほど、中島さんが誤判のことについて少し触れられましたし、冤罪ということも先ほどの発言の中に出てきました。ここで、これらの問題について中島さんの考えを示していただけますか。

中島▶自分が実際に精神鑑定をやってきて、またいろいろな裁判を見てきて感じることなのですが、実際に学生時代からずっとかかわっている冤罪

事件があって、とにかく冤罪をゼロにするということは本当に不可能だな、少なくとも裁判という制度がある限り不可能だなと、僕は非常に痛感をしています。

そういう前提のもとで、冤罪事件をどうしたらいいのかと考えても、僕は正直よくわからないのです。刑罰というシステムをまるっきりなくした社会というものを、僕はイメージしづらいというところがあって、ただ、死刑を廃止する、死刑廃止論というものをいろいろ聞いていて、なるほどなと思うところもあるし、違うなというところもあるのです。

最終的に思うのは、冤罪で無期懲役だったらいいのだ、とはなかなか言えないのですけれども、その後の取り返しがつかないことが一番の問題なのですが、死刑はなおさら取り返しがつかないことになります。例えば、島田事件*9の赤堀さんであるとか、免田事件*10の免田さんとか、そういう冤罪事件の方々の話を直接お聞きする機会があってお話をしてきましたが、それはそうだなという思いがやはりあります。EU（欧州連合）でも誤判の問題が死刑を廃止する一つの根拠になっています。精神科医の立場とは違う立場ですけど、そのあたりの問題はあるかなと僕はいつも思っています。

高岡▶精神科医の立場からいうと、誤判や冤罪とは若干違いますが、裁判の過程で精神障害であるかないかがはっきりしなかったケースで、判決後に明らかな精神障害が現れてくる場合がありますね。こういう場合については、どう考えてらっしゃいますか。

中島▶最近、筑波大学の中谷陽二先生が問題にしておられるのは池袋通り魔事件を起こした方の場合ですね。一審の精神鑑定で非常に悩んでおられ、統合失調症の症状が明らかじゃない、ということで完全責任能力とされた

＊9　1954年3月10日に静岡県島田市で発生した幼女誘拐殺人、死体遺棄事件である。被告人が死刑の確定判決を受けたが再審で無罪になった冤罪事件。四大死刑冤罪事件の一つ。

＊10　1948年に熊本県で起こった、夫婦が殺され、娘も重傷を負った事件。初めて死刑判決に対する再審無罪が確定した冤罪事件である。

んですけれども、その後の経過を追っていくと、やはり統合失調症の症状が明らかになっていったという経過があって、これは問題ではないかということを中谷先生が主張されています。実は私もちょっとかかわっていて、これは表に出す許可を得ていないので、発言できないわけですけれども、私も基本的に中谷先生と同じ意見を持っています。

　こういうことはあり得るのですね。精神鑑定は限られた期間でやらなければいけないですから、鑑定も誤りが出る可能性があるわけです。誤りが出た場合は、ちゃんとそれを改めないといけないと思います。それは3回の裁判でもいいし、あるいは再審でもいいのですけれども、再審しても御本人には何も返すことができない。まして死刑執行されてしまうと、御本人には何も返すことができないという問題があります。

高岡▶今の池袋通り魔事件というのは、高裁の段階では精神鑑定が行われていなくて、最高裁の段階で中谷先生が意見書を出したのですけれども、それが判決の中では一顧だにされなかったということでしたね。

中島▶そうですね。中谷先生がおっしゃられていたのは、とにかく上告趣意書も問題にしたのは、基本的には責任能力だけなのです。他の点もなかったわけではないのですけど、責任能力だけなのです。責任能力しか論点がないにもかかわらず、上告の棄却文の中には責任能力の検討が本当に一文字もなかったというのを中谷先生は凄く怒っておられました。それは、私もそのとおりだと思います。こうこうこういう理由で、中谷先生の意見書は間違っているということを書いてあるのでしたらまだしも、そうしたことは全然書いていないということでした。それは、私も非常に異常だなと思いました。

高岡▶もう一つ、精神科医として中島さんが関連している事件で、袴田事件[*11]がありますね。あの事件は、高橋伴明の映画『BOX　袴田事件　命とは』にも描かれていますけれども、あの映画のとおりだとすると、裁判官の中

＊11　1966年に静岡県清水市（現静岡市清水区）で発生した強盗殺人放火事件、およびその裁判で死刑が確定した袴田巖死刑囚が冤罪を訴え再審を請求している事件。

の一人は、明らかに無罪ではないかと考えていた。にもかかわらず、残りの2名の裁判官が黒だということで、2対1で黒の判決書を書かざるを得なかった。しかし、随分年月が経ってから、自分はやはり袴田さんは白だと思うという形で発言をしたということになっています。同様に、光市母子殺害事件[*12]ですと、裁判官5人のうち1人はこれまで広島検察庁にいたという立場から意見を言っていない。そして、他の1人は明らかに死刑に反対だという意見を述べている。5人のうちぎりぎり3人で死刑が決定されているのです。つまり、全員一致の結論でないにもかかわらず、ぎりぎり過半数の結論をずっとそのまま引きずって、人の命を奪っていくということになります。

　光市事件は冤罪とは違うのでしょうけれども、袴田さんの場合と同じく、全員一致じゃない死刑判決が続いてしまうという問題もあるような気がします。

芹沢▶日本の裁判は一度決定したものを覆すのは並大抵のことではないなと思います。先ほど紹介したスコット・トゥローの本を読んで、アメリカの死刑制度がなぜ変わってきたかというと、かなり実証的なところがあって、DNA鑑定が入ってからなのだというのです。そうすると、相当な数の冤罪がわかって、えらいことだということになった、そのことが死刑制度を改めていく姿勢に強い影響を与えたそうです。

　そうしたことと一緒になって警察の捜査の可視化も進んでいくという流れを語っています。そういう面では透明度があるなという感じがするのです。日本の場合は非常に不透明な感じがします。例えば、この間、死刑囚が逆転無罪になった裁判がありましたね[*13]。冤罪です。しかし、被害者の家

---

*12　1999年4月14日に山口県光市で当時18歳1ヶ月の少年Aが、主婦（当時23歳）を殺害後屍姦し、その娘の乳児（生後11カ月）も殺害した事件。Aは強姦致死罪容疑・殺人罪容疑・窃盗罪容疑の罪状で裁判となり、未成年でありながら死刑判決を言い渡された。

*13　2012年3月15日、大阪地裁判決（差戻し審）大阪母子殺害事件2002年4月14日。無期懲役、死刑、審理差戻しという経過をたどった。

族の人たちは、この人がやったに違いないと思い込んでいたところに、そうじゃなかったということになった。被害者の家族の人たちは、何と言ったらいいんでしょう、本当にこの人じゃないのか、自分たちはこの人に間違いないと思って、それで心の支えを得てきた。それが完全に崩れるという衝撃を受けてしまったということです。冤罪というものを見るときに、こうしたことも大きな要素として視野に入れておく必要もあるのではないかと思いました。

```
9 ● 死刑の適応能力
   ── 理解基準、援助基準、準備基準
```

高岡▶先ほど話題になった袴田事件については、日本精神神経学会を経由して、中島さんに意見書の執筆が求められたということだったのでしょうか。

中島▶そうですね。日本精神神経学会の法委員会に依頼があって、私がその担当の委員として書きました。袴田巖さんが比較的落ちついていて、いろんな人と面会ができていた時期でしたので、私は面会できたのです。

　私が学会から基本的に求められたのは、死刑の適応能力の問題と、再審請求をする場合、最初の請求をするのにも訴訟能力が必要なわけですから、訴訟能力があるかないかということでした。これは非常に難しい問題です。

　例えば、再審を請求する能力があるとすると、彼が再審の請求をしない限り再審が始まらないということになります。彼は支援者や弁護士さんとの面会を拒んだりした時期がありますから、その後、またすぐ面会を拒み始めたのですが、拒んでいると再審の準備ができないわけです。

　そういう状況のもとで、訴訟能力の判断を求められていたわけです。私は、彼を拘禁反応であると診断したのですけれども、拘禁反応で訴訟能力はなしとするのはすごく慎重にしなければいけないと、私は基本的には思っていますけれども、死刑事件の場合には難しいところがあります。

死刑の場合に、日本では死刑に関する能力の議論は少ないと申し上げましたけれども、実はほんの少しだけあるのは、死刑の人が控訴、上告をしても取り下げをしてしまうことがあります。弁護人が控訴、上告をしたときに本人が取り下げてしまうと、取り下げたときの訴訟能力が問題になることがあって、日本では結構、議論があるのです。それと類似している問題として、再審の請求をするときの訴訟能力が問題になりました。
　このお話があって、私も大変難しいという思いがあったのですけれど、やはりかかわろうと思ったのは、袴田巖さんの場合には、冤罪の問題が非常に出てきていることです。先ほど高岡さんが言われたように、例えば、裁判官の3人のうち1人が死刑判決ではない場合、こういう人を有罪にしていいのか、私は非常に疑問に思えます。
　袴田巖さんの場合には、2対1というところもあったのですけど、裁判長の意向がもの凄く大きかったわけです。ある意味では、官僚機構としての権威ですね。裁判所の官僚機構としての権威をそういう形でつくっていくという形で冤罪がつくられていくというのは、非常に大きな問題だと思いました。

高岡▶今、お話しいただいた死刑適応能力というのは、先ほど芹沢さんからも紹介があった、中島さんの言葉でいう理解基準、援助基準、準備基準ということですね。

中島▶そうですね。

高岡▶だとすると、拘禁反応でも非常に重い拘禁精神病のような状態になっている場合には、この理解基準、援助基準、準備基準ということからいうと、すべてが怪しいということになりませんか。

中島▶理解基準に関しては、肯定する議論も否定する議論もあって不思議はないと思うのです。例えば、援助基準に関しては最後の最後まで弁護士なりの援助を得て、自分の死刑を何とか逃れることをやることを、行使できる能力と考えた場合には、袴田さんの例は、明らかに弁護士との面会を拒絶したりしていますので、援助基準を満たさないということになります

し、準備基準も満たしていないということになります。

　自分は死刑じゃないんだ、ということをおっしゃっていましたし、自分は好んでここにいるんだ、ということもおっしゃっていましたので、そういう意味で言えば、準備基準も満たしていない。理解基準は、本当に理解しているという議論も不可能ではないので、これは満たしていると主張することは可能です。少なくとも死刑の適応能力に関しては、はっきりした議論がない以上、その能力を計る基準をすべて網羅した議論を精神科医は立てるべきだという主張があって、私はそれはそのとおりだと思うのです。袴田さんの例に関していえば、理解基準はわからないけれども、ほかの基準は明らかにない、ということを言った覚えはあります。

高岡▶「自分は応報的な考えを持っているから死刑になること自体は当然である、でも謝罪はしない」と言ったといわれる大阪姉妹殺害事件の、既に死刑が執行された山地悠紀夫さんという方ですけども、この方も死刑執行の直前の状態に関する情報では、「もう一人の山地がいるのです。山地ではなく山時という名前です」と語っていたという、割りと確からしい話があるわけです。そうすると、この方もやはり拘禁反応の状況にあったと考えざるを得ません。

　そうしますと、既に応報的な理論というものが自分の理論と一致すると主張する人であっても、死刑の直前に関しては、今言った三つの基準のうちの少なくとも援助基準や準備基準については、健康なときの状態とは違った状態になっている可能性があるということになりますね。

中島▶山地さんという方の場合に、援助基準を満たすような状況があったのかどうか。例えば、何らかの状況で、死刑を逃れる手立てをする手続がまだ残されていたにもかかわらず、それをしなかったのか、ということまで私は知らないのでわかりませんけれども、準備基準に関しては満たしていなかったのではないか、ということを考えることは十分可能だと思います。

高岡▶死刑執行に関しては、執行の前に拘置所に関係している精神科医が、いわゆる心神喪失の状態にあるのかどうなのか、ということを診断しなく

ちゃいけないことになっているじゃないですか。死刑囚がもし、中島さんの言葉で言えば、死刑適応能力を持っていないならば、死刑を執行することができないわけですね。ですけど、それがどのような基準で行われているのか。私の知る限りでは、そういう基準があるのかどうなのか、どのような手順で診断が行われているのかさえ明らかにされていません。中島さんは、このあたりについて、ある程度ご存知なのでしょうか。

中島▶全然知らないです。知りたいとは思っていますけれども。精神科医がかかわっているのではないかと思われるんですが、本当に推測の域を出ないです。

　先ほども申し上げたように、ピアノ騒音殺人事件の死刑囚の方ですが、長年にわたって死刑が執行されていないのは、その人の精神症状のせいではないかと多くの人が思っています。この死刑囚の方には精神科医の誰かがかかわっているのではないかと思います。

　彼の場合は、恐らくその異常さが精神科医がかかわらなくてもわかるくらいなので、特に精神科医がかかわっていないのかもしれませんけれども、基本的にどこかで精神科医の判断が入っているのではないかという感じはします。ただ、このあたりのことは拘置所の塀の中のことで、しかも拘置所の末端の精神科医のレベルではなくて、部長クラス以上の人がかかわって、そういう判断を下しているのだと思いますね。

10 ● 精神障害者の死刑執行と拘禁反応の問題性

高岡▶今、精神障害を持っていると言われている方に対して死刑を執行していいのかどうなのか、という議論に踏み込んでいるわけですけども、こうしたことがそもそも議論になるのはなぜなのか。端的な言い方をすると、精神障害を持っている人を死刑にすべきではないと、私もそう考えるわけですけれども、その根本をなす思想的理由は、どこに求められるとお考えで

しょうか。

芹沢▶その前にお聞きしたいことがあります。まず死刑が決定すると、決定から執行までの期間は大体どのくらいの期間になるのでしょうか。このことがとても気になるのです。

　精神科医がかかわったり、再審の問題が起きるということは、死刑の決定から執行までの期間は拘置所の中にいて、その期間がかなり長期にわたっているということがベースにあるのではないかと思えるのです。

　そして、単に拘置されているだけではなくて、死刑という刑罰がいつ執行されるかわからない事態が持続している。その中で拘禁状態を起こしたり、抱えていた精神障害が悪化したりしているわけですね。決定から執行までの期間がそうしたことに大きな意味を持っているような気がするのです。

　なぜ、死刑が決定したにもかかわらずすぐに執行しないのか。宅間さんは決定してから刑の執行まで6か月と法律で決まっているじゃないか、だったらそのとおり速くやって欲しいと言った。彼の場合は6か月ではありませんでしたけれど、確定から1年弱という非常に短期間のうちに死刑が執行されたという事実があるのです。しかし、これなど例外ですね。決定から執行までの期間が間違いなく延びているということは確かなことだと思います。

　例えば、明治の初期のころでしたら、決定から執行までの期間は非常に速いわけです。その当時はこうした問題が起きてこなかったと思うのです。死刑の決定から執行までの期間がなぜ延びたのかということと、ここで何が起きたのだろうかということは、素人としては、とても関心があるのです。そこに精神科医もかかわり、再審の問題もその間に起きているのですから。

中島▶最近の状況で死刑執行が延びているのは、最初に話があった法務大臣がころころ変わって、そのたびに方針もころころ変わるというところから来ているのだと思うのですけれども、それ以前から延びる傾向はあって、

一つは再審の問題、冤罪の問題があったからではないかと思います。例えば、戦後の早い時期からずっと問題であり続けた帝銀事件の平沢貞通さん[*14]の問題が非常に大きく影響したからではないかと思うのです。
　ですから、冤罪を主張しておられる方が執行されていないかというと、必ずしもそういうわけではないので、それだけの問題ではないのだろうと思います。
　例えば、死刑を執行される前の期間（死刑猶予の期間）に、何が起こるのかというと、その期間に本当の意味で反省を得ていく人がいるという議論はあるのかもしれません。芹沢さんと高岡さんの対談の本（『「孤独」から考える秋葉原無差別殺傷事件』、批評社）にもありましたけれども、光市母子殺害事件の本村洋さんがそういうことをおっしゃっているという話がありました。そういう人も中にはいるのかもしれないけれども、実際にはどろどろしたことがいろいろと起こるわけです。そのあたりを明らかにしたのは小木貞孝（加賀乙彦）先生の著作『死刑囚と無期囚の心理』（金剛出版）で、実はあれ以降そういう本が出ていないことは非常に大きな問題だとは思うのです。
　小木先生の本が出版されて以降、死刑囚はいっぱいいるにもかかわらず、死刑囚をめぐってさまざまなことをオープンにすることができなくなってしまったという問題と、小木貞孝先生は非常に気楽に死刑囚の独房を訪れることができたのですが、あのころはそうしたことができたのです。
　例えば、僕が横浜刑務所の医務官をしていた時期には、一人で独房を訪れるということは禁止されていましたので行けませんでしたし、横浜には死刑囚はいませんでしたけれども、一人で独房を訪れるということはできない状況で、もちろんオープンにするということもできないというような状況でした。

---

*14　1948年（昭和23年）1月26日に東京都豊島区の帝国銀行（後の三井銀行。現在の三井住友銀行）椎名町支店で発生した毒物殺人事件。戦後の混乱期、GHQの占領下で起きた事件であり、未だに多くの謎が解明されていない。

高岡▶小木(加賀乙彦)さんは、バー・メッカ殺人事件と言われる事件の[*15]死刑囚をモデルにして小説『宣告』(新潮社)を書きました。小説では確か楠本他家雄(たけお)という名前だったと思うのですけども、宗教的と言っていいのかどうかわかりませんが、彼のような形で信仰の道を追究しながら死に至る死刑囚はほとんどいないのだ、ということを、小木さんは別の場所で書いています。それが現状だろうと思いますね。

芹沢▶今、思い出したことがあります。宮崎勤君が最高裁で上告棄却になって、2008年の秋葉原事件のどさくさのときに執行されたのです。その前年の暮れに一審の弁護士鈴木淳二さんと岩倉哲二さんと久しぶりに会いましょうということで会ったときに、実は、宮崎勤君から手紙が来ているという、それも矢継ぎ早やに来ているというのです。手紙の内容は、要するに再審の手続をしてくれということでした。手紙は鈴木さんや岩倉さんだけに出しているんじゃなくて、二審の女性の弁護士さんにも出しているのです。手紙にはなんとなく死刑執行が近いのではないかという不安が出ていた。

　今、中島さんの話を伺いながら援助基準と言ったときに、誰かがその死刑囚に関心を持っている場合といない場合とでは執行の時期が早まったり遅くなったりということはあるというか、そういうことは起こり得るのでしょうか。

中島▶法務省が援助基準に配慮しているかどうかというのはわからないですけれども、例えば、再審の申請をしているかどうかはもちろん考慮の対象に入っていますし、その準備をしているかどうかということも当然考慮の対象に入っていると思います。彼の場合には確かに再審の準備はある程度進んでいたように思いますが、そういう中での執行でしたので、このあたりは別の意図があったと考える見方はあり得ると思います。

＊15　1953年7月に東京・新橋のバー・メッカの屋根裏で証券ブローカー(当時40歳)が撲殺され、現金41万円を奪われる事件が起こる。その後、バー・メッカは通常の営業をしていたが、天井から血が滴り落ちてきて、遺体が発見される。

高岡▶永山則夫の死刑執行も、酒鬼薔薇事件[*16]のちょうどどさくさという時期でしたね。別の意図が働いたのか、何らかの政治的な意図があったのか、そういう意図がないとは言いにくいでしょうね。

芹沢▶1年8か月ぶりの死刑執行も3.11のどさくさの時期だったですね。

高岡▶ではここで、そもそも死刑というものが精神障害者に対して行われるべきではないという考えに踏み込んでみたいと思います。そういう考えがあるとしたら、その根拠はどこに求められるべきでしょうか。

芹沢▶先ほどからのお話の中に出てきている三つの基準を満たさないと死刑執行はできないということは、アメリカでは確かにそうだろうと言われていますし、僕もそう思います。

　日本の場合は、精神障害者の死刑囚に対する眼差しが常にあって、現状況が的確に判断された上で執行の有無が決められているかというと、僕はどうもそうは思えないのです。

　高岡さんの質問に対してどう答えてよいのかわからないままいうのですが、基本的には人間という概念、あるいは個人という概念が近代の中で生まれてきた、個人という概念がそれなりに完備しているかということ、それが死刑適応能力だと考えれば、完備されていない、欠如している。そういうことかなと思えるのです。

高岡▶私は、二つぐらいの異なったレベルで考えていかなくてはいけないという気がしているのです。人類の歴史の中で比較的新しい時代のレベルから言いますと、例えば、死刑囚に関する情報公開がどうなのか、ということと関連していると思うのです。つまり、法務省の勉強会というのは、当時の法務大臣である十葉さんが死刑の執行にサインをするということとセットになって開始されたものですが、それと同時に、刑場を公開して国民の議論を喚起するということも行われました。刑場の公開をやって悪いわけではないですけども、それが情報公開の根幹の部分かというとそうで

---

*16　1997年（平成9年）に兵庫県神戸市須磨区で発生した当時14歳の中学生による連続殺傷事件。

はなくて、基本的には死刑囚の人たちとの通信面会が必要です。それは身内だけじゃなくて、支援者もそうですし、メディアまで含めていいと思うのですけども、そういう人たちとの電話や手紙、その他の通信面会が自由になるということによって、はじめて保証されるものだと思うのです。

さっき、アメリカの情報公開の話が出ていましたけれども、アメリカではそういう通信面会というのはかなりの点で自由になっているところがあるわけです。ですから、そのレベルが保証されているか保証されていないかによって随分違いが出てくるのではないかと思います。ここで、その通信面会が盛んに行われることによって、死刑囚の置かれている立場と、それから塀の外にいる人々の立場が交換可能なものだと考えられれば、死刑というものに対してブレーキがかかるのではないかというレベルが一つあると思います。

それから、もっと歴史的な古いところまで遡って考えてみますと、精神障害者というのはもともと共同体の外に位置する存在でした。上にはじかれるか下にはじかれるかは別として、神のような形ではじかれている場合もあるし、それから非常に被差別的な意味ではじかれている場合もあるわけですけども、共同体の外にいるわけです。共同体の外に漂う人に対しては、共同体の中の人から言えば、その人たちは死んでいようが生きていようが同じことだという意味しか持たないわけです。ですから、死刑にすべきではないという考えも当然原理的にはあり得るけども、現実的には殺したって別にいいのだという、つまり塀の中と外とがつながっていない状況では、そういう考えも当然根強く残ってくる。

ですから、死刑にすべきじゃないという考えがあるとしたら、近代的な考えと、それからより歴史的な考え方の中で共同体の外にいる人なのだから、つまり、これは神を死刑にできないことと同じであるという、そういう考えを復権させることができれば、精神障害者は本質的に死刑にすべきではないという結論になると、私は思うのです。

11 ● 共同体の安定と刑罰概念の誕生
── スケープゴートしての死刑制度

芹沢▶今の高岡さんの話から考えたのですが、共同体がいろんな形で傷を受けるということは、個人が傷を受けるということではなかったように思うのです。そうすると、共同体の傷は共同体が癒すしかないと言ったときに、誰かを生け贄にしなくちゃいけない。そういう意味での生け贄は、刑罰ではないですね。死刑というのは刑罰ですし、刑罰という概念が誕生して以降の問題になるのかなと思うのです。

高岡▶律令国家以降でしょうね。律令国家が成立する以前か以降かという点について補足するなら、以前であれば、共同体が安定するために国家が関与するということはあり得なかったわけですから、死んでも生きていても共同体の外に漂う人は同じであったということになっちゃうと思います。共同体の安定を国家が担うという律令国家の成立以降、そしてまた明治政府が律令国家の体制と同じ刑法体系を復活させた時点で、やはり生け贄の側面が法的な装いに変わっていったということがあるでしょうね。

芹沢▶そうすると死刑の概念は、随分変わってきたなと思うのです。以前は身体に加えられる身体刑の要素が強かった。ですから拷問があり、それが死へつながって、いろんな刑罰の形、殺し方が編み出されて、それを行う専門家が登場して、という歴史があります。それこそ漫画にもなった首切り役人の山田浅右衛門のような人が生み出されてくる。

　現代の死刑執行の形というのは絞首刑ですけど、装置という点で非常にシステマティックになっているように思います。身体刑の要素があるはずなのに、です。むしろ僕の関心は、死刑が決定されてから執行までの苦悶の期間を考慮すると、そこにもう一つ精神が関与しはじめている感じがあるような気がする点です。その精神が関与してきた領域と精神障害者の問題がその議論の中に浮上してくるということとが対応しているような気がするのですが、どうでしょうか。

中島▶そのあたりの問題はまさにそうです。多分、最初は高岡さんが言われたように、狂人というのは狂気であることによって既に罰せられているのだ、という議論があります。それは今の近代的な議論で言うならば、責任能力と死刑適応能力がごっちゃになった議論ですけれども、そういうことではないかと思います。恐らくそうした議論が、死刑から精神障害者を排除していったスタートになっているのではないかと思うのです。

　このあたりの問題は、推測が混じってしまうのですけれど、日本だけではなくて、他の国々を調べたときに精神障害者を死刑から排除していく論議があるということを非常に不思議に思ったのです。死んでしまえばどっちだって一緒じゃないかと思いながらいろいろ調べたのですけど、結局、他の国々にもそういうものがある。これはどうしてなのだろうなという思いが発端です。

　日本にも刑事訴訟法にそういう規定があって、それを調べていく過程の中で、そのことが問題になってきたのは、日本ではなくてアメリカなのです。おっしゃられたように、アメリカでは薬物の注射で死刑を執行するようなことが起こるようになってきて、そういうことをする医者は非倫理的ではないのかという議論が起こってきたわけです。そこから精神の問題が生じてきます。

　注射するのは精神科医ではないですけど、そこにかかわる医者は非倫理的人間ではないかという話になります。また、精神障害を判定する医者も非倫理的人間ではないかという話になっていったという経緯があって、それで世界精神医学会は、マドリッド宣言（＊資料1）という精神科医が死刑に関与するのは非倫理的である、従って関与すべきではない、という宣言を出したという経緯です。

芹沢▶ヒポクラテスに戻ってということになるということでしょうか。

中島▶ヒポクラテスに戻るのがいいのかどうか、そういう議論を立てる人もいますし、それとは別の議論を立てる人もいますが、そういう議論はあります。

一方、日本はどうなのか。日本でも今、絞首刑が非人道的ではないかという議論が起こり始めています。こういう議論が起こってくると、人道的な死刑というのは何なのか、という議論になってきます。そうしますと、医者の手を借りて死刑を執行するという議論になってくる可能性はあります。日本でもアメリカのような議論が起こる土壌が一つできるという可能性はあると思います。

12 ●自殺装置と死刑の残虐性の背後にあるもの

芹沢▶ジャック・ケヴォーキアン（Jack Kevorkian）という人が安楽死の装置をつくりましたね。それは自殺装置ですから、どんなに身体状況が悪くても少しでも指先が触れたら作動し始めて、筋弛緩剤の薬が腕から体内に流れていって、それで死に至るのだという。そういう自殺装置でたくさんの人たちが亡くなった。
　絞首刑から自殺装置までの距離って一体何なんだろうなっていうことを感じてしまいますし、その距離というか差異みたいなものに対して、現実に死刑制度があるんだ、ということを認めた上で考えていくと、死刑というものが、絞首刑よりは自殺装置に近い薬物注射による刑の方が楽だよな、という考えが出てきてしまいますね。でも、そういうふうに考えること自体が余りよくないなという思いはあるのですけども。
高岡▶残虐であるかどうかということですけども、これは別の角度から見てみると、死刑を存置しようという主張から言えば、残虐であればあるほどいい、ということになってしまいますね。
芹沢▶議論はそうなりますね。
高岡▶ですから、残虐でないようにしながら死刑を存置するというのは、どこかごまかしが混じっているんじゃないかという気がします。本当かどうか知りませんけども、ギロチンが見せ物だった、つまり娯楽の要素があ

ったのだということが本当だとすれば、日本でも隠れキリシタンを摘発して十字架にかけるときに、長与善郎の『青銅の基督』だと、村の大人が子どもを連れて見物に行くわけです。子どもが気持悪くなってしゃがみ込んだりすると、「何だ、だらしない奴だ」と、大人が子どもを嘲笑する場面が出てきますね。

　ですから、あの場面は非常に残虐な刑罰の典型だと思うのですけれども、残虐な刑罰によって共同体を安定化させる。そういう面から言いますと、残虐でなくするのであれば、恐らくもっと別のもので残虐なものを保証していくという方法に向かうということがあるでしょうね。それが先ほど、芹沢さんがおっしゃった身体的なものが退く分だけ、精神的なものの残虐さが強まる、ということになるのかもしれません。

　確認ですが、さっき芹沢さんが精神的なものがせり出してくるとおっしゃったのは、例えば、先ほどの宮﨑勤裁判で、彼は死を予感していたんじゃないかと言われていたことに重なるわけですか。

芹沢▶裁判で犯罪というものは個人に帰されますね。つまり、個人は社会の中にいるわけですから、さまざまな影響を受けていろいろな犯行が生まれてくるわけですけど、行為の責任は個人に帰せられる。そのことと個人の内面の問題が出てくるということとはパラレルのような気がしています。従って、精神科医が関与するということも犯罪の個人化ともいうべき流れの中では必然だろうなと思えるのです。ですから、個人という問題が誕生することが、一つは大きいことではないかなと思うのです。

　現実の問題として、身体的な苦痛がこれまでの古い刑罰の処遇の仕方の中心だった、拷問から死へという、明らかに身体にウエイトがかかっていたわけですけれども、もう一つそこに精神の要素が入ってきたのではないかと思えるのです。その精神の要素の問題は、決定から執行までの期間が延びているということが精神的な苦痛を与えるためなのだ、ということを言いたいわけではなくて、でも結果的には精神的苦痛がそこで生まれてきているということもあるとは思えるということなのです。

高岡▶個人の誕生と関係しているということが典型的に出ているのは、一つは加害者であるのだけども、実はその生育歴の中からは徹底的に被害者であるような事件ですね。

例えば、秋葉原事件もそうです。下関通り魔殺人事件の上部康明さんの事件もそうかも知れません。特にそうしたことが出やすいのは少年の死刑事件ではないでしょうか。光市母子殺害事件もそうですし、それから永山則夫の事件[*17]もそうです。これらの事件は、本来被害者としてずっと生育してきた人が加害者になってくる。こういう視点を裁く側が持っているとすれば、一体、死刑という形で裁くことができる人はそもそも誰なのかという問題を提起することになりますね。これが少年に関して基本的に死刑を禁じる根本的な理由になるだろうと思うのです。

ところで、青年期というのは、歴史的に誕生した概念だという説がありますね。私もそうだと思うのです。ヨーロッパでもそうでしょうし、日本でも自由民権運動以降だという説があります。つまり、子どもと大人しかいない時代には子どもは死刑の対象にならなくても、その中間に青年という概念が出てきて、これに個人化が刻印されると、それが死刑の対象になり得る。そういうことを意味する事件が、光市母子殺害事件や永山則夫事件だということになると思います。

芹沢▶永山基準[*18]という言われ方がされていますけど、永山事件までは社会犯罪だと思うのです。その感覚が共有されていたのではないかと思うので

＊17　1968年10月から11月にかけて、東京都区部・京都市・函館市・名古屋市において発生した拳銃による連続射殺事件。警察庁による名称は「警察庁広域重要指定108号事件」である。

＊18　連続4人射殺事件（永山事件）の永山則夫に対する裁判で、1983年、最高裁は東京高裁が無期懲役とした2審判決を破棄し、高裁に差し戻した。この時に最高裁が示した死刑の適用基準。(1)罪質＝犯罪の性質 (2)動機 (3)事件の態様＝特に殺害方法の執拗性、残虐性 (4)結果の重大性＝特に殺害された被害者数 (5)遺族の被害感情 (6)社会的影響 (7)犯人の年齢 (8)前科 (9)事件後の情状の9項目を考慮し、刑事責任が重くやむを得ない場合に死刑の適用が許される、とした。

す。僕が関心を持ってのめり込んだのは宮﨑勤事件です。

　永山則夫事件（1968年〜1969年）から宮崎勤事件（1989年）までは20年くらいの間がある。僕自身は生命罪というふうに位置づけた宮崎勤事件になると社会との彼との関連性がすごく見えにくくなってきています。高岡さんが言われたように、社会よりも家族の問題が問われ始めていく大きなきっかけだったと思えるのです。そのあたりのことを微細に追っかけていくと、もう少し見えてくるものがあるのかなと思うのです。永山事件のときの精神鑑定はどんな感じだったのでしょうか。

高岡▶精神鑑定は行われていて、有名な鑑定人がやっています。結論は精神病質という範囲だったのではないでしょうか。もっとも、それは裁判の中盤までであって、後半は永山則夫さん自体が頑なに拒否したということのようです。彼は確か獄中結婚をしていますが、獄中結婚をした相手の女性が面会に繰り返し行くわけですけども、その女性に対してCIAのスパイだというようなことを言い出すということがあったそうです。

　そういうことを言い出したものですから、また、大学ノートに書いていることも誰に見せてもわからない内容だから、その女性がとにかく精神鑑定を受けてくれと頼んだのですけども、永山則夫さんは頑なに拒否して、獄中離婚に至っているということがあります。

　こういった問題は、先ほどの芹沢さんの言い方をすれば、個人として誕生したものが、死刑までの勾留の環境の中で、逆に回復力が破壊されてしまっているという結果ではないかと思います。

芹沢▶そうなるかもしれないですね。その永山則夫さんは二審で無期になるのです。その裁判を担当したのは宮崎勤事件の一審を担当した鈴木弁護士です。

13 ● 少年への死刑適用とその問題点

高岡▶少年事件に関しては、いわゆる厳罰化ということが言われて、数度にわたる少年法の改正が行われています。これは逆送事件における裁判員裁判とも相まって、先ほどの言い方からすれば、生け贄としてその少年が位置づけられてしまうということが、かなり多くなっているのではないか。数の面というよりも、ウエイトとして大きくなっているんじゃないかと思えるところがあります。こういう現象をどのように考えていったらいいのかということについてお話しいただけますか。

芹沢▶世間の関心が変わったなと思ったのは、高岡さんと『殺し殺されることの彼方──少年犯罪ダイアローグ』（雲母書房）を出したとき、僕は、最後の方でメディアが少年犯罪を取り上げるときの頻度みたいなものの表を出して載せてもらったと思うのです。

　社会の関心の動きが劇的に変わるのは1997年の神戸連続児童殺傷事件、いわゆる酒鬼薔薇事件だったと思うのです。それ以前は子どもの事件、少年事件はそんなに新聞に大きく出ていないですね。メディアの関心が劇的にひっくり返り、少年事件に対する関心が一気に盛り上がるのは、あの事件以後のように思うのです。

高岡▶それは、先ほど芹沢さんが少しおっしゃった、新自由主義以降の動向と関係していると思うのです。新自由主義というのは、本質的に維持するのが難しいシステムですから、どこかで不断に敵をつくって団結していくしかないわけです。それは外部に対しては戦争ということでもあるでしょうし、内部に対しては、肥満（BMI：メタボリック）とか喫煙とか、身体管理といったものに共通の敵を見出していく。その一つとして必要とされたのが、当時、耳目を引いた少年事件ということだったと、私は考えています。

芹沢▶神戸の事件でそれこそ体感不安が一気にあおられるような状況が生

まれてきた、そういうきっかけになったのだと思います。

高岡▶少年事件について、中島さんは何かございますか。

中島▶少年だからということで、きちんと検討したことがないのでわからないんですけど。確かに、そのあたりのことは疑問としてあります。どうしてこの時期に、こういう言葉ができたのかという話ですが、少年犯罪自体が増えてきているというデータはないわけです。私の専門領域からいうと、そのころからちょうど発達障害に関する議論が随分出始めて、私も2000年に横浜刑務所と一緒に横浜少年鑑別所に勤めて、結構、発達障害がらみの人が多いのだな、ということを体験することがあって、そういう中でいろんな問題が出てくるように思いました。新自由主義の議論とは離れた議論になりますけれども、そうしたことをこのころ関心を持った記憶があります。

芹沢▶高岡さんがかかわられた浅草レッサーパンダ帽事件[19]の彼はそういう意味で発達障害ですか。

高岡▶自閉症裁判と言われていますけれども、あのころは自閉症の見落としが問題だったわけです。ですから、自閉症を見落としたままでは正確な裁判にならないというのが、私の意見でした。

　ところが、最近は発達障害概念の乱用が問題になっていて、社会性が乏しい人がいると、すぐ発達障害と言ってしまうことがあります。経験の少ない医師がそういう診断を安易に下していることも臨床的に大きな問題ですけども、裁判でも小さいころの発達歴を確認しないまま、発達障害と結論づけている鑑定書を見たことがあります。

　そういう面では、なぜ発達障害概念が乱用されるのかということが今の問題だろうと思うのです。それは、実は先ほどの新自由主義とつながっているところがあります。昔だったら発達障害という形であぶり出されずに

＊19　2001年4月に東京都台東区で発生した殺人事件。被告人が養護学校卒で軽中度の知的障害者と判明した後、マスコミは事件を取り上げることをしなかった。彼は17歳の時に母が病死し、家出や放浪を繰り返し、窃盗など4件の軽微な前科があった。

社会の中で適応して生きていた人たちが、非常に世知辛い世の中になって、つまりコミュニケーションという実体のない言葉が過剰に言われるような世の中になって、生きにくくなっているところから、臨床的には発達障害に対する注目が集まったのです。その中のごく一部の人が、より極端な形で、犯罪者あるいは非行少年という形に追い込まれていった。そういう面では、やはり新自由主義とのつながりがあるんだろうと思うのです。

　今、新自由主義は形の上では失敗して、さまざまな批判も多いわけですけども、根本的なところでは生き続けています。つまり、それに替わるものが出てきてないものですから、まだまだ生け贄が必要な状況が続いているのです。

　これで一通り終わりにしますが、最後に一言ずつ付け加えてもらうことにいたしますのでお願いします。

14 ● 終わりにあたって

中島▶ 議論がずれるかもしれないですけど、ちょうど池田小学校事件の宅間さんのことも話題に出ました。実は、大っぴらにはできませんが、彼を知る複数の人からたまたま、まったくの偶然なんですけど話を聞く機会がありました。彼は、いろんな面を持ってる人なのです。我々がマスメディアであるとか、あるいは公判で知っている彼とは全然違う面がいろいろあるということがわかりました。やはり事件以降、あるいは公判の場で見える彼というのはもの凄く強がっていた。例えば、早く死刑にしろというようなことを言っている彼と、そうじゃない彼とがいるようなことがわかりました。彼がやったことは非常に残虐なことでしたけれども、そうではない面も含めて議論の可能性を考えたいと思います。

　一つはマスメディアのとらえ方です。彼はもの凄く極悪な人間につくり上げられていったというところがあるわけです。逆に彼の表に出ていない

面というのは、ほとんど報道されていないと思うのですけど、いうことさえはばかれるくらい彼は極悪人になってしまったというところがあります。

そういう中で死刑制度の問題とか、あるいは彼に対しては特別扱いして刑を早く執行されてしまったということを容認していくような土壌ができていくということがあって、先ほど言われた死刑に関する世論調査であるとか、そういうことというのは、マスメディアの情報操作のもとで考えられている、という感じが私の中ではしています。

冤罪の話を言いましたけれども、冤罪の問題に関しても、冤罪に加担した人がいっぱいいるわけです。その加担した人たちへの責任は全然問われていないという現状がある。そういうところがちゃんと明らかにされないままで世論調査が行われていることに関しては非常に問題があるだろうなと思います。

私個人が、実は死刑を廃止した方がいいと思っているのかどうなのかというと、非常に難しいところがあって、刑務所に勤めた経験からして、そもそも死刑も残虐かもしれないけども、刑務所の閉じ込め方も随分残虐だなと思ってきた経緯がありますので、このあたりはまだまだこれからいろいろ考えていこうと思っています。今日のお話ではいろいろまた勉強させていただいたなと思っています。ありがとうございました。

芹沢▶アメリカの場合は、死刑が公開されてますね。加害者側、被害者側双方の家族が来ていたりして何人も見ているなかで電気イスの処刑が行われてきたし、薬物の処刑が行われてきた。もっと以前だったら絞首刑も公開の場で行われてきたのです。もちろん公開というのは見せ物という意味ではありません。立ち会う人たちがその場にいたわけです。

ところが、日本の場合はどこか隠蔽されている感じがするのです。例えば、死刑の部屋を公開して見せたりはしましたが、絞首刑という刑自体を被害者の遺族の人たちや本人の遺族など立ち会う人に見せるようなことはしませんし、まず考えられないのです。そのことよりも、僕は死刑自体が

隠蔽されているような気がするのです。ということは、死刑は非常にスキャンダルな出来事ではないかという感覚があるのではないかと思えて仕方がないのです。そのあたりのことを少しまた考えていけるといいなと思っています。

高岡 ▶ 1年8か月ぶりの死刑執行というのは、当時の千葉法務大臣がたくさんの批判がありながら ── 私も批判的ですけども ── 死刑を執行したことと引きかえに行った勉強会を打ち切ることによって、初めて実行されたわけです。ここが一番問題だと思います。法務官僚を中心にしてそこにゲストを招くという、ある閉じられた範囲だけの議論の結果を両論併記で公表し、議論を打ち切るということは、私にはとても納得できない。やはり死刑のモラトリアムを続けながら、もう少し開かれた形での議論をすべきだろうと思います。少なくとも精神障害者と、それから少年に関しての議論はこの勉強会の中で行われていなかったわけですから、そこを含めてもう一回モラトリアムを継続した上で、議論を国民的に展開していくということが最低限必要なんだろうと、私は思うんです。その意味でも、日本精神神経学会による2つの声明(*資料2、3)が、深化される必要があるでしょう。

［2012年5月21日：東京・千代田区神田一橋・学士会館本館にて収録］

[資料1]
マドリード宣言

(「精神経誌」(1996) 98巻10号より許可を得て転載)

マドリード宣言

　世界精神医学会（WPA）は1977年に精神医学の実践における倫理上の指針を掲げたハワイ宣言を採択し，さらに1983年，同宣言はウィーンにて改訂された．精神科の専門性に対する社会的態度は変貌し，またその中での新たな医学的発展のインパクトを反映して，WPAはこうした倫理基準を再検討して若干改訂することとした．医師は，ますます複雑化する医学的介入，医師患者間における新たな緊張，医師からの新しい社会的期待などから生じた新たな倫理的ジレンマに直面している．医学のスペシャリストである精神科医にとって，こうしたジレンマを解決していくことは重大な挑戦である．

　医学は，癒しの芸術であり，かつ科学なのである．この組み合わせのダイナミクスは，精神疾患または精神の障害に病み，かつ障害者となっている者をケアし保護することを専門とする医学の一分野である精神医学において顕著な反映を見る．文化的，社会的，また国によって差異はあるであろうが，倫理的行為と倫理上の基準に関する継続的再吟味というのは全世界的な要請である．

　医学の実践家として，精神科医は医師たることの倫理的意味合いについて，また精神医学の特殊性に由来する特別な倫理上の要請について承知していなければならない．社会の構成メンバーとして，精神科医は精神疾患における公平で同等な治療を擁護し，あらゆる社会的判断に対する公正を支持しなければならない．

　倫理的行動というのは，個々の精神科医の患者に対する責任感に基づくとともに，正当で的確な行為を決定する精神科医の判断力に負うている．外的基準とか行為の専門性規範（professionalcodes），倫理の研究または医師自身の慣例といったことの影響は，医学の倫理的実践を保証するものとはならない．

　精神科医は常に，精神科医・患者関係の境界を心に留め，また元来患者に対する敬意とその福祉に対する配慮および誠実さによって支配されるものであること

に留意するべきである．

　WPAが，全世界的に精神科医の行為を統括する倫理基準として次の指針を是認するのは，以上の趣旨による．

1・精神医学は，精神障害に対して最良の治療の提供を目指し，かつ精神疾患に悩む人たちのリハビリテーションおよび精神保健の推進を目指す医学分野である．精神科医は，獲得された科学的知識と倫理的原則に調和した最高の治療を提供することによって，患者に奉仕するものである．精神科医は患者の自由を最小限の制限で済む治療的介入を工夫し，また本来専門的技術を有しないような業務分野については他に助言を求めるべきである．また一方では，精神科医は保健資源の公正な配置に注目し配慮すべきである．

2・特殊性を有する科学的発展と並行して，最新の知識を他に伝達することも，精神科医の義務である．研究への訓練を受けた精神科医は，科学的に未開拓な領域に努めるべきである．

3・患者は治療過程においては，正しくパートナーとして受け入れられるべきである．治療者・患者関係は，患者が自由に且つ充分な情報を得た上で自己決定ができるように，相互信頼と尊重に基づかなければならない．自らの個人的価値と好みに基づいて合理的な決定ができるように，患者に付与すべき関連情報を彼らに提供していくことは精神科医にとっての義務である．

4・患者が精神障害のために無能力となったり，的確に判断できなくなったりしている場合，精神科医は患者家族と話し合いを行い，必要であれば患者の人間としての尊厳と法的権利を保護するために法的助言を求めるべきである．治療を行わなければ患者および／または患者の周囲の人たちの生命を危険に晒すことになるという場合を除いて，患者の意思に反した治療はいかなるものも行うべきでない．

5・精神科医が一人の人を評価するように要請された場合，検査の目的，その結果の用途，評価の結果に起こり得る影響を，評価される当事者にまず告知するのは精神科医の義務である．精神科医が第三者的状況に関わっているような場合は特に重要である．

6・治療関係の中で得られた情報について，その秘密は保持されるべきであり，患者の精神保健改善の目的にのみ用いられるべきで，それ以外に利用されてはな

らない．精神科医は個人的事由で，または経済的あるいは学問的な利益のために，患者から得た情報を使用することを禁じられる．守秘義務の不履行は，もし秘密を保持することによって患者や第三者が重大な身体的・精神的な危害を被る可能性が高いときにのみ妥当とみなされる．しかし，こうした状況のとき，精神科医はできる限り患者が取るべき行動について，まず彼に助言するべきである．

7. 科学的な規範に則って為されない研究は倫理に反する．研究活動は適正に構成された倫理委員会の承認を得た上で実施されなければならない．精神科医は研究の施行に関する国内または国際的なルールに従うべきである．研究について適切に訓練を受けた者だけが研究に携わり，または研究を指導すべきである．精神科の患者は特に研究対象であるから，彼らの精神的・身体的安全性についてはもちろんのこと，その自律性の保護には特別な注意を払うべきである．倫理基準は研究の対象集団を選択する際にも適用されるべきであり，疫学的研究・社会学的研究，および他の分野や幾つかの研究施設が参加して行う共同研究など，あらゆるタイプの研究にも適用されるべきである．

1996年8月25日
世界精神医学総会にて採択

マドリード宣言
特殊状況に関する指針

　WPA倫理委員会は，特別に配慮すべき問題が多数ある中で，特に幾つかのことに関しては早急に指針を作成する必要があると考えた．以下に5つの特別な指針を呈示する．将来，当委員会は精神療法に関する倫理，新しい治療に関連した問題，製薬企業との関係，性転換，および管理的ケアに関する倫理を含め，その他様々な批判のある問題に焦点を当てて検討していくつもりである．

1. 安楽死：医師の義務の中で，まず第一に上げられるのは，健康の増進と，疾病の軽減，そして生命の保護を図ることである．精神科医は，患者が重篤な障害に悩まされ無能力になっているようなとき，その障害ゆえに自らを保護できないでいる人たちに同意なき死をもたらすような行為に対して特に注意深くあるべきである．精神科医は，患者の考えがうつ病みたいな精神疾患によって歪んだものになっているかも知れないと留意しておく必要がある．そうした状況の場合，精神科医はその疾病を治療することが役割となる．
2. 拷問：精神科医は，ある権力当局から関与を強制されても，精神的または身体的拷問のいかなるプロセスも加担するべきでない．
3. 死刑：いかなる状況下にあっても，精神科医は，法的に認可された処刑や，死刑執行のための能力評価に関与すべきでない．
4. 性の生み分け：いかなる状況下であっても，精神科医は，性選択の目的から妊娠を終わらせるような決定に関与すべきでない．
5. 臓器移植：精神科医の役割は，臓器提供に関わる諸問題を明確にし，全ての関係者が情報を得た上での適切な決定を確保するために宗教的，文化的，社会的，そして家族的な要因に関わることである．精神科医は，患者の代理意志決定人として活動することなく，またそうした問題に関わっている患者の意志決定に影響するような精神療法的技法を用いるべきでない．精神科医は，臓器移植の状況において，可能な限りの注意を払って患者を保護し，かつ彼らの自己決定が行えるように援助することである．

1996年8月25日
世界精神医学会総会にて採択

[資料2]
死刑執行への精神科医の関与に関する当学会の当面の態度について

(日本精神神経学会ホームページより許可を得て転載)

死刑執行への精神科医の関与に関する当学会の当面の態度について
社団法人　日本精神神経学会理事長　佐藤光源

平成14年3月16日

　本邦の刑事訴訟法479条1項は心神喪失者への死刑執行を禁じている。死刑囚が精神障害者であるか否かの診断、及びその治療が問題となるが、その一方、世界精神医学会のマドリッド宣言を始めとして、精神科医の死刑執行への関与を非倫理的とする声明が少なからず存在する。

　本邦は、いわゆる先進諸国の中では数少ない死刑存置国の一つである上、死刑判決の確定から死刑執行までの期間が非常に長いという運用実態があるために、この期間に反応性の精神疾患を始めとする精神障害の発生等の倫理的問題が出現する可能性が高い。それにもかかわらず、この問題に関する関心が弱く、当学会でも最近ようやくその重要性を認識するに至った。この問題は以下のような論点を含む：

＊1．心神喪失者への死刑執行の禁止が妥当であるか否か。
＊2．死刑囚が心神喪失者であるか否かの判定、すなわち死刑適応能力鑑定は、事実上死刑執行への最後の扉となる。「まず害するなかれ」との倫理規定を有する医師の行為として適切であるか否か。
＊3．死刑適応能力がないとされ、死刑執行が停止された死刑囚に対して精神医学的治療を行う場合、これが奏功するとその死刑囚は死刑執行されるというジレンマを抱えることになる。こうした治療が倫理的であるか否か。
＊4．その治療を死刑囚が拒否する場合、非自発的な治療を加えることが倫理的であるか否か。

＊5. 執行が停止された死刑囚に対して治療が加えられ、その状態が改善した場合、死刑適応能力が回復したかどうかの判断が必要となる。この鑑定を行うことは倫理的であるか否か。
＊6. これらの問題を解決するため、死刑適応能力が問題となった死刑囚は、自動的に終身刑に減刑すべきであるとの主張があり、実際にアメリカ合衆国においてはそうした規定を定めている州がある。こうした方法は倫理的であるか否か。
＊7. えん罪を主張し再審申請中の死刑囚の場合、上記の問題をどのように扱うか。

当学会における議論もようやく緒に着いたばかりであり、今後、来る8月に開催される世界精神医学会横浜大会におけるシンポジウムを始めとして、種々の場で議論し、当学会としての態度表明を行う予定である。

当学会は、この議論が一定の結論に至るまでの間は、当面、精神科医は死刑執行に関与すべきではないと考えるものである。

以上

> [資料3]
> # 死刑執行への精神科医の関与に関する当学会の見解（第二報）
> （日本精神神経学会ホームページより許可を得て転載）

死刑執行への精神科医の関与に関する当学会の見解（第二報）

平成16年12月24日

社団法人　日本精神神経学会

理事長　山　内　俊　雄

1. 経過と現状

　2002年3月16日、当学会は「死刑執行への精神科医の関与に関する当学会の当面の態度」において、7項目の問題点を指摘して、この議論が一定の結論に至るまでの間は、当面、精神科医は死刑執行に関与すべきではないとの声明を出した。

　これは、1993年に死刑が執行された川中鉄夫氏が、刑事訴訟法479条第一項において死刑執行が禁じられている心神喪失の状態であった可能性が強いとの観点から、当学会に提起がなされて以来、課題とされてきたことであった。1996年8月、世界精神医学会（WPA）は、マドリッド宣言の特殊状況に関する指針の3で、「いかなる状況にあっても、精神科医は、法的に認可された処刑や死刑執行のための能力評価に関与すべきでない。」と定めた。2002年8月、当学会が主催したWPA横浜大会では、上記の当学会見解を受けて、この問題を中心的なテーマの一つとしたシンポジウムを行った。さらに、2004年5月札幌総会においてもシンポジウムを開催して問題を検討した。

　この間、日本弁護士連合会（日弁連）は、2002年11月、「死刑制度に関する提言」を行い、我が国の死刑制度に多大な問題点があるとして、死刑制度の廃止・存続の意見の違いを越えて、死刑執行停止法の提言を行った。上記札幌総会のシンポジウムにおいては日弁連の委員の参加も得て当学会との意見交換が行われ、それ

を第一歩として今後も継続することとなった。

　こうした経過を経て、我々の現状認識も進み、以下のように考えるに至っている。1989年に国際連合で死刑廃止条約が採択されており、本邦はアメリカ合衆国と共に死刑制度を存続しており、工業化先進国の中では少数派に属している。アメリカ合衆国では、死刑の執行過程は各州において異なっているが、その過程は明示されており、議論も公開されている。それに比べて、本邦は、死刑制度の実態は秘密に覆われている。そのため、弁護士すらも死刑囚に関与することが困難な実情にあり、防御権が保障されているとは言い難い。死刑確定後も、法的妥当性に疑問が持たれるような隔絶がなされ、かつ執行は本人にさえ直前まで知らされず、いつ来るとも知らない「その時」にさらされることとなる。この非人道的な処遇過程で、精神状態の悪化や、拘禁反応が精神病状態にまで深まることが稀ならず生じるのである。このことは、訴訟能力や死刑適応能力などに深刻な影響が及ぼすのであり、当学会としても重大な関心を払わざるを得ない。死刑確定者が再審判決で無罪となり冤罪が確定した者は、当学会が深く関与した島田事件を含み、戦後四つの事例にのぼっている。死刑という取り返しのつかない判決においても明瞭な誤判が存在しているというのが現状である。

　また、死刑執行は、監獄の長、死刑執行検察官、法務大臣の判断の積み重ねのなかで行われていることは推測されるが、心神喪失か否かの責任ある判断がどのような過程を経て具体的に行われているかに関しても分からない。本邦の矯正施設における秘密主義や過度な保安優先の姿勢は人道上多大な問題をもたらすことがあり、これは2002年に発覚した名古屋刑務所の受刑者への虐待事件において再認識されることとなった。死刑執行の実態に関しても矯正施設の上記のような実情が影響していると考えられる。精神医療と法に関する委員会（現：法関連問題委員会）が法務当局に問い合わせたことがあるが、その実情は示されなかった。

　死刑執行そのものや、医師または精神科医がどのように関与しているか等を含む状況が分からないのが現実であり、そのため、精神科医の死刑執行への関与の是非を論じても、意味をなさないおそれが強い。本邦のこのような現状を考慮す

ると、2002年の当学会の暫定的な声明やWPAのマドリッド宣言で述べられたように、死刑執行への関与一般を否定しても、問題そのものを覆い隠すことになるのではないかという疑問に到達した。

2. 意見

　死刑制度を前提にすると、精神科医としては深刻なジレンマに晒されるのは当学会の暫定的な声明にも指摘したとおりである。しかし、死刑制度の廃止または存続については、学会員の間でも意見の相違があることが予想され、当学会として態度を決定すべきかどうかについては現段階では慎重とならざるを得ない。この点につき、日弁連は、廃止か存続かの違いを越え、現行の死刑制度そのものには深刻な問題がある、との認識の下に死刑執行停止法の成立を求め、死刑制度そのものの国民的議論を起こし、死刑制度の情報を公開して問題を克服しようという方向を明らかにしているがその主旨は理解できる。

　当学会としては、現状では、死刑判決を受けた者や死刑確定者について実情を把握することに努め、また同時に再審請求の事例や訴訟過程での弁護活動などに精神科医として関与をすることにより、具体例を集積して行くことがむしろ重要であろうと考える。法務当局の秘密主義が事態の議論そのものを妨げる根幹であり、むしろ重要なことは死刑をめぐる実情を明らかにしていくことであると考える。当学会として、法関連問題委員会の中に死刑関連問題担当委員をおき、今後日弁連等とも連携を強めてこの問題に関わり、経時的に問題点と見解を公表していくこととしたい。

以上

精神障害者の場合を含む死刑問題と日弁連の見解

小林　修　Kobayashi Osamu

1 ● はじめに

　私は、精神保健福祉法による精神保健相談弁護士、心神喪失者等医療観察法による付添人、成年後見人といった経験があるだけで、精神障害については素人です。ただ、日本弁護士連合会（以下「日弁連」といいます）で死刑問題の責任者をやっていましたので、今回の企画に、高岡先生から声をかけていただきました。どれほどお役にたてるか分りませんが、日弁連の委員会にいる者の立場で、死刑問題についての私たちの議論を紹介し、その中での精神障害の問題を考えてみたいと思います。

　昨年10月、日弁連の第54回人権擁護大会（於高松市）で、「私たちは『犯罪』とどう向き合うべきか？──裁判員裁判を経験して死刑のない社会を構想する──」というシンポジウムを行いました。そして、引き続く人権擁護大会で、「罪を犯した人の社会復帰のための施策の確立を求め、死刑廃止についての全社会的議論を呼びかける宣言」を採択しました。こうして、日弁連は、死刑のない社会が望ましいことを見据えて、死刑廃止についての議論を全社会に呼びかけるようになったのです。そのための委員会として死刑廃止検討委員会を発足させて活動をしています。今回の寄稿もその活動の一つと考えてお引き受けしました。

2 ● 我が国の死刑

(1) 死刑をめぐる法制度
① 現行法では、以下の18の犯罪において死刑を定めています。

刑法77条（内乱罪）、同81条（外患誘致罪）、同82条（外患援助罪）、同108条（現住建造物放火罪）、同117条（激発物破裂による現住建造物等損壊罪）、同119条（出水による建造物等浸害罪）、同126条（汽車転覆等致死罪）、同127条（往来危険による汽車転覆等致死罪）、同146条（水道毒物等混入致死罪）、同199条（殺人罪）、同240条（強盗致死・殺人罪）、同241条（強盗強姦致死罪）、爆発物取締罰則1条（爆発物使用罪）、決闘罪に関する件3条（決闘殺人罪）、航空機の危険を生じさせる行為等の処罰に関する法律2条（航空機墜落致死罪）、航空機の強奪等の処罰に関する法律2条（航空機強取等致死罪）、人質による強要行為等の処罰に関する法律4条（人質殺人罪）、組織的な犯罪の処罰及び犯罪収益の規制等に関する法律3条（組織的殺人罪）

② 死刑確定者の処遇とその問題点

ア 死刑確定者処遇の原則

死刑確定者（死刑判決を受けて確定した者）は執行に至るまで拘置されます。死刑確定者の処遇に当たっては、心情の安定を得られるようにすることに留意するという原則が定められました。これは、死刑確定者のための原則です。しかし、拘置所側が「心情の安定」を、外部交通などの制限のために利用しているという問題が発生しています。

イ 死刑確定者の処遇の態様

死刑確定者は、原則として、昼夜、居室において処遇され、居室は単独室と定められています。また、死刑確定者相互の接触については原則として禁止されています。この隔離処遇が心身に与える悪影響は深刻なものがあります。

ウ　外部交通（面会）

　親族等から申出があったときには死刑確定者との面会が許されます。親族以外の者から面会の申出があったときも、交友関係の維持等の事情があるときは面会が許されます。しかし、親族や弁護人以外では、面会が著しく制限されているのが実態です。

　死刑確定者との面会の際、刑務官を立ち合わせ、又は面会の状況を録音・録画させるとされています。ただし、訴訟の準備その他正当な利益の保護のため適当かつ相当なときは、立会や録音・録画をさせないことがあります。しかし、弁護士の面会であっても立会付きであることが多く、秘密接見は著しく制限されているのが実態です。

　エ　外部交通（信書の発受）

　死刑確定者と面会が許される者との間で発受する信書については原則として許されています。これ以外の信書の発受であっても、交友関係の維持等の事情があるときは許されます。しかし、親族や弁護人以外の者との信書の授受は著しく制限されているのが実態です。

　信書は検査されています。ただし、弁護士との信書については、特別の事情がある場合にのみ検査が行われます。

③　死刑執行とその問題点

　ア　絞首による執行

　死刑は、刑事施設内において、絞首して執行すると定められています。

　死刑執行は、地下絞架式、すなわち、踏み板を床面の高さに設置し、上から下げられた絞縄を首にかけ、ボタンの操作によって踏み板を外し、地下に落とし込んで絞殺する方式が採られています。この方法は明治6年の太政官布告に基づくものです。そして、現実に執行されている方法は、絞首（首を絞めて殺す）ではなく、縊首（首を吊って殺す）であるという問題点があります。

　また、監獄法が改正された後も、現実に誰が死刑を執行するかについて法律の定めがありません。慣例として、拘置所の職員が行なっている

のが現実です。
　イ　執行の手続
　　死刑は法務大臣の命令により執行されます。この命令は、判決確定の日から6ヶ月以内に行なわれるとされています。しかし、これは訓示規定と解されており、現在では、このような短期間に執行された例はありません。
　　法務大臣が命じたときは5日以内に死刑が執行されます。死刑執行には、検察官、検察事務官及び拘置所長又はその代理者が立会いますが、検察官または拘置所長の許可を受けた者でなければ、刑場に立ち入ることはできません。執行するときは、絞首された者の死亡を確認してから5分を経過した後に絞縄を解きます。
　ウ　刑務官の人権
　　死刑確定者に死刑を告知し、刑場に連れて行き、目隠しをし、手錠をかけ、膝を縛り、首に縄をかけ、踏み板を落とすボタンを押し、死亡後の遺体処理という一連の処置をするのは、刑務官です。死刑執行の現実は、人間が人間を殺す行為であり、刑務官が死刑の執行を行なうべき法律上の根拠はありません。死刑執行の職務を強制することは刑務官の人権を侵害するものと言えます。
④　少年・高齢者・心神喪失者・懐胎中の女子に対する死刑
　　犯行時18歳未満であったものに限り死刑を適用しません。
　　高齢者については死刑を排除する法律はありません。
　　心神喪失の状態にある者、懐胎中の女子に対しては、死刑の執行が停止されますが、そのほかに死刑執行を停止する法律はありません。
　　しかし、こうした規定に基づいて死刑の執行が停止された例は報告されていません。精神状態に障害があると推測される死刑確定者は存在しており、外部交通の制限や政府の密行主義の下、専門家による的確な判断ができない現実があります。少なくとも、死刑確定者の精神状態を客観的に把握するための方法を確立することが必要です。

⑤ 刑事補償

死刑の執行による補償は3000万円の範囲内で補償金が交付されます。ただし、財産上の損失額が証明された場合は、その損失額に3000万円を加算した額の範囲内とされています。

⑥ 日本国憲法と死刑

死刑制度を合憲とした1948年の最高裁判決が先例として存在し、その後の最高裁判決も死刑を合憲としています。

この判例は、憲法31条が死刑を禁止しておらず、法定手続によれば死刑は許されるというものです。憲法13条によって保障された生命権も公共の福祉による制限があり、死刑も違憲ではないとしています。憲法36条が定める残虐な刑罰の禁止とは、刑罰の執行方法が残虐で非人道的な刑罰、あるいは罪刑の均衡を著しく損なうような刑罰を意味するのであって、死刑それ自体が直ちに残虐な刑罰に該当するとは考えられないと結論付けています。

しかし、人の生命を奪う刑罰が公共の福祉によって制限されて良いのでしょうか。死刑違憲説は以下のとおり論じています。

憲法13条は公共の福祉による人権に対する制限を前提とする規定ではなく、不可侵の権利としての基本的人権の保障を定めた規定です。基本的人権として最優位の生命権を抽象的な公益保護によって剥奪することは許されません。

憲法31条の適正手続きの保障の解釈においては、死刑制度は、誤判や冤罪で生命権を剥奪される可能性がある刑罰であり、刑事司法制度の現実の限界を踏まえて解釈されなければなりません。生命を奪う適正手続きなど存在するはずはなく、死刑に関して適正手続が保障されることなどはあり得ないこととなり、死刑は違憲であるとしています。

そして、死刑による犯罪抑止効果が立証されていない現実を踏まえて憲法36条を解釈すると、刑罰の一般的予防という目的との関係で、死刑は不必要な苦痛を与える刑罰であるとしか捉えられません。よって、

死刑は憲法36条に定める残虐な刑罰である、としています。

(2) 死刑制度の運用状況

① 死刑の執行は全国7カ所にある拘置所の刑場で行なわれます。

死刑判決の言渡しは2000年以降著しい増加を示し、死刑執行は2009年以降増加を示していました。

1989〜1993年にかけて3年4ヶ月の間、死刑の執行は事実上停止されていました。しかし、1993年3月、後藤田法務大臣により死刑執行が再開され、鳩山法務大臣による執行数（13人）が激増しました。その後、2010年7月に千葉法務大臣により執行された後、執行のない状態が1年8ヶ月の間続いていました。しかし、2012年3月、小川敏夫法務大臣が執行を再開しました。

② 死刑確定者は、2012年3月現在、132人です。

(3) 死刑存廃をめぐる動き

① 国会の動き

死刑廃止法案は、4回にわたり上程されましたがいずれも廃案となり、1956年以降は提案されていません。

1994年、超党派の国会議員からなる「死刑廃止を推進する議員連盟」が発足しました。死刑廃止議連は、2003年に死刑執行停止法案を作成し、死刑制度に関する会合に出席して廃止を訴えたり、死刑執行が行なわれた際に抗議の声明を出したり、法務大臣に死刑執行停止の申し入れを行なうなどの活動をしています。

② マスコミ報道

マスコミは、1995年のオウム事件を契機として、死刑存置という論調にあります。その後、犯罪被害者感情の報道の高まりを通じて、テレビで犯罪被害者遺族に死刑願望を発言させるなど、その論調は高まっています。

③　世論調査の問題点

　　政府による死刑に関する世論調査は5年ごとに行なわれてきました。2010年に行なわれた世論調査では、死刑存置85.6％、死刑廃止5.7％と報告されています。

　　しかし、政府による世論調査は、死刑存置の結論に誘導する質問の下に行なわれており、条件付将来死刑廃止などの多様な意見を全て死刑存置の集計に取り込もうとするものです。そして、死刑に関する情報がほとんど明らかにされていない状況下における世論調査であって世論調査の前提を欠いているものであるとの批判もなされています。

3●世界の動き

(1) アムネスティ・インターナショナルによると、1980年には、死刑存置国128カ国、死刑廃止国は37カ国でしたが、2012年には、死刑存置国が57カ国（そのうち、同年現実に死刑を執行した国は18カ国）、廃止国はヨーロッパを中心に141カ国（過去10年以上執行していない事実上の廃止国36カ国を含む）と、今や廃止国が世界の3分の2を超えています。

　　ヨーロッパでは、イタリアが1947年に憲法により通常犯罪に対する死刑を廃止し、続いて、西ドイツでも1949年5月に国会において死刑廃止が可決され、憲法に明文化されました（現在は全ドイツ）。その後、イギリスが5年の試行期間を経て謀殺罪に対する死刑を廃止し、1969年、上下両院の決議により永久のものとなりました。さらに、フランスが1981年10月全ての犯罪について死刑を廃止しました。現在ではベラルーシを除き、ヨーロッパ全ての国が死刑を廃止しています。

　　先進国中で死刑を存置しているのは、日本とアメリカだけになっています。しかし、アメリカでも、最近廃止州が増え、50州のうち16州が死刑を廃止し、死刑を存置しているのは連邦及び34州になりました。

アメリカでは、多くの州で薬物注射で死刑執行されていますが、連邦最高裁は2007年9月、その方法が憲法の禁じる「残虐で異常な刑罰」に当たるかどうか審理に入り、全米で死刑執行が停止されました。しかし、2008年4月、合憲の結論が出て死刑の執行が再開されました。

　韓国では、1998年の金大中大統領就任以後、死刑は執行されておらず、事実上の執行停止が続いています。そして、死刑廃止法案が上程されています。

　台湾では、2001年に法務大臣が2004年までに死刑を廃止する計画を発表して死刑廃止の方向性を打ち出しましたが、2010年と2011年に執行されました。

　フィリピンは、アジアで初めて死刑を全面的に廃止した国でしたが、一時、死刑を復活させました。しかし、2000年に大統領が死刑執行停止を宣言し、2006年に全ての死刑判決を終身刑に減刑した上で、再び死刑を廃止しました。

　モンゴルでは、2010年に大統領が死刑廃止を提案しました。大統領は死刑執行を拒否する権限があり、在任中は死刑執行に同意しないことが明らかにされました。

(2) 死刑をめぐる国連決議、勧告等

① 　世界人権宣言第3条（生命権条項）の完全保障のために死刑廃止を目指し、いわゆる「死刑廃止条約」が、1989年12月の国連総会で採択され、1991年7月に発効しました。2009年12月現在72カ国が批准しています。

② 　国際人権（自由権）規約委員会は、日本政府報告書審査（1993年及び1998年）において、日本政府に対して、「死刑を法定刑とする犯罪を減少させるなど死刑廃止に向けた措置を講ずること」、「死刑確定者の処遇が規約に反するとしてその改善」を勧告しました。

③ 　国連人権委員会（2006年国連人権理事会に改組）は、1997年以降毎年、死刑存置国に対し、死刑適用の制限、死刑に直面する者に対する権利保

障の遵守、死刑を完全に廃止する見通しの下での死刑の執行の一時停止などを呼び掛ける決議をしています。
④　2007年12月、国連総会は、全ての死刑存置国に対して死刑執行の停止を求める決議案を賛成多数で初めて採択しました。死刑制度を続けている日本、米国、中国などは反対しました。
⑤　2008年5月の国連人権理事会の日本に対する審査においても、日本政府に対して死刑執行の停止が勧告されました。
⑥　2008年10月、国際人権（自由権）規約委員会が、日本政府報告書審査において、「政府は世論にかかわらず死刑執行を前向きに検討し、必要に応じて国民に対し死刑廃止が望ましいことを知らせるべきだ」「世論調査に関係なく死刑制度の廃止を検討すべきだ」等と勧告しました。

4 ● その他の死刑問題の論点

(1) 死刑に直面する者に対する防御権・弁護権の保障
①　死刑事件の特質
　　死刑求刑が予想されるか既に死刑判決が宣告された事件（以下「死刑事件」という）では、裁判で被告人の生死が左右されます。その意味で、死刑事件は究極の裁判であり、より一層、被疑者、被告人の防御権、弁護人の弁護権を保障し、無罪推定の原則、「疑わしきは被告人の利益に」の鉄則が厳守されなければなりません。
②　死刑事件の実態
　　死刑事件では、捜査機関は、その犯行結果を目の当たりにして、事件の全体像や犯人像をその凄惨さに見合ったものとするべく、被疑者の取調べに臨みます。
　　事実関係を争わない事件においては、被疑者も、強い自責の念にある場合がほとんどであり、捜査機関の取調べに十分な弁明ができません。

また、極度の興奮状態で罪を犯してしまうことも多く、そのような場合には事実を整理することも困難です。

このような状況で、被疑者は捜査機関に迎合してしまい、事実は捜査機関のイメージのままに作り上げられ、被疑者はそのイメージに沿って自白することになります。その結果、自白が事件の真相とはかけ離れたものになってしまうことがあります。また、弁護人も事案の重大さに押しつぶされ、事実関係について争うことはせず、被告人の反省悔悟の情を述べて情状酌量を求めるだけになることもあります。

否認事件においては、捜査機関は、目の前の被疑者が犯人であると確信し、事件解決への社会的圧力から、何とか自白を得ようとして無理な取調べが行なわれます。死刑再審無罪4事件は、いずれも、捜査機関の無理な取調べにより自白に追い込まれています。

そして、裁判所には、「死刑が予想される重大事件において、やってもいないことを自白するはずがない」という自白偏重主義が未だに広く蔓延しています。

③ 捜査段階における問題点

1) 被疑者国選弁護

2006年から被疑者国選弁護の制度が始まり、2009年から、対象事件が拡大されました。これにより、殆どの死刑事件について国選弁護人が選任されることになりました。

2) 接見交通権

被疑者と弁護人には接見交通権が保障されており、いつでも、時間の制限なく、立会人なく秘密接見交通できるはずです。しかし、刑訴法は、捜査のため必要がある場合に捜査機関側が接見の時間・場所を指定できるとしているため、捜査機関により接見交通権が制限される運用がなされてきました。

3) 取調べの可視化

自白調書は密室で作成され、取調べの過程を事後的に検証することは

できません。そのため、捜査機関により自白の強要や誘導が行なわれ、冤罪を生む温床となっています。被疑者取調べの全過程を録音・録画する制度が確立されるべきです。しかし、取調べの一部だけの録音・録画では、捜査機関に都合のいい部分だけが録音・録画され、取調べ過程全体につき誤った印象を与える危険があり、むしろ有害です。取調べの可視化は全過程でなければ意味がありません。

4) 取調べの弁護人立会権

捜査実務は被疑者取調べの受忍義務を肯定しています。そして、被疑者取調べの弁護人の立会いが被疑者や弁護人の権利として認められていません。

被疑者取調べの受忍義務を肯定することは黙秘権を侵害するおそれが強いと言えます。また、弁護人の取調べの立会いは、違法・不当な取調べ方法を抑制し、黙秘権の適切な行使を保障するとともに、被疑者の防御権を十全に行使することを可能にするものです。

④ 公判段階における問題点

1) 証拠開示

冤罪の最大の原因は、検察官が、手持ち証拠を被告人、弁護人に開示しないという問題にあります。隠された証拠の中に被告人の無罪を示す証拠が存在することが往々にしてあるのです。公判前整理手続において証拠開示の範囲が拡張されましたが、検察官手持ち証拠の全部が開示されるわけではなく、被告人にとって有利な証拠が隠される可能性があります。

2) 鑑定の公正化と再鑑定の保障

精神医学・法医学等の科学的鑑定は重要な証拠となりますが、時には、誤った鑑定が誤判、冤罪を生み出してきました。死刑再審無罪4事件でも、誤った鑑定が誤判の原因になっています。

検察官や捜査機関側の鑑定人は、予断・偏見を持って有罪と決めつけて鑑定をすることがあります。また、捜査機関の行なった鑑定が安易に

証拠として採用されてしまいます。このようなことを防ぐために、鑑定は裁判所が選任した複数の鑑定人に行なわせる必要があります。

また、被告人、弁護人に再鑑定の権利を保障する必要があります。科学技術は日進月歩ですから、ある時点での科学的な結論が、その後、不正確もしくは誤りであることが分かることもあります。

日本では、鑑定に際して、「試料を全て消費した」ということが日常的に行なわれていますが、このようなことは許されません。常に後の追試検証が可能なように行なわれなければなりません。

また、被告人、弁護人の鑑定請求権を保障するために、DNA、指紋、血痕等の鑑定試料を利用可能な状態にする必要があります。

3）公判段階における弁護人選任権

公判段階で国選弁護人が選任されても、上訴後に次の国選弁護人が選任されるまでの間に弁護人の不在期間が生じることがあります。この空白期間に、被告人から上訴の取下げがなされてそのまま確定してしまうという事態が発生しています。このような事態を避けるためには自動上訴制度を採用するべきです。

⑤ 確定後の問題点

1）有罪判決確定後は、死刑事件でも、国選弁護人は保障されていません。しかし、確定から執行までの段階においても、弁護人の法的援助は必要不可欠です。具体的には、再審請求、恩赦申請、人身保護請求、執行指揮処分に対する異議申立等を行なうとともに、死刑確定者の処遇の改善に努めなければなりません。

2）再審

刑訴法は、無罪を言い渡すべき明らかな証拠をあらたに発見したとき、有罪判決を受けた者の利益のために、再審を認めています。

長い間、再審は開かずの門と呼ばれていましたが、最高裁は1975年の白鳥決定、1976年の財田川決定により、①明白性を「確定判決の認定を覆すに足りる蓋然性」とし、②再評価した旧証拠と新証拠との総合的

評価を認め、③「疑わしきは被告人の利益に」の原則の適用を認めるに至りました。こうして、死刑再審4事件の再審開始・無罪判決が出されました。最近も、足利事件、布川事件が再審開始・無罪判決となっています。しかし、冤罪の可能性が高い死刑事件である名張事件、袴田事件は、未だ再審が認められていません。

　再審制度は無辜の救済のための制度であり、再審の要件を厳格に捉えて救済を否定することは再審制度の理念に反します。また、死刑は被告人の生命を剥奪する究極の刑罰ですから、その適用は慎重かつ謙抑的に行なうべきです。死刑事件では重大な量刑誤判や、十分な防御権が保障されずに死刑判決が確定した者も救済する必要があります。したがって、再審理由を緩和しなければなりません。

　また、再審での国選弁護人制度、弁護人の秘密交通権、手続の公開、請求人の意見陳述権や立会権等が認められておらず、不服申立には3日又は5日と極めて短期間に理由書を提出しなければなりません。再審の重要性に鑑みれば、通常事件と同様に、請求人の防御権や適正手続きを保障する必要があります。

　さらに、再審開始決定に対する検察官の不服申立を認めていることが冤罪の救済を遅らせる原因となっています。検察官は再審公判で主張すれば十分であり、再審開始決定に対する検察官の不服申立を許すべきではありません。

⑥　弁護活動の問題点

　死刑事件は、被告人の生死が左右される究極の裁判ですから、徹底した弁護活動、充実した弁護体制が求められます。そして、死刑事件の弁護人の多くは国選弁護人ですが、我が国の国選弁護報酬は欧米諸国のそれと比べて著しく低いものです。なお、再審では国選弁護すら保障されていません。

(2) 死刑と冤罪

　死刑は、被告人の生命を剥奪する回復不可能な刑罰です。冤罪であるにもかかわらず死刑が執行された場合は司法による殺人というほかなく、これ以上の不正義はありません。

　しかし、免田事件、財田川事件、松山事件、島田事件という4件の死刑確定事件について、冤罪であったことが明らかとなり、再審無罪が確定しています。また、無期懲役となった重大殺人事件である足利事件、布川事件が冤罪であったことが明らかとなり、再審無罪が確定しています。さらに、死刑確定事件である名張事件、袴田事件は、冤罪である可能性が高く、日弁連が再審請求を支援しています。

(3) 死刑に関する情報公開

① 　政府は極端な密行主義を続けてきました。1998年以降、死刑執行の事実及び被執行者数についてのみ公表するようになり、さらに、2007年以降、被執行者の氏名、生年月日、執行場所及び執行の原因となった犯罪事実について公表するようになりました。しかし、それ以外の情報については、依然として明らかにしようとしません。

　死刑確定者がどのような処遇を受け、死刑がどのように執行されるのか、といった情報が与えられない中で、国民は、裁判員裁判に参加して、死刑判決に関わっています。死刑事件の裁判員が、現実の死刑に関する情報をどれだけ知った上で、審理・評議したのか、不安は尽きません。

② 　刑場の公開

　かつては司法修習生が修習の一環として刑場を見学できる時代もありました。しかし、現在は刑場を見学することはできません。2003年と2007年に、国会議員が東京拘置所の刑場を視察しましたが、これは、あくまでも国政調査権に基づくものであって国民に対する情報公開と言えるものではありません。2010年7月、東京拘置所の刑場がマスコミに公開されましたが、型にはまった映像が見られただけであり、国民に対す

る情報公開としては不十分です。
③　死刑執行に関する文書の公開

　　情報公開法により、死刑に関する行政文書の開示を請求できるようになりました。そこで、日弁連有志が、死刑執行指揮書や死刑執行命令書などの開示を求めましたが、ほとんどが黒塗りとなっていました。そのため、不開示処分の取消を求めて行政訴訟を提訴しましたが棄却されました。

　　2007年12月以降、死刑執行の際に、被執行者の氏名、生年月日、執行場所及び執行の原因となった犯罪事実について公表するようになりました。これを受けて、死刑執行指揮書などにおける情報開示が是正された傾向があります。しかし、政府が、死刑に関して、極めて強い密行性の下にあること自体に変わりはありません。

④　世論調査の前提としての情報公開

　　テレビなどのマスコミ報道の下、被害者遺族が「加害者を死刑に」と訴える姿を見れば、被害者遺族の感情に同調して死刑を求めることもあるでしょう。そして、このようなマスコミ報道の中で死刑廃止を発言する市民は少ないでしょう。その中で、政府による世論調査の結果を引用して死刑制度が正当化されているという実態があります。

　　死刑制度に関する国際情勢、我が国に対する国際機関からの勧告などについても、国民に情報提供されていません。

(4) 犯罪被害者遺族と死刑

　　もし自分の家族が殺されたら加害者を殺せと言うかもしれません。しかし、国家がそれを認めることは残虐な犯罪者と同じことを国家がやることになります。人を殺した人に対する刑罰も人道的なものでなければなりません。刑罰の目的である一般予防、特別予防のためには死刑は全く役に立ちません。

　　被害者のためには応報感情を満足させることが重要なのではありませ

ん。被害者の保護を厚くすることが、人々の法への信頼を確保し、ひいては法的平和の再生につながります。

　社会人という公的な立場からは、暴力犯罪のない社会を作りたいという思いとどのようにしたら調整できるのかという問題が浮上します。それは、暴力の原因が社会のいかなる人間関係によってもたらされるのかということを考える契機になります。それを明らかにするためには、過去に起きた暴力事件の原因を追求することが必要です。そのためには、加害者本人を抹殺するのではなく、原因追求のために生きて、協力してもらうことが必要です。それは、加害者が生きて罪を償うことにつながります。

5 ●死刑問題についての日弁連の取り組み

(1) 日弁連は、死刑制度問題について

　これまで、基本的人権の擁護、法律制度の改善という観点から取り組んできました。その主な内容は、以下のとおりです。
① 　1991年、人権擁護委員会内に死刑制度問題調査研究委員会を設置して調査研究を開始しました。
② 　1993年の死刑執行再開以来、執行のたびに日弁連会長は「死刑存廃問題について国民的論議を展開すべきであり、また、死刑に直面する者に対する権利保障が不十分であり、国際人権（自由権）規約や国連決議等に違反しているおそれがあるので、死刑執行は、差し控えられるべきである。」旨の談話を発表してきました。
③ 　1997年、日弁連理事会決議に基づく要望書で、死刑に直面する者に対する権利保障の状態が国際人権（自由権）規約や国連決議等に違反して違法状態にあることに鑑み、これらの違法状態が解消されるまで死刑執行は差し控えるべきである旨を内閣総理大臣と法務大臣宛に要望しま

した。
④　1998年の「国際人権（自由権）規約に基づき提出された第4回日本政府報告書に対する日弁連報告書」において、「死刑執行手続の非人道性」「死刑事件の手続的保障の欠如」などを踏まえて「死刑確定者に対して直ちにその執行が停止されるべきである。」「日本政府は、直ちに第二選択議定書の批准のための検討に入るべきである。」という立場を明確にした報告書を国際人権（自由権）規約委員会に提出しました。
⑤2002年11月、日弁連理事会は「死刑制度問題に関する提言」を採択しました。この提言は、死刑問題について日弁連として最初のまとまった政策です。この提言は、死刑の存廃につき議論を尽くし、また死刑制度の改善を行なうまでの期間、死刑確定者に対する死刑の執行を停止する時限立法（死刑執行停止法）の制定を提唱しました。
⑥　同年12月、この提言を実現するために、「死刑制度問題提言に関する実行委員会」を設置しました。同委員会は2004年の人権擁護大会決議後、「日弁連死刑執行停止法制定等提言・決議実現委員会」（「死刑執行停止実現委員会」）と改組されました。
⑦　日弁連は、2004年10月の第47回人権擁護大会において、「21世紀、日本に死刑は必要か――死刑執行停止法の制定と死刑制度の未来をめぐって」というテーマのシンポジウムを開催し、「死刑執行停止法の制定、死刑制度に関する情報の公開及び死刑問題調査会の設置を求める決議」を採択しました。この決議は前記の提言を発展させたものです。
⑧　日弁連は死刑執行停止に関する全国公聴会を開催し、2008年3月、「日弁連死刑執行停止法案」を取りまとめました。

(2) 法務大臣に対する死刑執行停止要請活動と会長声明

　　2002年11月の「死刑制度問題に関する提言」の採択以後、日弁連は、法務大臣が就任する都度、あるいは法務大臣の就任中複数回にわたって、死刑執行停止要請を行なってきました。そして、日弁連は、死刑執行が

なされるごとに死刑執行停止要請を行ない、全国の弁護士会でも死刑執行について同趣旨の会長声明を出してきました。

(3) 日弁連と各地の弁護士会の活動
① 日弁連人権擁護委員会は、1959年以来、再審事件弁護の支援に取り組み、死刑再審4事件について再審無罪を勝ち取り、足利事件と布川事件でも再審無罪を勝ち取りました。また、死刑再審事件である名張毒ぶどう酒事件、袴田事件、マルヨ無線事件等についても精力的な弁護支援をしています。
② 市民に死刑の残虐性と問題点を考えてもらうため、例えば映画「休暇」等を上映し、日弁連の死刑執行停止の活動について講演する「死刑を考える日」を、毎年、全国各地で開催しています。また、2005年に欧州委員会（EC）やアメリカ法曹協会（ABA）と共催で、「人権と死刑に関する国際リーダーシップ会議」を開催し、2010年には「アメリカの被害者遺族からあなたへ——人権のための殺人被害者遺族の会（MVFHR）が語る命と死刑」を開催しました。
③ 日弁連では、市民に対し死刑に関する正確な情報をできる限り平易な表現で提供し、日弁連の死刑政策を理解してもらうために日弁連のホームページ内に「死刑を考える」ページを設けています。

(4) 死刑事件弁護の研鑽
　日弁連は、2004年の人権擁護大会決議を実行するためには、死刑事件を担当した弁護士の経験を広く共有し、分析して、今後の重大事件の弁護活動に生かしていくことが重要と考え、研修会や経験交流会を通じてあるべき弁護の姿を考えて、研鑽に努めています。

(5) 日弁連が問われるもの
　日弁連は、死刑問題について各種の活動を行なってきました。しかし、

その基本的な立場は、死刑執行を停止して国民的な議論をするというものでした。日弁連は、弁護士の加入が義務付けられている職能団体ですが、社会正義の実現と基本的人権の擁護を目的としています。それゆえに、日弁連は、死刑廃止問題についての姿勢を鮮明にすることが求められていました。

6 ● 人権擁護大会シンポジウムと決議
── 日弁連の立場

こうした中で、昨年の人権擁護大会シンポジウムでは以下の議論をしました。

① 誤った厳罰化政策

日本の凶悪犯罪が増えているという事実はありません。「認知件数について見ると、殺人は、昭和29年をピークに、傷害致死は、昭和23年をピークに、いずれも長期的に減少傾向にあるが、殺人は、最近20年間ほぼ横ばいの状態である。」と、2010年版犯罪白書にも書かれています。世界的に見ても、我が国は、凶悪犯罪が少なく、治安の良い社会状況にあります。

にもかかわらず、マスコミなどは、「凶悪犯罪による治安の悪化」、「体感治安の悪化」などと、犯罪不安を煽る報道を続けています。そのため、犯罪者を社会から隔離することを求める社会的潮流が生まれ、治安が悪化したという誤った事実に基づいて厳罰化政策が推し進められています。

② 裁判員裁判と刑罰

そうした中で裁判員裁判が開始されました。一般市民が、有罪無罪の判断のみならず量刑判断にも関与しています。死刑の選択を迫られる裁判員も生じており、死刑を含む刑罰に対する国民の関心が高まっています。しかし、刑罰についての正しい情報が市民に伝えられているでしょ

うか。

　最高裁の裁判員向けのパンフレットには、刑罰の目的として「犯罪の被害を受けた人が、直接犯人に報復したのでは、かえって社会の秩序が乱れてしまいます。そこで、国が、このような犯罪をおかした者に対して刑罰を科すことにより、これらの重要な利益を守っています。」と記載されています。刑罰の目的が、全くの応報であるかのような情報が提供されているのです。

③　シンポジウムの目的

　この世界に「生まれながらの犯罪者」はいません。犯罪に至るまでの原因と過程を解明して二度と同じ過ちをしないようにすることが必要です。そして、刑罰の目的は応報に留まるものではなく、犯罪をおかした人の更生・社会復帰も大切な刑罰の目的です。

　我が国は死刑制度を存置しています。それは、犯罪をおかした人を、命を奪うという方法で永久に社会から排除するものであり、その人の更生・社会復帰の可能性を否定し去るものです。その上、死刑判決は常に誤判の危険を孕んでいます。死刑制度には、誤判であった場合に死刑が執行されてしまうと取り返しがつかないという欠陥があります。さらに、わが国では、死刑に直面している者に対し、被疑者・被告人段階から再審請求の段階に至るまで十分な弁護権、防御権が保障されておらず、執行の段階でも死刑確定者の人権保障の面で多くの問題を抱えています。死刑廃止が国際的な潮流になっています。そろそろ死刑制度を見直すべき時ではないでしょうか。

④　ノルウェー調査

　ヒントとなったのは、「未来への提言　犯罪学者ニルス・クリスティ〜囚人にやさしい国からの報告」というテレビ番組でした。刑罰は社会復帰であるという理念を、文字どおり実践しているノルウェーの刑事政策の現場は衝撃的でした。これを参考にして、私たちのあるべき社会を、そして、あるべき社会から死刑を含む刑罰の在り方を考えていこう、と

いうことになりました。

　2011年5月、実行委員会は、ノルウェー調査に行ってきました。オスロ大学犯罪学研究所で、ニルス・クリスティ教授の話を聴き、シンポジウムへの出席を快諾していただきました。クリスティ教授の根底にあるものは「全ての人間は人間である」という考え方です。犯罪者を人間ではない別のものと見ることにより、隔離、抹殺ということが肯定されたのではないか、という問いかけです。

⑤　人権擁護大会シンポジウム

　シンポジウムに先立って、2011年3月11日の東日本大震災と同年7月22日のオスロ連続テロ事件の被害者のために、参加者全員で黙禱をしました。オスロの事件は、私たちがノルウェー調査に行った後に発生し、私たちが訪れた法務警察省が爆破されたものでした。

　最初にニルス・クリスティ教授による基調講演を行いました。

　クリスティー教授は、77人が死亡したオスロの連続テロ事件に触れて、「我々は、憎しみでこれに応えることはしないし、それは可能だ」、「我々は冷静でなければならない」と言って、77人を殺した彼に適切な応報を考えることは不可能であること、彼は移民の排斥や死刑の復活などの厳罰化をめざすなどして社会を変えようとしたこと、それに応えるのは厳罰ではなく「赦し」ではないか、と話しました。

　続いて、クリスティ教授は、ナチス占領下のノルウェーにあった強制収容所で多くのユーゴスラビア人が殺されたことを例に挙げて以下のように話しました。

　「私は強制収容所で働いていたノルウェー人へのインタビュー調査をした。すると、被収容者への殺人に関わった人とそうでない人の間の違いが明確になった。関わった人は被収容者を、ドイツ軍の司令官に言われたとおり、危険な野生動物のように見ていた。関わらなかった人は被収容者を同じ人間と見ていた。生き残ったユーゴスラビア人にもインタビューすることができた。その人は、偶然、ノルウェー語とドイツ語の

辞書を拾った。そして、白夜の間に必死にノルウェー語を勉強した。ある時、看守がノルウェー語で『マッチ持っているか』と話したときに、そのユーゴスラビア人はノルウェー語で『私はマッチを持っている』と話した。この時から、彼は、危険な野生動物ではなく、人間として見られるようになった。そして、生き残ることができた。」

クリスティ教授は、「人を殺すことができる背後には、その人を人間でないと考えてしまうことがあるのではないか。それが、死刑問題の根底にある。」と語りました。そして、犯罪者も含めて、すべての人間は人間であること、刑罰で対応できることには限界があること、何よりも社会的なケアーが必要であることを訴えました。

次に、龍谷大学の浜井浩一教授が「我が国の刑事政策の現状と問題点」を報告しました。浜井教授は、日本がノルウェーよりも犯罪が少なく安全であり、厳罰化政策には根拠がなく、日本の治安の本当の問題は、高齢者や弱者に対する福祉の対応が出来ていないことにあり、犯罪という形で現れる社会問題を何で解決するべきかが問題であると発題しました。

続いて、私たち実行委員会により、「『誰が刑場に消えたのか』——ある死刑囚の一生——」を行いました。これは、シンポジウムで訴えたかったことのエッセンスを、現実に死刑執行された人をモデルにして訴えるものでした。モデルとなった人は、死刑判決に対する控訴を自ら取り下げ、「死刑判決で死をもって償えというのは、俺にとって反省する必要がないから死ねということです。人は将来があるからこそ、自分の行いを反省し、くり返さないようにするのではないですか。将来のない死刑囚は反省など無意味です。」と実際に書き残しました。実行委員会は、彼の少年時代の非行から最後の犯罪まで、なぜ、彼がそのような一生をたどらざるをえなかったのか、日本の現実とあるべき共生社会とを比較させながら語りかけました。

パネルディスカッションでは、死刑判決を受けた方々を取材した経験

から、元更生保護委員会委員長の保護の現場から、裁判員経験者の経験から、被害者遺族ではなく凶悪事件の被害者そのものとしての立場から、そして、矯正の現場と研究者の立場から、貴重な体験や意見が語られました。殊に、目の前で人が殺され、自らも殺されかけたという犯罪被害者本人が、その瞬間に思ったことは、恨みとか憎しみではなく、加害者は「こんなに追い詰められていたのだ」「辛いんだ」ということであり、加害者を「特殊な存在ではなく同じ人間だと感じた」という内容で、新鮮な感動を与えました。

　そのほか、裁判員裁判を取材した結果やマスコミの犯罪報道について、元受刑者の体験から刑務所の実態と問題点について、自らの非行体験と更生したのちの社会復帰援助の活動について、取り返しのつかない死刑冤罪の問題について、語られました。

　こうして、シンポジウム全体としては、罪を犯した人も私たちと違いがあるわけではないこと、応報だけではなく社会復帰も大切な刑罰の目的であり、これを実現することが、再犯者を減らし、犯罪を減らすことになること、そのためには、社会の理解と連携が不可欠であること、そして、死刑は究極の排除であって刑罰の目的にそぐわないこと、死刑廃止が望ましいこと、が確認されました。

7●宣言の採択

　翌日の人権擁護大会では、前日のシンポジウムの成功を受けて、前記の宣言案を圧倒的な賛成多数で採択しました。日弁連は、「死刑のない社会が望ましい」という方向に舵を取ることになりました。この宣言のいう「死刑廃止について全社会的議論を呼びかける」ことを実行するために、委員会も組織を一新して「死刑廃止検討委員会」に改組しました。

　この宣言で死刑に関わるものは以下のとおりです。

「 5 罪をおかした人の社会復帰の道を完全に閉ざす死刑制度について、直ちに死刑の廃止について全社会的な議論を開始し、その議論の間、死刑の執行を停止すること。議論のため死刑執行の基準、手続、方法等死刑制度に関する情報を広く公開すること。特に犯罪時20歳未満の少年に対する死刑の適用は、速やかに廃止することを検討すること。

 6 死刑廃止についての全社会的議論がなされる間、死刑判決の全員一致制、死刑判決に対する自動上訴制、死刑判決を求める検察官上訴の禁止等に直ちに着手し、死刑に直面している者に対し、被疑者・被告人段階、再審請求段階、執行段階のいずれにおいても十分な弁護権、防御権を保障し、かつ死刑確定者の処遇を改善すること。」

8 ●精神障害と死刑

(1) 死刑事件における精神障害は以下の場面で問題となります

　ア 犯行時に心神喪失であれば無罪となり、心神耗弱でも必要的減刑で死刑を回避できます(刑法39条)。そして、心神耗弱とまでいえない場合でも、死刑を回避するための量刑事情になり得ます(刑法66条)。

　イ 公判開始後、被告人が心神喪失の場合は公判手続きが停止されます(刑訴法314条1項)。

　ウ 死刑確定者が心神喪失となった場合は、法務大臣の命令によって死刑執行が停止されます(刑訴法479条1項)。

　いずれの場合も精神鑑定が必要となります。そこで、精神鑑定について、私たちの委員会で議論していることを紹介して、問題提起をしたいと思います。

(2) 鑑定採否の実情と精神鑑定の必要性

　刑事訴訟実務においては、精神鑑定が適切になされているか否かにつ

いては疑問があり、行刑の実態はそれが不十分であることを教えています。

医療刑務所からの報告によれば、服役中に精神障害の治療を受けた受刑者のうち精神鑑定を経てきている者は2〜3割に留まり、鑑定を受けていない者もその精神障害が犯行に無関係とは思われないケースがあるとされています。このことは死刑事件も例外ではありませんから、死刑判決の要件として精神鑑定を必要的なものとすべきです。

(3) 否認事件における鑑定と誤判原因としての鑑定

精神鑑定が誤判原因をなしたと疑われる事例もあります。死刑再審無罪の島田事件はその顕著な例です。否認事件においては精神鑑定をすべきではなく、更に、鑑定経過中に被告人が否認に転じたり、実は当初から被告人の真意は否認であったと判明したような場合は、鑑定手続を中止すべきだという主張もなされています。否認事件における鑑定は慎重でなければなりません。ただ、上述のとおり、必要的精神鑑定制度は死刑の全件における鑑定を求めるものですから、起訴後の責任能力鑑定は、犯罪成立要件に関する証拠調査終了後に行なうべきです。

(4) 精神鑑定の適正手続

ア　鑑定留置場所を医療施設として鑑定人や鑑定助手が被鑑定人の全行動を直接確認すること。

拘置所に鑑定留置し、鑑定人が拘置所における数回の面接（問診）によって鑑定する事例が見受けられますが、誤鑑定や洞察の浅い鑑定の要因となっていると思われます。拘置所職員による被告人の動静報告を詐病や拘禁反応の軽微性の認定資料とするようなことはあってはなりません。

イ　鑑定人面接における黙秘権の告知並びに麻酔分析や催眠分析の禁止
麻酔分析・催眠分析についてはナチス時代の反省からドイツ刑訴法が

明文をもって禁止しました。しかし、我が国においては麻酔分析が行なわれて誤判原因となったことがあります。島田事件や大分みどり荘事件はその例です。

　黙秘権の告知は現在でも殆ど行なわれていませんが、精神鑑定における鑑定資料としての供述は被鑑定人の自由意思によるものでなければなりません。被鑑定人が黙秘権を告知されてもその意味を理解できないような場合は、事件時の責任能力を考察する前に、鑑定時の訴訟能力が疑問とされるべきです。

ウ　問診状況の録画・録音と検査記録の作成・保存・提出

　これは鑑定手続の適正と鑑定内容の正確さを証するとともに、再鑑定がなされる場合には不可欠の資料となります。現状では録画・録音や記録の保存は鑑定人の裁量に委ねられていますが、司法上の基準として録画・録音と検査記録の作成と提出を義務付けるべきです。

エ　以上の適正手続要件は起訴前鑑定においても適用されるべきです。そして、それが検察官による嘱託鑑定としてなされるときは、証拠能力付与の要件とされるべきです。

(5) 故意および訴訟能力について

　被告人の事件時の精神状態は責任能力と故意の双方に関連することが稀ではありません。特に、てんかん性精神病、アルコール酩酊および情動犯罪等による一過性の意識障害下の事件にこの傾向が強いようです。また、統合失調症、慢性妄想病、知的障害などの継続型の精神障害は、事件時から鑑定時まで、時に変動しながらも症状を持続し、訴訟能力の問題を生じさせることが少なくないので注意が必要です。

(6) 人格障害について

　我が国の精神医学において、1960～70年代にドイツ医学流の「精神病質」論が厳しく批判されましたが、1980年代以降はアメリカ医学由来

の「人格障害」論が安易に用いられる傾向がありました。両概念はほぼ同じ内容のようです。

　近時は、我が国においても人格障害論に対する批判がなされており、発達障害が成年後の人格障害を形成することが概ね承認されているようです。発達障害者支援法の法意に照らしても、人格障害を一面的に悪しき情状視することは正しいとはいえません。

　また、微細脳器質性変異による人格変化と責任能力の関連についても考慮されるべきです。

9 ● おわりに

　以上は、精神障害の専門家ではない者の議論ですから、誤っていることもあるかもしれません。お気付きの点があれば、それをご指摘いただければ幸いです。それにしても、刑罰の目的は社会復帰であり、精神障害者の場合、それは治療となるはずです。死刑制度が精神障害の治療にとって有益なはずはありません。死刑がない社会の方が精神障害者にとっても望ましい社会と言えるのではないでしょうか。

死刑と精神障害者

山本眞理　Yamamoto Mari

　全国「精神病」者集団はその結成直後より、元無実の死刑囚赤堀正夫さんの支援に取り組んできた。「赤堀さんを殺して私たちの未来はない」のスローガンのもと身体障害者団体も含め大衆的な闘いが全国に広がった。全国「精神病」者集団がある意味では障害者団体としては珍しく「死刑廃止」を掲げているのはそうした背景がある。
　多くの読者は、名前くらい知っているという程度ではないかと思うので、今一度まず赤堀さんの冤罪事件を振り返ることは、意味があると考える。

1 ● 赤堀正夫さんの冤罪事件が問いかけるもの

　1954年静岡県島田市で幼女誘拐殺害事件が起きた。赤堀さんは同年5月に逮捕され、犯人にでっち上げられ1958年に第1審死刑判決を受け、1960年に最高裁が上告を棄却し死刑が確定した。1989年1月31日に再審無罪判決を受け釈放されるまで、何と35年間えん罪により赤堀さんは獄にとらわれていた。
　全国「精神病」者集団は結成以来「我々はシャバの赤堀だ」として、赤堀さんの救援に取り組んできた。赤堀さんの事件には我々自身が受けている精神障害者差別と排外の全構造がある。
　まずなぜ赤堀さんがデッチ上げ逮捕の対象となったか？　赤堀さんは事件当時地域で「精神病」者差別から放浪生活を余儀なくされており、それ

ゆえ明白なアリバイがあるにもかかわらず、それを証明することが困難な状態にあった。この放浪生活を強いられることがなければ赤堀さんがでっち上げられることはなかったと言える。

そして警察は差別と偏見に基づき犯人像を作り上げ、「精神障害者」、「放浪者」、被差別部落民などを中心に二百数十名をリストアップした。そして警察は精神病院入院歴のある赤堀さんに目をつけ逮捕し、拷問を加え自白を強制した。

第1審中に死刑判決を避けたいという弁護側の苦肉の策として行われた精神鑑定によって、精神科医がこのデッチ上げに加担していく。鑑定した精神科医は警察検察の資料を鵜呑みにし、赤堀さん自身の冤罪の主張には一切耳を貸さなかった。さらにイソミタールを注射し「自白」をとろうとしたが、もちろん赤堀さんは「やっていない」と言うだけ、しかし薬から醒めた赤堀さんに、「やったと言った」とデッチ上げまでしてせまったのが精神科医である。そして鑑定医は「うそつきで、反省の色のない赤堀」という誤った差別的人間像を鑑定書に描き、これが死刑判決に大きな影響を与えた。再審開始後にこの鑑定に携わった鈴木医師は精神鑑定取り下げの上申書を裁判所に提出している。

第1審判決は赤堀さんのアリバイ主張を「知能程度の低い赤堀が覚えているはずがない」と切り捨て、さらに「かような行為は、おそらく通常の人間にはよくなし得ない悪逆、非道、鬼畜にも等しい」だから「精神障害者」の赤堀さんの犯行であり、かつ「被告は……知能程度が低く、軽度の精神薄弱者であり、その経歴を見るとほとんど普通の社会生活に適応できない」だから「死刑」と言い放った。

捜査、取り調べ、公判、判決、と全過程を通し精神障害者差別が貫かれている。

全国「精神病」者集団は、赤堀さんの冤罪事件を精神障害者差別裁判ととらえ、全国障害者解放運動連絡会議と共に赤堀中央闘争委員会を結成し、アムネスティ、弁護士会、日本精神神経学会などの団体、精神科医等医療

従事者、その他、労働者市民と共に赤堀さんの救援の闘いを継続してきた。

再審無罪判決は勝ち取ったものの、赤堀さんのデッチ上げを許した精神障害者差別の構造はいまだ強固に続いている。精神障害者差別によるえん罪事件は続いている。精神障害者を地域から追放する精神障害者差別は今も我々を襲っている。

赤堀政夫さんの場合は無罪であったが、その後も全国「精神病」者集団としては赤堀さんの死刑廃止の訴えにこたえ、有実の死刑因についても死刑廃止に向けた活動を継続してきた。

そうした中で日本精神神経学会にも働きかけを続けてきた。

1993年桜庭章司[*1]さんに対して死刑求刑がされた際、全国「精神病」者集団は日本精神神経学会に対して、彼の死刑阻止のための上申書を日本精神神経学会として出すよう要請したが、学会理事会は「さまざまな難しい問題を含むため理事会としてはこの件についての態度表明は留保されました」との回答であった。回答は1995年8月であった。その後川中鉄夫さんの処刑を巡っても大野萌子と私は申し入れを行った。[*2]

2 ● 障害者権利条約と法的能力

私は上記の活動の中で、精神障害者の処刑は国内法にもまた国際規範にも反しており、精神科医がどの段階でどのように関与したか、それを明らかにして精神神経学会として死刑問題に取り組むべきという主張をしている。[*3]

こうした主張はアムネスティも行っているが、国際的精神障害者運動では非常に評判の悪い主張であった。心神喪失抗弁や精神障害を理由とした処刑の中止は障害を理由とした精神障害者差別であるという主張に基づく批判である。全国「精神病」者集団としては世界精神医療ユーザーサバイバーネットワーク[*4]（WNUSP）に参加して以来この問題を巡っての議論を

続けてきた。おそらく保安処分がない中で（実質的に措置入院が保安処分として機能していたとはいえ）始まった精神障害者運動は国際的には日本の全国「精神病」者集団のみであり、また赤堀さんの支援を体験した我々の特殊性もあろうが、強制入院強制医療の廃絶と異なり、なかなか議論がかみ合わない点でもあった。

しかし障害者権利条約の交渉過程において、強制入院強制治療を拷問および虐待として位置付ける、すなわち強制入院や強制医療を犯罪化する起草委員会の草案からの妥協の中で、5条（平等及び無差別）、12条（法律の前に等しく認められる権利）、14条（身体の自由及び安全）、15条（拷問又は残虐な、非人道的な若しくは品位を傷つける取扱いもしくは刑罰からの自由）、17条（個人をそのままの状態で保護すること）、19条（自立した生活及び地域社会への包容）、25条（健康）（d）他のものと平等なインフォームドコンセントの権利を書き込むことで、精神障害者に対する強制入院強制治療の廃止を勝ち取ったということになる。

障害者権利条約は12条において、以下述べている。（長瀬・川島訳より引用）

第12条　法律の前における平等な承認
1　締約国は、障害のある人が、すべての場所において、法律の前に人として認められる権利を有することを再確認する。
2　締約国は、障害のある人が生活のあらゆる側面において他の者との平等を基礎として法的能力を享有することを認める。
3　締約国は、障害のある人がその法的能力の行使に当たり必要とする支援にアクセスすることができるようにするための適切な措置をとる。
　　以下略

この12条を素直に読むと、刑事責任能力や訴訟能力、あるいは受刑能

力を障害者に否定することはあってはならないことになる。必要なのは自己決定に対する支援であり、あらゆる合理的配慮を尽くした刑事司法体制である。そして刑事司法体制全体の改革、拘禁を最小限にし、最終的には監獄を廃絶することである。WNUSPの12条解釈の文書は明白にこれについて述べている[*6]。

　刑事責任能力については「責任なければ刑罰なし」という近代刑法の原則から導かれるものであり、違法にあたらないほかの行為をする期待可能性がない場合には、責任能力なし、したがって刑を科すことができないということになっている。

　この他行為期待可能性という概念について、全国「精神病」者集団の亡き吉田おさみは、刑法39条を取り上げ、精神障害者だけ無罪にするのではなく、健常者も無罪、刑の軽減をすべき、と述べている。これは学生に良く説明されることだそうだが、戦争直後政府が食料を市民に保障できなかった時、生き延びるために食料を盗んだものを国家が処罰することはできない、生きるためにはほかの行為をすることは期待できず、期待可能性がなく国家が刑罰権は行使できない、という説明である。

　全国「精神病」者集団がWNUSPのティナ・ミンコウィッツ（障害者権利条約起草委員会のメンバー）を招いた12条をめぐるワークショップで、内田博文は刑事責任能力の社会モデルとして、精神障害者に対してはそもそも生きていくための支援や医療体制の不十分さ、極端な差別と隔離という状況を国家が作り出している。そうした状況下で期待可能性と言えるのか、国家が罰せられるのか、という観点からの刑事責任能力の再定義という提起がなされた。

　しかしこうした状況は違法行為を行った人のほとんどにある条件ではないだろうか？　刑務所に大金持ちばかりいるという話は聞いたことはないし、児童虐待やDVのサバイバーが非常に多いという話もある。もちろんあらゆる被差別者が人口比率から言って過剰に受刑していることは想像に難くない（こうした統計については無知ではあるが）。

そうだとすれば精神障害者についてだけ期待可能性がない、とする根拠は乏しいと言わざるを得ない。様々な社会的ハンディキャップを負った人たちを罰することの意味、あるいは国家に刑罰権があるのかという問いは当然出てくる。刑務所が福祉施設代わりになっている。精神障害者や知的障害者、発達障害者のみではなく、高齢者の犯罪に刑罰を科し刑務所に収容していくことが果たして正義と言えるのか？

乱心者に刑の軽減というのは近代刑法の特色とも言えず、大宝律令にも書かれているように、行為の時に何ら覚えのない人に対して刑を科すということへの躊躇は、人類が刑罰を制度化した時から存在する。とりわけ死刑については高齢者や子供、あるいは病人、障害者を処刑するということに感覚的嫌悪感をもつということは当然ある。[*7]

しかし、死刑判決を受けるような事例において、心神喪失等で不起訴や無罪あるいは執行猶予という事例はほとんど存在しない。検察の起訴独占主義は非常に政治的に使われており、メディアで大きく報道され、被害者が家族以外の場合はほとんど通常通りの刑事司法に乗せられているのが実態と言えよう。この実態が医療観察法導入以降大きく変化したとは言えないだろう。

むしろ精神鑑定によって精神障害者とされたこと自体が赤堀さんの死刑判決のように矯正不能、したがって死刑、あるいは死刑を逃れたいための悪あがきという印象を与えるだけということもありうる。この傾向は裁判員制度の模擬裁判でもあったと報告されている。

3●刑事司法制度における合理的配慮とは？

条約前文では「(e) 障害〔ディスアビリティ〕が形成途上にある〔徐々に発展している〕概念であること、また、障害が機能障害〔インペアメント〕のある人と態度及び環境に関する障壁との相互作用であって、機能障害の

ある人が他の者との平等を基礎として社会に完全かつ効果的に参加することを妨げるものから生ずることを認め」、としディスアビリティが態度と環境との相互作用であるとしている。

　まず、広い意味での訴訟能力について考えよう。

　条約前文が述べるように障害の社会モデルを取るならば、訴訟能力そのものが本人個人の機能障害にある、という捉え方自体が問題と言えよう。訴訟能力が問題とされるべきは刑事司法制度を執行する側ともいえる。

　大混乱している状態の人が逮捕される場合を考えてみると、果たしてそもそも警察は逮捕できるだろうか？　あらゆる合理的配慮を尽くしても令状について説明しようとしてもコミュニケーションができない状態の場合、逮捕することは適正手続きから言って可能であろうか？

　取り調べの過程においても黙秘権の告知が本人に伝わっていると言えるだろうか？

　公判のやり取りや裁判の意味を被告は理解していると言えるだろうか？

　知的障害者や発達障害者の刑事事件においては、大阪では障害に知識のある弁護士の取り組みが始まっている。精神障害者の場合はむしろ、その時大混乱していれば、本人が安心できるところで治療を受けられることが優先されるべきであろう。逮捕された人が大けがをしていれば、当然治療が取り調べに優先されている。強制的医療であってはならないが、本人が落ち着いてから逮捕取り調べを行うということは当然であろう。もちろん訴訟能力が回復しないという理由で、ひたすら拘置所に拘禁され続けたり、被告の身分から解放されなかったりする事例については、本人の能力ではなく刑事司法体制に能力がないという理由で公訴棄却も選択されるべきであろう。

　さらに拘留中においても本人が希望するなら適切な医療保障は当然であり、これは本来外部の医師によって保障されるべきである。すでに治療を受けている場合は本来主治医が治療継続を行うのが望ましいが、主治医でなくとも一般精神医療の枠内で刑事施設の医療が行われるべきである。

これは決して、医療観察法に回すことを求めているのではない。例えばイタリアトリエステの精神保健部局のサイトによれば獄中医療がそのプログラムの中に組み込まれている[*8]。これはあくまで一般的な精神医療であり福祉サービスでの対応であり、決して触法障害者対策として特化したものではない。

　こうした体制をまず作ることで、少なくとも精神障害者の訴訟能力の問題の多くは解決するはずであるが、さらに問題なのは起訴前鑑定留置である。23日を過ぎても2、3か月身柄拘禁がなされ拘置所に入れられるという事態は差別以外の何物でもない。鑑定制度がすぐにはなくせないとしても身柄拘束しなければならない理由はない。自宅で鑑定を行えばいいだけである。この起訴前鑑定の問題については障害者制度改革推進会議のもとにある差別禁止部会の中間まとめでも触れられている[*9]。

　次に刑事責任能力についてだが、先に触れたようにWNUSPは条約の12条に従い心神喪失抗弁を否定している。国連高等弁務官事務所も文書で心神喪失抗弁の廃止を述べている[*10]。原則としてわたくしもこれに同意する。ただし上記に述べたように手続き過程による合理的配慮の貫徹が条件であり、そして何より死刑廃止が条件と考えている。国家による殺人という不正義、最大の国権による暴力に抵抗するためには何を使おうが原理原則がなんであろうが、使えるものは使えばいいとは考えてはいる。しかし先に述べたように責任能力を争うことで死刑を免れうるというのはかなり甘い判断であろう。

　本当に刑事責任能力なし、を主張することが本人の利益となるのか否か慎重な判断が必要であろう。むしろ丁寧な事実の洗い出しこそが重要で、有実であるとしてもその態様を争っている刑事裁判は実は例外的である。他稿で述べられている光市の事件などその典型例でもあろう。一審段階さらに起訴前の段階での弁護活動が最も重要ではあるが、これが十分保障されているとは言えない。権利としての保釈も行われず、接見禁止等で防御権が奪われていること、国際的にも例外的な23日にも及ぶ起訴前拘禁と

いう一般的な刑事司法の人権水準の低さこそが問題であり、これは精神障害者に限らない問題である。先に紹介したトリエステのサイトで触れられている仮釈放は、精神障害者に限らず、被疑者や満期前の受刑者に行われている。

　それでは受刑能力についてはどうだろうか。少なくとも死刑に関して受刑能力を論じること自体が無意味と言わざるを得ない。日本精神神経学会で中島直が論じているように、治療すれば必ず殺されるとわかっていて医療を提供するなどという深刻なジレンマを解決するには死刑廃止しかない。

　毎日新聞2012年6月6日の報道によると法務省政務三役の会議では「米国の一部の州で行われている薬物注射による執行について、新たに情報収集を進めることを決めた。」とのことである。検討段階とはいえ、すでに絞首刑は残虐であるという証言がなされている。パチンコ店放火殺人事件で、殺人などの罪に問われたT被告（43）の裁判員裁判の第12回公判（2011年10月12日）において死刑存置派の元最高検検事の土本武司・筑波大名誉教授が出廷。死刑執行に立ち会った経験を踏まえ、「（絞首刑は）正視に堪えない。限りなく（憲法が禁じた）残虐な刑に近いものだ」と証言した。さらにこの裁判ではオーストリア法医学会会長・インスブルック医科大学法医学研究所副所長のヴァルテル・ラブル博士も絞首刑が決して処刑に当たっての苦痛がないものではなく首の切断もままあることを証言している。これらのことから、仮に薬物処刑がとられるとすれば、今後ますます医師と死刑問題のジレンマは深刻化することは想像できる。

　今現在死刑制度がある以上、執行を避けるためにはたとえ障害者権利条約12条に違反しようと成年後見人制度を使う（袴田さんの例）こと、あるいは精神障害者の執行阻止も言っていかなければならないとは考えるが、そもそもあってはならない死刑制度を廃止する以外に解決の道はないことだけは明らかである。

4 ● おわりに

　赤堀さんから伺ったお話。毎朝、巡回の看守の足音が通り過ぎると、死刑囚房全体からほーっというため息が聞こえるという。いわば確定死刑囚は毎朝拷問、虐待にさらされていると言っていい。こうした中で発病する死刑囚が出てくるのは当然であり、このことだけとってもいかに死刑制度が残虐かをあらわしている。

　とりわけ今現在の死刑についての密行制度、本人にすら直前まで執行を知らせず、死刑執行の実態も明らかにされていない、情報公開もされていない、外部との面会交通権も限りなく制限されている事態こそが死刑制度に対する権力の後ろめたさ、正当性のなさを明らかにしていると言えよう。

　この本が歴史の遺物として投げ捨てられる日をひたすら願って稿を終える。

＊1　1964年桜ヶ丘保養院で「肝臓の検査」と騙されて精神外科手術を受け、その後てんかん発作に苦しむようになり、またそれまでのスポーツライターとして英文邦訳を生業としていた仕事もできない状態に追い込まれ、1979年執刀した精神科医である藤井医師を殺害し、自殺しようと自宅を襲い、本人が不在だったため、妻とその母を殺害。強盗殺人として、検察は死刑求刑したが、1993年東京地裁八王子支部判決は無期懲役。1996年に無期懲役が最高裁で確定。現在、宮城刑務所在監。関係資料は以下の立命館大学生存学のサイトに掲載。http://www.arsvi.com/d/m01h1979s.htm

＊2　山本眞理　精神科医と死刑執行　『精神神経学雑誌』103-7: 568-572
　　なおWPAのマドリッド宣言もあり、2004年5月日本精神神経学会第100回総会シン

ポジウム「死刑への精神科医の関与について」が開かれた。そこでの山本眞理の配布資料は以下掲載中。http://nagano.dee.cc/0405yokohuji.doc

＊3　「死刑に直面している者の権利の保護と保障の履行に関する国連決議（1989年1のD）」（日本も賛成票を投じている）では「判決の段階又は処刑の段階を問わず、精神障害者又は極度に限定された精神能力者に対する死刑は排除すること」と明記されている。また国内の刑訴法479条には死刑の言い渡しを受けた者が「心神喪失の状態にあるときは法務大臣の命令によって執行を停止する」

＊4　World Network of Users and Survivors of Psychiatry
http://www.wnusp.net/

＊5　条文草案第11条
〔拷問又は残虐な、非人道的な若しくは品位を傷つける取扱い若しくは刑罰からの自由〕
1．締約国は、障害のある人が、拷問又は残虐な、非人道的な若しくは品位を傷つける取扱い若しくは刑罰を受けることを防止するため、すべての効果的な立法上、行政上、司法上、教育上その他の措置をとる。
2．特に、締約国は、障害のある人が十分な説明に基づくその自由な同意なしに医学的又は科学的実験を受けることを禁止し、かつ、当該実験から障害のある人を保護するものとし、また、いかなる実際上又は認知上の機能障害をも矯正し、改善し又は緩和することを目的とする強制的な介入及び施設収容化から障害のある人を保護する。

＊6　権利、原則、そしてパラダイムとしての法的能力
12条の理論的実践的適用についての障害者権利委員会の意見呼びかけに応えての障害者権利条約委員会への提案
世界精神医療ユーザー・サバイバーネットワーク（WNUSP）
精神医療ユーザー・サバイバー自身が、自らの人権、その侵害そして救済に向けてのガイドラインを定義すると主張することは、原則としてWNUSPそして国際障害コーカス（ICD）の他団体が、条約の草案作成や交渉を通して主張してきたものである。この原則に従って以下述べる。

1　12条の履行に向けて何が必要か？
精神医療ユーザー・サバイバーにとっては、12条の履行を目的として支援された自己決定の精緻なモデル創設は不要である。
12条の履行はまず平等な法的能力の認知から始まる。これは、精神医療ユーザー・サバイバーそして精神障害者は、すべての人と同様に法的行為能力を持っていることを

意味する。行為能力は必然的に能力を直接行使する権利をも伴う。それは自分自身によって表現された希望によって行使する権利であり、この希望は意味があり、適切で有効なものとしていかなる形態のコミュニケーションであろうとうけいれられるように配慮されなければならない（21条）。強烈な感情的表現、比ゆ的な言語、あるいは複雑な語り口について、他の一般的集団よりも精神障害者が、広範囲にわたる配慮が必要な場合もある。また私たちは官僚制や公式の体制とかかわる場合、異なる特別な形態の配慮や支援をも必要とする場合もある（2, 5, 9, 13条）。

2　行為能力の重要性
行為能力は人の選択内容が有効として尊重される権利をともなう。そしてこれらの選択をしたことに対しての最終的責任を持つ権利をももたらす。精神障害と心的外傷の関係は、私たちの多くが、自分自身の人生について真の自己主張にもとづく選択を決して体験してこなかったことをあらわしている。そして破壊的な自信喪失によって私たちはごく小さな決断についてですら、自信をもてない場合がある。自分自身の生活を支配する責任と権限を奪われることは、虐待から逃れる能力を著しく制限し、それのみならず人生の浮き沈みに対応する能力を著しく制限する。こうした能力制限は強制された周辺化、分離、機会の剥奪そして絶望をもたらす。

3　法的能力の侵害としての強制的精神医療
強制的精神医療は法的能力に対して複合的な侵害を加える。強制医療は人の行為や自己表現を信用できないものと評価する判断を体現している。精神を変容させる薬物、それは脳と身体の化学作用を変え、人を完全に変えてしまう（あるいは、電気ショックや精神外科手術はさらに永続的な変化をもたらす）。薬物は自己と非自己との境界を強制的にあいまいにしてしまう。強制医療はこうした薬物による暴行に対する自己防衛を妨げてしまう。高度に侵襲的でいまだ是非について議論の対象となっており、潜在的に非可逆的な結果をもたらしかねない医療についての、自らの選択にもかかわらず、強制医療はその選択を有効として受け入れることを拒否することとなる。

強制医療は12条、そして同様に14条、15条、16条、17条、19条、そして25条と両立できない。また強制医療は国連の拷問の定義にあたる（以下参照。国際障害コーカスの強制的介入についての情報ノートwww.chrusp.orgに掲載、国連拷問等禁止条約特別報告官の報告A/63/175（訳注この報告書の障害者に関する部分はhttp://nagano.dee.cc/0807toture.htmに掲載中）この報告は強制的精神医療の介入は拷問あるいは虐待を構成しうることを主張している）。精神医療における決定に関してはいかなる形態であれ公的に支援された自己決定モデルが適用されることは不要であり、単に強制医療（強制入院と強制収容も含む）が廃止されるべきであり、こうした強制的処置を強要す

る法律が廃止されるべきなのだ。

精神医療および入院は当事者の自由なインフォームドコンセントによって管理された形で継続するかもしれない。これらは十分に満足すべき情報を得た後の肯定的同意があったときにのみありうる。この同意は暗黙の同意でも代理の同意でもありえない。そして同意のない治療からの自由の権利を守らせる効果的な救済方法がなければならない。政策レベルでは資源と優先順位は医学モデルに基づく治療から、狂気そして精神障害の社会モデルに一致したサービスと支援に変換されなければならない（例えば心理療法、レスパイトハウス、意図的ピアサポート（IPS）、そしてヒアリングヴォイシズネットワークとソテリアに見られるような現象学的アプローチ）。資源が制限されているということはこうした政策転換ができないことの言い訳にはならない。資源の再配分と国際協力が徹底的に探求され活用される必要がある。

4　支援そして支援と法的能力の行使との関係
法的能力の行使への支援は一般的にも（例えば、強制的精神医療からの自由の権利のみならず財政、法的そして強制的精神医療からの自由の権利以外にも医療に関連して）他のものとの平等を基礎として精神障害者の法的能力を認知するための正式なあるいは確立した法的機関を必要としない。実際、私たちの多くが体験している重大で継続的な虐待の類型（家庭で、地域社会で、精神保健サービスで、法と司法体制で、そして社会で）への回答として、私たちの支援におけるよい実践が明らかにしている特徴は、官僚的対応を避けること、秘密を守ること（求められれば匿名を認めることも含む）、支援を受ける人への忠誠、上下のない関係性、お互いの現実について非審判的な契約関係である。これらの価値観は法的な監視監督、記録の保持（求められているサービスを実践するために必要ない場合でないかぎり、そしてその場合は当事者に記録の所有権が属す）、支援の関係性の外にあるすべての関係者への説明責任と、対照的である。

精神障害者が書面の計画、そして、あるいは、指名するアドボケイトを利用することを求める場合もある。何らかの理由により直接のコミュニケーションが妨げられるときコミュニケーションをとるために、あるいは望ましい行動方針を忘れてしまわないように利用することを求めて、これらの計画やアドボカシーへの同意は、人の今現在の希望を超えて優先されることはあってはならない。12条は意志をかえるための法的能力の行使の継続の権利を断言している。

5　あらゆる支援の形態のパラダイムとしての12条
12条によって作られたパラダイムは障害者権利条約全体をとおして反映されている。そして精神障害者へ提供されるあらゆる形態の支援に含まれている（例えば19条、26

条、そして28条)。このパラダイムは個々人それぞれの間の境界を認識している。すなわち「個人の自立」(3条の(a))そしていかなる人の自律あるいは身体的、精神的あるいは道徳的不可侵性を侵害することなしに相互依存的な人間存在としてお互いに積極的にかかわることを求めている (3条(a)　12条3項、12条4項　そして17条)。
これはHIV/AIDSに対してとられている害を減らすためのアプローチ(例えば注射器を配布する)、や野宿者へのサービス、そして家庭内暴力の状況下にある人々へのサービスで採用されているのと同じパラダイムである。社会サービスでのよい実践は一般的に支援の本質として以下の立場を取るようになってきている。すなわちトップダウンの命令による社会政策を強制しようとしても、的外れで、有害あるいは人々の尊厳を侵すようなサービスから人々は逃れようとするので、単に役に立たない。それよりもむしろ本来人々が喜んで受け入れるようなサービスを提供しようという立場をとるようになってきている。本質的によい実践は精神保健体制の中ではまた周辺化されてはいるが存在する。それらはほとんどが孤立しそして医学モデルに対する小さなオールタナティブであり、ピアサポートでありアドボカシーである。こうした中で精神保健システムはよい実践に追いつき、パターナリスティックな収容所モデルを廃止する必要がある。収容所モデルは現在地域に根ざしたサービスにも広がっている。例えば精神保健体制下での住宅がゲットー化していること、そして生活の全場面を包摂するケースマネージメント、地域での強制医療を許容する法律など。

条約12条のパラダイムもまた単純に、否定的な拒否する権利と肯定的積極的な権利の相互依存関係にある。そしてそれぞれの個人の「人格の自由な発展」(世界人権宣言12条)のための条件を作り出すには社会連帯が必要であるという認識の下にある。否定的なものも肯定的なものもすべての人権は個人に属する。そして健康に対する権利を達成するためにあるいは生活の適切な水準への権利を達成するために必要であるという根拠で人の法的能力剥奪は決して正当化することはできない。また逆に法的能力を奪ったうえで上記権利を達成する場合も同様に正当化できない。肯定的積極的権利は否定的な拒否する権利を伴う。健康に対する権利は自分自身の身体と健康を支配管理する権利を含む(社会権規約一般見解No.14)そして逆に拒否する権利は積極的権利を伴うこともまた同様である。法的能力の権利は、単に「より少ない悪」を選択するのではなく、積極的に自律を実現するために必要な経済的、社会的政治的条件を最終的には求めることになる(世界人権宣言22条では「人格の自由な発展に欠くことのできない経済的、社会的及び文化的権利を実現する」と少なくとも一部は反映しているにもかかわらず、これは確かに漸進的実現の問題でもあり、開発への権利、平和への権利といった第三世代の権利はさらに漸進的実現という本質がある)。

6　法的能力の行使に関連するほかの幾多の権利

法的能力のさらなる側面は、政治参加、婚姻、親権、そして親になること、雇用の権

利である。精神障害者は選挙権および被選挙権を持つことから排除されてはならない（29条）。そして精神障害は婚姻の権利の否定の根拠、あるいは子供から両親を切り離すための根拠とされてはならない（23条4項）。精神障害者は、自らの選択に基づいて、一般雇用に参加する権利を持ち、そしてあるいは、自営業を営んだり、企業家になったりする権利を持つ。精神障害者は労働契約を結ぶ権利を否定されてはならず、また私たちの労働者としてのあるいは人間としての権利と尊厳を侵害するような、精神保健専門職の監督の下での一般的法定最低賃金以下で私たちの労働力を搾取する「作業所」に隔離されてはならない（27条）。

7　社会への個人の責任

責任は平等な社会への参加の結果である。心神喪失抗弁のような責任の免除の法的例外は社会支配の方法としてより残酷であり、さらにより無制限に行われるという結果に陥ることがしばしばである。たとえば人々を「狂気」でかつ「悪」の両方であるとして人を無効化してしまう司法精神医学の監獄。私たちは「法と秩序」の厳格な執行を求めるわけではない。そうではなくてその代わりに配慮の義務を期待し、そして刑の情状による軽減理由の探求を期待し、知的障害者へのいくつかのサービスにおいて、破壊的なときには暴力的な行為すら、自動的に刑罰の根拠とされるというよりはむしろコミュニケーションとしての価値ととらえられているというよき実践の例に期待している。定義されそして強制される犯罪の本質はしばしば貧しいもの、そしてさもなければ抑圧されたものに不利に働いている。この中には精神障害者も含まれる。こうした犯罪の定義や強制されている本質は公平な社会的秩序に向けて問い直され、異議申し立てされる必要がある。原理の問題としては、法を犯した精神障害者は刑の情状による軽減因子と公正な手続きを条件として責任をとらなければならない。しかし一方で私たちは監獄の廃止と、刑罰としてであれ差別あるいはほかの理由に基づいてであれ、人々から自分自身の人生を支配することを否定し、心的外傷を永続するあらゆる体制の廃止に向けて努力し続ける。

8　精神障害への尊重を伴う、パラダイム変換

「自傷他害の危険」という概念は法と政策において停止される必要がある。人権活動家は一般的に予防拘禁を公正な社会においては受け入れがたいと拒否する。同様に人権活動家は、人種、性別、年齢、あるいは障害に基づいて、一定のグループに属することをもっていかなる個人に対してであれ暴力的とする統計的プロファイリングを拒否する（訳注　プロファイリングとは「こういう犯罪の犯人はこういう人間が多い」という確率論）。精神障害者はすべての法の利益を平等に受ける権利を持っている（5条）。これには有罪が証明されるまでの無罪推定も含まれる。そして狂気は犯罪や暴力傾向を伴うという長らく続いている神話は、差別として規定され根絶される必要がある（8

条)。一方で自殺と自傷については、これら自殺と自傷の体験の本質、それらの意味、自殺しそうなあるいは自傷を行っている人を他者がいかに援助できるかについての経験的な洞察から学びながら、当事者と第三者とのものの見方の違いに鋭敏なアプローチが必要である。

9　以上述べてきたよい実践についての更なる情報は以下をごらんください
PO-Skane http://www.po-skane.org/ombudsman-for-psychiatric-patients-30.php
Hearing Voices Network http://www.intervoiceonline.org/
Intentional Peer Support http://www.mentalhealthpeers.com/
Soteria http://www.moshersoteria.com/
Thinking About Suicide http://www.thinkingaboutsuicide.org/
Voices of Heart http://www.voicesoftheheart.net/
Sister Witness International http://www.sisterwitness.org/
Runaway House http://www.weglaufhaus.de/weglaufhaus/
Eindhoven Project http://www.mindrights.org/

注　これらの情報はいまだ強制的治療および処遇を行っている現行体制において、その害を減らすための努力も含まれている。そして私たちはこれらのアプローチは根本的には強制が完全にないサービスや支援を作り出すために適切であると信じている

WNUSP国際代表ティナ・ミンコウィッツがWNUSPのために起草
2011年6月1日

更なる情報は私たちのサイト http://www.wnusp.net/ をご覧ください。
山本眞理訳。英語原文は以下。
http://nagano.dee.cc/201106wnusp%2012.doc

＊7　2006年クリスマスの処刑では70歳の車いす障害者が処刑されている。
2007年10月24日　衆議院　法務委員会　議事録　保坂展人議員質問

＊8　トリエステ精神保健部門のサイトより　以下（山本仮訳）
http://www.triestesalutementale.it/english/index.htm
http://www.triestesalutementale.it/english/mhd_programmes.htm
刑事施設での取り組み
このサービスは、拘禁下にある精神的苦痛や障害に苦しむ人に予防とケアを提供する目的で1979年に創設された。その目的は以下である。

- すでに精神保健で治療を受けている拘禁下の人に治療継続を保障すること
- 拘禁に代わる代替的な対策を奨励すること（外部での就労　一時的出所や他機関による仮出所）
- 司法精神病院への移送の予防

ここで特に明記しておくべき重要な点は、特別な顧問的なサービス活動に限られたサービスではなくて、広い範囲におよび精神障害を持つ拘禁下にある人のニーズに対応することを追求することである。
それには以下が含まれる。

- 刑事施設自体への介入、それは刑事司法施設における治療の過程への参加を含む
- 法的支援
- 経済的援助
- 家族との接触
- 拘禁中及び拘禁後の支援／リハビリテーションプログラムへの紹介　たとえば職業訓練プログラム、文化活動そして演劇ワークショップ（工芸学校のデイセンター）

サービスはまた精神保健ケアの被収容者に対して「自宅軟禁」（被疑者や受刑しているが満期の前の仮釈放として刑事施設に拘禁する代わりに自宅において一定の制限のもとにおくこと）を権限ある判事が命じることを推奨している。この拘禁に代わるオールタナティブそのものは治療的であり、リハビリテーションプログラムを行うために、そして、司法精神病院への拘禁を避けるために非常に役立つことが証明されている。（最近20年間で、トリエステ県から司法精神病院に拘禁された平均人数は年5名を超えていない）

このプログラムは多様な保健／福祉サービス（成人および未成年へのサービス、様々なトリエステ社会サービス）やボランティアグループと協同している。加えて精神保健ケアの従事者達、リハビリテーションと社会再統合の活動もまた社会協同組合と独自の特別な刑事施設でのサービスプログラムを持つ物質依存部門を巻き込んで活動している。

1999年11月22日法令（「刑事施設医療改革」）は、刑事施設被収容者といえども、「国家健康計画によって提供される予防、診断、ケアそしてリハビリテーションについてほかの普通の市民として提供されるものと同様で不可欠な水準」への権利を持つことを宣言した。さらにつづいて、厚生省と法務省が共同でだした2000年4月の法令「刑事施設の精神保健ケアゴールプロジェクト」が承認された。この法令は精神保健部門を刑事施設被収容者の精神保健についての保護と促進のための機構として指定し、その地域の一般的サービスで保障されているケア／リハビリテーションのすべての機会を利用する権利を被収容者に保障している。このプロジェクトはトリエステ精神保健部門によって、20年間継続して行われることが確認された。そして2003年には地域医療保健当局と地域の刑事施設当局当時の契約を再修正した。2005年の1年間で、プ

ログラムの提供者は31名の精神障害のある被拘禁者に治療継続を提供し、91回の訪問を行った。

＊9　障害を理由とする差別の禁止に関する法制の制定に向けて――論点に関する中間的な整理――
http://www8.cao.go.jp/shougai/suishin/kaikaku/pdf/bukai_seitei.pdf
「刑事訴訟法では身体の拘束は限定的でなければならないとされているが、心神喪失の疑いがあるということで鑑定留置がおこなわれると長期の拘束となってしまうことについて、不当だとの意見があった。」

＊10　国連総会　A/HRC/10/48　2009年1月26日国連高等弁務官事務所
第10回　議題2項国連高等弁務官の年次報告と国連高等弁務官事務所と事務総長の報告
障害者権利条約の啓発と理解を強化するにあたっての国連高等弁務官事務所の主要な研究
英語原文は以下よりダウンロードできる。
http://www2.ohchr.org/english/issues/disability/docs/A.HRC.10-48.doc
上記より一部引用。
2章　履行に向けた法的手段
E　法的手段の項目
4　法の前での認識法的能力と意志決定
47　刑事法の分野において、障害者の法的能力を認知することは、精神的あるいは知的障害の存在ゆえに刑事責任能力を否定することに基づいた抗弁の廃止を求めることとなる。それに代わり、個人の被告の状況を考慮した、犯罪の主体に関する障害に中立的な理論が採用されるべきである。公判前と公判中の手続きの両方のあらゆる段階を通した手続き的配慮が、障害者権利条約13条にしたがって求められるであろう。そして条約履行の基準が採用されなければならない。

死刑と精神科医にまつわる問題

中島 直　Nakajima Naoshi

1 ● はじめに

　基本的には精神科医は死刑に関わるべきではない。後述するマドリッド宣言にもあるが、死刑への関与は基本的に医師の倫理に抵触することが多すぎる。しかし、現実には、死刑という制度がある以上、これに種々の点で関わらざるを得ないという現状がある。

2 ● 死刑廃止論について

　このようなテーマで議論するのだから筆者は死刑廃止論者だと思われるかもしれない。確かに筆者の知人には高名な死刑廃止論者が複数いて、到底その議論には歯が立たない。
　死刑存置論には理論的には説得力がないと感じている。例えば、死刑制度が犯罪抑止に働いているという論。少なくとも数の上ではこれが事実でないのはいくつも論証がある。逆に、自殺を目指し、死刑を望んで大量殺人をする人もあり、これはむしろ死刑制度が犯罪を助長しているとも言える。もちろん中には「死刑になるのは嫌だからこれだけはやめておこう」と思う人もいるかもしれないので、犯罪抑止論が全くの誤りであるとまでは断定できないが、少なくとも数や事例検討の中では立証されない。また、

遺族の応報感情という論。これもわからないではないが、刑罰はそもそも被害者等の応報感情とはある程度独立のものである。被害者遺族の中には死刑ではなく長期をかけて苦しみや反省を求める人もいる。さらに、「オレの払っている税金であいつを生かしているのはおかしい」といった論。日本は矯正施設[*1]に入っている人にかけている経費はいわゆる先進諸国の中では非常に低額に属する。そもそも民主主義というのは無駄の多い制度であり、民意を尊重するとか人権を守るとか公平を保つとかいうことには経費がかかる。矯正施設の経費のみを取り立てて問題にすることには理由がない。

　それなら筆者はすっきりと死刑廃止の立場かというとそうでもない。理由の中で最大のものは、筆者自身の刑務所勤務体験であろう。筆者の勤務した刑務所は短期刑ばかりであったのでまだ矛盾は少ない方であったが、それでもこれは非人道的だと感じることは多々あった。刑罰それ自体に異を唱えるという主張もあり得るが、犯罪傾向の進んだ種々の累犯者にも接してきた者としては、刑罰の効果には疑問があるものの、刑罰そのものをなくして社会を維持するということがイメージできない。そうすると刑罰は残すしかなく、仮に死刑を廃止すると、無期刑が増えることになる。無期刑というのは人によっては死刑より残酷だと感じるであろうし、上記のように実際刑務所に勤務したことのある身としてはそう思う人がいても無理もないと感じる。死刑か無期かを自分で選んでもらったらどうかと考えたこともあるが、それも不自然に思われる。刑務所の中では強い監視下に置かれ自殺することも容易ではないので、無期囚のみはその監視を弱め、自殺する権利を認めたらどうか、などと夢想したこともあるが、これも到底人道的とは言えまい。そもそも人に自殺する権利があるのか否かもそう

＊1　刑務所（主として有罪の刑が確定して懲役刑を受ける受刑者が収容される施設）および拘置所（主として裁判中で未だ有罪・無罪が確定していないが、種々の理由で拘禁が必要であるとされる被告人が収容される施設）等を指す。ちなみに死刑囚は、死刑台を持つ大きな拘置所ないし刑務所内の拘置支所に収容される。

簡単に言えることではない。[*2]すなわち、死刑を廃止することによって矛盾が減るか、というとそうも思えないのである。

筆者は、あえて言えば、「どちらかと言えば廃止」という立場だと考えている。その最大の理由はえん罪の存在である。筆者自身が長くえん罪の裁判に関わってきていること[*3]もあり、また実際に多くの裁判や裁判関係者を見てきて、刑罰を科すシステムが存在する以上、えん罪を完全になくすことはできないと考えるようになった。これは自分がいつ無幸の罪に問われるかもしれないという問題でもある。えん罪が問題であるのは、死刑であっても懲役刑であっても同じだろうという人もいるが、「取り返しのつかなさ」の度合いが、やはり死刑と自由刑とでは異なると感じる。自分の身に置き換えればその違いは実感できるのではないだろうか。欧州の各国が死刑を廃止した際の議論においても、やはり、えん罪の問題は重視されたと聞いている。

ともあれ、私は精神科医である。私が世間一般の人より多少なりとも詳しいのは精神医学や精神科医療についての事柄であり、それ以外の事柄についてはむしろ世間知らずの方に属するであろうから、あまりこの問題に関連して自分の感覚を開陳することが有益であるとも思われない。筆者は、死刑について存置・廃止いずれの立場に立つかにかかわらず、死刑に関連して問題を提示し議論することは可能だと考えている。存廃の議論をすることは無理であっても、問題点の提示は、精神医学的立場から行うことは可能であろう。それは存廃論を直接扱わなくとも、存廃について議論する人の思考過程に寄与することはできるかもしれない。筆者はこの問題についてはこんな立場である。

[*2] 横藤田誠：自殺の憲法学的検討——自殺の権利性をめぐって。法と精神医療20・21、125-140、2007

[*3] 中島直：障害のある人の刑事裁判と精神鑑定。福祉労働132、21-29、2011

3 ● 39条否定論について

　そもそも責任能力概念は必要か、という議論に接することは少なくない。刑法39条否定論である。実は筆者自身は、これについても確固とした考えを持っていない。39条否定論への反論は、例えば富田[*4]が論じているし、本書においても髙田が記している。39条否定論の中には、結果（例えば、人が死んだ）のみを重視し、被害者感情等に結び付けて、論を組む者が少なくないが、こうであれば加害者の内面を問わないこととなり、殺人も過失致死も同じことになるので、交通事故にも重罪が科されることになり、近代資本主義の展開に合わないという佐藤[*5]の批判が的確であろう。また、やや感情的に見える39条否定論の一部は、内因性精神病[*6]の病理の深刻さを無視しているとも感じられる。但し、ノーマライゼーションの波の中、責任能力概念のみが無傷でいられるということもまた非現実的であるとも思われる。

　筆者自身は現状では実務的な意味からこの考え方は堅持すべきという考えを持っている。少なくとも以下の諸点への抜本的な改善なくして39条廃止を言うことは矛盾を広げることにしかならないと考える。

　第一に、関係者の努力にもかかわらず医療につなげることができず、小さな触法行為が契機となってこれが実現する障害者が多数存在するという現実である。精神疾患を有する人の場合、本人の意思や家族等周囲の勧めで受診等につながることもあるが、自分が病気であるということを理解せ

---

*4　富田三樹生：精神病院の改革に向けて——医療観察法批判と精神医療——。青弓社、東京、pp203-222、2011
*5　佐藤直樹：なぜ日本人はとりあえず謝るのか。PHP新書、東京、2011、pp87-93。なお佐藤自身はこの論理を39条否定論批判の文脈で用いているのではない。佐藤はむしろ39条否定論をかなり学問的・理性的に組み立てている。
*6　原因が脳それ自体にあると思われるがそれがまだ特定されていない精神病のこと。統合失調症、躁うつ病などを指す。

ず、なかなか受診につながらないことも少なくない。例えば東京都では年間1200〜1700人が措置入院している。この数や内容の妥当さについては議論があり、筆者にも意見があるがそれについては触れない。東京都では措置入院は精神科救急医療の手続きの一環として用いられているという側面が強い。少なくともこの中の一部は、何らかの軽微な触法行為を起こし、これを契機に治療につながり、短期間の入院治療を経て外来治療につながる、精神病圏の人である。この入院がなされると、通常は触法行為については責は問われないことになるが、これで初めて治療を開始（ないしは中断していた治療を再開）することができて、それにより落ち着き、同様の触法行為を繰り返すことなく、社会生活に戻れる人が少なくない。39条を廃止して厳格に全ての人に刑罰を加えようとすると、こういう人々の治療の機会を奪うばかりか、治療されないまま刑務所を出て結局同様の触法行為が繰り返されるということにもつながる。本来は「何かしてから対応」しかもその対応が「入院のみ」というのではなく、地域で精神疾患への理解を深める活動を行い、問題が生じる前にできるかぎり本人の意思を尊重しつつ時間をかけた丁寧な接近をし、できるだけ入院をさせない対応が望ましいが、これは容易ではない。いずれにしても精神疾患を持つ人を地域で支える体制に、現状の数倍の人手や予算がかけられなければ、到底不可能な話である。これらが実現する目途がない現在、39条がないよりもある方が「よりまし」であると思える。

　第二に、矯正施設での精神科医療の貧困である。39条の問題を過大評価し、刑務所内には精神障害者がいないかのような議論をする人もあるが、現実には、法務省の統計ですら、年間2万7000人余の入所受刑者のうち、2000人余、8％もの精神障害者がいる[7]。見逃されている者もあるから、実数はもっと多い。この問題には筆者も短期間ではあるがかかわってきた。長く矯正施設に勤務し困難な中で種々の実践を行っている人もいるが、予算も人手も決定的に不足している。精神科医のいない刑務所もたくさんあ

---

[7]　平成23年版犯罪白書。法務総合研究所、東京、2011

るのである。またやや不合理と思われるような制約もある。抜本的な改善のないまま、39条を廃止して今より多くの精神障害者を刑務所に送り込むことは、より大きな混乱を招くことにしかつながらない。

ほかにも、取調べや公判の過程での自己防禦能力の減弱した者への権利保障、法律家を含む多くの人々の精神障害者への偏見の是正等々がなければ、仮に39条をなくしても問題は解決されず、より大きな問題が出現するとしか思えない。

筆者は、上記のとおり、39条廃止については、理念それ自体への反論は難しいが、実務的な観点から現状では現実的でないと考える立場である。

4 ● 死刑事件の鑑定における診断

複数の殺人、強盗殺人など、死刑が問題になるような刑事事件につき、責任能力を問題として、精神鑑定が求められることがある。死刑それ自体に関わらないようにする精神科医であっても、鑑定に携わる以上は、こうした事件に関わることを強いられることは避けられない。この役割をどう考えるか。39条否定論は措くとして、精神鑑定に実際に従事している人の中でも温度差があるように感じられる。あえて分ければ、積極論と消極論があるのである。

積極論の代表は福島であろう。「殺人を犯す人々には殺人者に特有の精神疾患が認められるのではないか?」という問いを立て、「殺人者の脳は、殺人を犯さない人々の脳とはかなり違う」とし、殺人者精神病という疾患概

---

*8 中島直:拘置所 般刑務所における精神科医療。精神医療26:22-30, 2002
*9 中島直:刑事施設における精神障害者の処遇。Schizophrenia Frontier7-1、30-34、2006
*10 精神科医の中でも刑事精神鑑定に携わる者はごく一部である。
*11 同様の主張はいくつかの著作で行っているが、ここでは福島章:殺人という病。金剛出版、2003からの引用を行った。

念が必要であるとする。これは「あくまで研究と治療法開発のための概念であって、司法的判断のための概念ではない」などともしており、この疾患に即座に心神耗弱や心神喪失を適用されるべきとしているわけではない。但し、「殺人を犯した人々に対しては、従来のように拘禁や刑罰のような無益な苦痛を与える代わりに、その後に殺人を犯さないための医学的治療を工夫する必要がある」とも言うので、司法判断への関与も想定していると考える方が自然である。

一方の消極論として井原が挙げられる[*12]。井原は死刑事件において責任無能力の主張をする弁護人に対して批判を加えている。サブタイトルからして「刑法39条に依存しない弁護」であるし、小見出しには「責任能力狙いの弁護は愚作」などというものも目につく。死刑回避のための弁護戦略としての39条の利用を批判しているのである。但し、井原の主張していることは、この見出しで連想されるほど過激なことではない。重度精神障害者や重度知的障害者に対する刑法39条の適用は肯定しているし、「当初は責任能力を争点にしつつも、尋問の途中から情状を意識した尋問に切り替え」、「鑑定人から弁識能力に固執しない柔軟な証言を引き出して、審理を被告人に有利な方向へ向けようとする」のを「優れた弁護人」としている。

実際の事例で両者の診断や判定の結果にどれほどの違いが出るのかは明らかでない。あまり差はないのかもしれない。第一に臨床医である筆者の感覚としては、疾病概念は臨床で通常に使うものを用いるべきであり、それが精神科医である鑑定人の専門性だと考える。その意味では井原の立場に近いのであろう。しかし、筆者としては、39条に依拠した主張がなされるべき被告人にそれがなされていない、あるいは主張されたにもかかわらず裁判所がそれを採用しない、さらには鑑定がなされたにもかかわらず鑑定人が適切な診断をしていない例の方が念頭に浮かびやすい。短い期間ではあったが刑務所で勤務した際には、多くの重度の精神障害者が鑑定も減

[*12] 井原も一連の著作でこの主張を行っている。ここでは井原裕:裁判員裁判で法曹に望むこと——刑法39条に依存しない弁護。精神医療66、59-67、2012を引用した。

刑もされずに受刑していることに直面した。病気があるかどうかは最終的には精神科医がみるしかないのだから、責任能力に疑いのある例についてはきちんとそれを争点にすべきであり、裁判所もそれを柔軟に採用し、鑑定人は病気の部分をきちんと診断し、また専門家としての立場から知り得た情状に影響するような情報があればそれは責任能力判断に関連する事項とは明らかに分けた上で開示する、ということを強調したいと考える。非専門家にはわかりにくい疾患が隠れていることもあるから、死刑事件においてはなおさら鑑定を行うことに積極的であるべきである。すなわち「必要な事例における責任能力狙いの弁護は良策」である。内因性精神病の病理の深さが軽視されているのではないかと思われることが多いことについて以前に述べた。[*13]

5 ● 経過観察という視点

　死刑対象事件の被疑者・被告人は、精神科医が臨床の現場で接する精神障害者とは若干異なる。その理由はいくつかあるが、一つは「治療的関わりをしながら経過をみる」ということが許されていないという、鑑定という営みに必然的につきまとう問題である。なぜこのような大きな触法行為にまで至らなければならないのかがわからないという〈わからなさ〉があるのに、それが臨床医が通常感じる「了解不能」とは異なっていて、もう少し経過をみたい、と感じるのに、それが許されない、ということである。五十嵐[*14]は「たとえば、統合失調症の症状がはっきりしない事例に対して、統合失調症の可能性も考えて、関与しながら観察を続けていくというのは、日常臨床においてはよき臨床といえるであろう。しかし、刑事責任能力鑑

---

* 13　中島直：内因性概念と司法精神医学。臨床精神医学40-8、1097-1103、2011
* 14　五十嵐禎人：医療観察法に基づく精神鑑定。精神科治療学24-9、1077-1082、2009

定、医療観察法鑑定や審判における精神科診断においてはこのような方法を採るのは適切とはいえない。……対象者が確実に操作的診断基準を満たしているかどうかについて、日常臨床より厳密な検討を行い、対象行為時と鑑定ないし審判時点に確実に存在していたと診断できる精神障害のみを精神科診断とするのが適切である」としている。井原も、精神鑑定の文脈においては「疑わしきは被告人の利益に」の法格言は控えめにすべきであるとしている。確かに「病気でない」ことを論証するのは「病気である」ことを示すよりもはるかに難しいもので、珍しい疾患や非典型的な病像まで含めれば「考えにくいが、可能性としては完全に否定はできない」という診断名はいくらでもあり得る。それを十把一絡げに「疑わしきは被告人の利益に」というのは無理がある。しかし、鑑定の後、ないしは判決の後、症状がはっきりしてくるような例もあるので、死刑が執行されてしまえば文字通り取り返しのつかないことになるのであるから、その救済等も視野に入れた議論が必要である。

　1999年の、2名を殺害、8名に重軽傷を負わせあるいは暴行を加えたいわゆる「池袋通り魔事件」においては、一審における鑑定での統合失調質パーソナリティ障害との診断が、他の医師による統合失調症との意見書を排して採用された。最高裁段階に至り「犯行から7年を経た現時点で、ほぼ確実に単純型統合失調症と診断でき、犯行時においても症状が行為の動機や遂行と密接に関連した可能性が高い」との意見書が出されたが、最高裁は精神障害の有無や責任能力につきいっさい言及しないまま一審・控訴

＊15　これも井原はくり返し主張しているが、ここでは井原裕：裁判員裁判で法曹に望むこと――刑法39条に依存しない弁護。精神医療66、2012を引用した。

＊16　いわゆる人格障害の一種。原則としては限定責任能力や責任無能力とはされないが、症状は統合失調症と似ていて鑑別が難しく、結局数年といった単位で経過を観察することでしか診断がつかない場合もある。

＊17　この裁判は10年以上前に遡るものであり、以前の呼称であった精神分裂病の語が用いられることが多かったが、最近はこの語が用いられることが多いことから、ここでも統合失調症の呼称を用いることとする。以下の記述でも同様とする。

審の死刑判決を支持した。[*18]この事例においては、一審での鑑定も、統合失調症の可能性に言及しつつ、鑑定の時点では発病していることを充分に明らかにし得なかったとし、上記診断としたというものであった。だとすれば、その後の経過観察で統合失調症の可能性がさらに高まったときには、判決を見直す制度が必要ではないだろうか。心神喪失でなく心神耗弱の主張は再審の理由にならないとされており、[*19]聞くところによれば心神喪失であっても責任能力に関する主張を主たる理由とした再審請求は認められたことがないという。この状況を整理すると、統合失調症の疑いがあっても無視してよく、その後その疑いが濃くなっても、最高裁は一切検討しないで結論を出してよい、再審も認めない、ということである。可能性や「疑わしい」のみでは判断しない、確実な診断のみを採用すべき、との言説は妥当に見えるが、その後の再検討が行われ得ないことも考慮に入れるとき、果たしてこの主張のみでよいか、疑問が残る。

6 ● 死刑適応能力

　本邦の刑事訴訟法479条1項は心神喪失の状態に在る者の死刑執行を禁じている。いわゆる先進諸国の中で本邦とならぶ数少ない死刑存置国である米国でも、州法において概ね同様の規定がある。米国の議論を中心に、この規定の根拠、判断基準、判定の実務、実際に生じる混乱等については

[*18] 中谷陽二:「池袋通り魔事件」に関する最高裁判決——意見書提出者の立場から——．精神経誌2008特別, S205, 2008
[*19] 再審の請求ができる場合を列挙した条文である刑事訴訟法435条の六は以下のとおりである。「有罪の言渡を受けた者に対して無罪若しくは免訴を言い渡し、刑の言渡を受けた者に対して刑の免除を言い渡し、又は原判決において認めた罪より軽い罪を認めるべき明らかな証拠をあらたに発見したとき。」この「又は」以降の部分は、心神耗弱の主張を含まない、というのが最高裁の判例上の立場である。

既に述べたことがある[20][21]。米国においては実際の混乱が報告されているが、本邦ではそれが全く公にならないという問題がある。

　詳細は以前の論文に譲るが、ここではこの能力の判断の基準についてのみ記す[22]。実は法の規定はあるがこの能力としてどのようなものが求められているかは一切記載がなく、判例もない。同じ概念について、米国等でなされている議論を紹介しておく。まず第一にこの能力において必要とされることが多いのは「死刑の意味を理解していること」というもので、理解面の基準と呼ばれる。次に議論が多いのは「援助面の基準」で、死刑執行の最後の瞬間まで弁護人等を助けて訴訟上の法的手続きを行う能力を指す。この2つの主張が多いが、「精神的・心理学的に死への準備ができているか」という「準備基準」を挙げる論者もある。

　本邦の裁判所等で死刑適応能力が公に議論されたことはないが、死刑事件において上訴を取り下げた際の被告人の訴訟能力は、数度にわたり議論がなされている。この際に扱われる能力は死刑適応能力それ自体ではないが、死刑という刑罰を科されることを理解しているか、最後まで可能な弁護人等の援助を活用する能力があるかといった点が議論されるという意味で、かなり共通する内容を持つ。一般に本邦の裁判所は被告人の訴訟無能力を認めることにきわめて慎重であるが、この問題についてのみは比較的訴訟無能力を認める（すなわち上訴取り下げを無効とし、裁判を継続する）傾向にある。死刑という刑罰の重大性を考えれば妥当と考えられる。

　1973年に起きた、母子3人の殺人事件であるいわゆるピアノ殺人事件の[23][24]

---

*20　中島直：死刑執行への精神科医の関与についての文献的調査。精神経誌 104(3)：229-240、2002
*21　中島直：犯罪と司法精神医学。批評社、2008
*22　筆者は「死刑適応能力」の語を用いている。ちなみにこれは公立豊岡病院精神科の吉岡隆一医師の助言に従ったものである。
*23　山上晧：偏執型と殺人──パラノイア問題への寄与──。犯罪誌、43；119-142, 1977
*24　山上晧、中田修：ピアノ殺人事件。現代の精神鑑定（福島章編、金子書房、東京、153-200、1999）

元被告人は、控訴審の精神鑑定で「統合失調症圏のパラノイア」とされ、妄想に基づいてなされた殺人については心神喪失とされたが、被告人が鑑定の途中で控訴を取り下げてしまった。この取り下げの際も拘置所内での騒音による苦痛が大きな要素になったようである。その際の訴訟能力（控訴取り下げが有効か否か）が問題になるなどもしたが、結局取り下げは有効とされ、1977年に死刑が確定した。しかし、2012年現在もなお、この元被告人には死刑執行がなされていないようである。えん罪性が疑われ再審申請がなされている死刑囚を除くと、この未執行期間は異例の長さである。どのような手続きがなされているかわからないが、死刑適応能力が疑われて執行がなされていないのはほぼ確実である。現在元被告人がどのような状態にあり、どのような治療を受けているのかわからないが、治療を施しているとすれば、仮に死刑適応能力を回復すれば死刑が執行されるというジレンマに関係者が直面していることとなり、施していないとすれば、元来の彼の苦しみのもとであり3名の殺害にまで至った騒音に対する苦痛という精神症状が年余にわたり放置されているということになる。ともかく、死刑適応能力が問題になる事態になることは全ての関係者にとって不幸なことであり、そうならないよう、できうる限りの配慮がなされるべきである。この例では控訴取り下げを認めてしまったことが最終的な誤りであったと考えられる。

7 ● 死刑適応能力および再審請求能力が問われた事例

死刑囚においては深刻な精神症状が生じることが知られている[25]。筆者は日本精神神経学会の法委員会に属しており、その関係で、あるえん罪を主張している死刑囚を診察し、意見を述べる機会にめぐまれた。その詳細は

---

[25] 小木貞孝：死刑囚と無期囚の心理。金剛出版、東京、1974

既に報告した。*26本人はえん罪を主張しつつ、拘禁反応に罹患し、弁護士や家族、支援者との面会を拒絶していたが、この診察のときの前後は面会をすることができた。死刑適応能力については、理解基準、準備基準については見方によって解釈が分かれ得るが乏しいと考えられ、援助基準の観点からは決定的に欠如していると考えられた。また、これまでの経緯から考えれば当然に再審請求を行うべきと考えられるにもかかわらずそれを行っておらず、再審請求能力を欠いている、すなわち刑事訴訟法439条*27に言う心神喪失の状態にあると考えられた。さらに、弁護士や親族をも含めた面会を拒否しているという現状の深刻さから、期限を定めて治療を加えることが適切であると述べた。

彼の場合は、かなりの期間面会を拒絶していたが、たまたま筆者とは会えたこと、および同様に別の精神科医の診察を受けることもできて、家庭裁判所から保佐の認定を受けたことで、家族の申立てで再審を請求することができた。しかし、仮に精神科医の診察を受けておらず、再審請求能力なしとの認定も、保佐の認定も受けていなかったとしたら、その場合には家族には再審請求権がないので、再審請求がなされないまま、場合によっては死刑が執行されてしまっていた可能性もあるのである。

8 ● 日本精神神経学会の議論

日本精神神経学会(以下学会)は、死刑への精神科医の関与について、一応の議論を重ねてきた。1996年に、世界精神医学会(WPA)で、死刑へ

*26 中島直:死刑適応能力および再審請求能力が問われた事例。中谷陽二編:責任能力の現在、金剛出版、2009、東京、209-227
*27 「再審の請求は、左の者がこれをすることができる。 一 検察官 二 有罪の言渡を受けた者 三 有罪の言渡を受けた者の法定代理人及び保佐人 四 有罪の言渡を受けた者が死亡し、又は心神喪失の状態に在る場合には、その配偶者、直系の親族及び兄弟姉妹」

の精神科医の関与を禁じたマドリッド宣言[*28][*29]が出され、学会誌は同年それを掲載した。上述のとおり、筆者が2002年に文献検討を行って学会誌上に発表したが、これは学会の法委員会委員としての活動の一環であった。

同年3月には、「死刑執行への精神科医の関与に関する当学会の当面の態度について[*30]」を出した。この声明は、本邦の刑事訴訟法、マドリッド宣言などに言及しつつ、本邦が、いわゆる先進諸国の中では数少ない死刑存置国の一つであること、死刑判決の確定から死刑執行までの期間が非常に長いという運用実態があること、それにもかかわらず、この問題に関する関心が低いことなどにも触れ、心神喪失者への死刑執行の禁止の妥当性、死刑適応能力鑑定の適否、無能力者への治療の適否、特に非自発的治療の適否、回復時の鑑定の適否、減刑、再審中ないし準備中の死刑囚の扱い等を検討すべき課題として挙げて、今後の議論とさらなる態度表明、結論が出るまでは精神科医は死刑執行に関与すべきでない旨が謳われている。

同年8月、横浜で開かれたWPA大会において、「矯正施設における精神科医療サービス」と題し、死刑と精神科医の関係についての論客で矛盾をなくすためには死刑廃止しかないとの主張の持ち主であるProf. Ahmed Okasha、中道武美弁護士（強盗殺人などに関与したとされ、1984年に死刑が確定し、1993年に死刑執行されたが、犯行時にも責任能力に疑問が持たれており、執行時には少なくとも幻覚妄想状態であり、刑事訴訟法で執行が禁止されている状態であった疑いが強い元死刑囚の弁護人）、および筆者をシンポジストとしてシンポジウムを行った。

2004年、学会総会において、「死刑への精神科医の関与について」と題す

[*28] World Psychiatric Association: Madrid Declaration on Ethical Standards for Psychiatric Practice. http://www.wpanet.org, 1996
[*29] 世界精神医学会：マドリード宣言。精神経誌、98; 850-851、1996／本書56頁［資料1］参照。
[*30] 日本精神神経学会理事会：死刑執行への精神科医の関与に関する当学会と当面の態度について。精神経誌、104-7、641-642、2002／本書60頁［資料2］参照。

るシンポジウム[*31]を行った。筆者が「死刑執行への精神科医の関与に関する学会声明に向けて」と題して、それまでの議論の整理と、新しい学会声明に向けて必要な論点を示した。次に、憲法学者の横藤田誠氏が「心神喪失者の死刑執行をめぐる法的議論――アメリカの憲法判例を中心に――」と題して、主としてアメリカの判例を媒介とした考察を行った。さらに、弁護士の小川原優之氏が「日本弁護士連合会の『死刑制度問題に関する提言』について」と題して、本邦の死刑制度の問題点と日弁連の取り組みについて紹介した。最後に、全国「精神病」者集団の山本眞理氏が、「再度問う 死刑への精神科医」と題して、精神科医が死刑問題や獄中医療にもっと関心を持ち関わるべきである旨を主張した。このシンポジウムでは、刑事司法における処遇の非人道性、法務省の過大な秘密主義が問題点として抽出された。

　こうした議論の反省に立って出されたのが同年の学会声明第二報である[*32]。ここでは、「死刑執行そのものや，医師または精神科医がどのように関与しているか等を含む状況が分からないのが現実であり，そのため，精神科医の死刑執行への関与の是非を論じても，意味をなさないおそれが強い．本邦のこのような現状を考慮すると，2002年の当学会暫定的な声明やWPAのマドリッド宣言で述べられたように，死刑執行への関与一般を否定しても，問題そのものを覆い隠すことになるのではないかという疑問に到達した．」とされ、「当学会としては，現状では，死刑判決を受けた者や死刑確定者についての実情を把握することに努め，また同時に再審請求の事例や訴訟過程での弁護活動などに精神科医として関与をすることにより，具体例を集積して行くことがむしろ重要であろうと考える．法務当局の秘密主義が事態の議論そのものを妨げる根幹であり，むしろ重要なこと

---

*31　富田三樹生、中島豊爾：死刑への精神科医の関与について。精神経誌107-7、674-728、2005

*32　日本精神神経学会理事会：死刑執行への精神科医の関与に関する当学会の見解（第二報）。精神経誌 107(7)：776-777、2005／本書62頁［資料3］参照。

は死刑をめぐる実情を明らかにしていくことであると考える．当学会として，法関連問題委員会の中に死刑関連問題担当委員をおき，今後日弁連等とも連携を強めてこの問題に関わり，経時的に問題点と見解を公表していくこととしたい．」とされた．

上記の死刑適応能力および再審請求能力についての事例の対応はこの方針に従って行われたものであるが、未だ死刑をめぐる実情が明らかになっているとは言いがたい。法務省の過度の秘密主義の問題性ははっきりしているが、学会としても、今後も事例等に対応しつつ内容を明らかにしていく努力をしていくべきであろう。

9●おわりに

冒頭に述べたとおり、精神科医は死刑に関わるべきでない。しかし、関わらないとすることが却ってこの問題の密室性を増すのであればそれは正当でない。死刑肯定の立場に立つにせよ否定の立場に立つにせよ、これが重大な刑罰であることは論を待たない。ほんらい人間を生かし幸福にするために存在している社会や国家が、その人間の生命を奪う制度なのであるから、矛盾を含んでいることは自明である。自らの倫理に立脚しつつ、この矛盾に直面していくことが、今求められているのであろう。

憲法から見た精神障害者と死刑
●アメリカの経験

横藤田　誠　Yokofujita Makoto

1 ●死刑・憲法・精神障害

　死刑がゆれている[*1]。死刑廃止の国際的潮流に抗しあえてこの究極の制度を保持している日本・アメリカのいずれにおいてもそうだが、その現われ方は相当異なる。死刑に対する国民の支持が異例なほど高い日本では、裁判員制度の導入により国民自らが死刑の決定の一翼を担うに至ったこと、秘密の闇の中に閉ざされていた死刑執行の実態がごくわずかながら明らかにされるようになったこと[*2]などの要因が、死刑制度の「ゆれ」を引き起こしている。日本とは異なり、陪審制の長い伝統を持ち、死刑執行が日本に比べればはるかに公開されているアメリカでは、国民はある程度事実を知ったうえで死刑を維持してきたといえる。ところが、DNA鑑定の精度の向上によって近年相次いで明らかになった多数の死刑冤罪事件、いまだ克服されていない人種間の不平等、死刑制度維持にかかる高額な費用などの要因が、無視できないほどの「ゆれ」を与えている[*3]。

　日米の重要な相違として、死刑をめぐる議論の羅針盤として憲法が参照されるかどうかという点が挙げられる。日本では最高裁判所によって死刑

---

*1　小倉孝保『ゆれる死刑　アメリカと日本』（岩波書店、2011年）参照。
*2　2010年8月27日、東京拘置所で行われたメディアに対する刑場の公開が、その象徴である。
*3　小倉・前掲書（注1）57〜58頁。

が合憲とされた1948年以降、死刑を憲法問題とする視点はほとんどない。一方、アメリカでは、ある州の当時の死刑制度は「残虐かつ異常な刑罰」にあたり、連邦憲法修正8条に違反すると宣言した1972年の連邦最高裁判所判決以来、死刑は一貫して憲法上の争点であり続けており、特に近年、重要な連邦最高裁判決が相次いでいる。憲法が国家権力の行使を限界づける最高法規であるからには、国家が人を殺す死刑という究極の刑罰権の行使について、変動する国民の規範意識に照らして検討を加え続けることは、憲法の最重要な役割であるといわなければならない。「残虐な刑罰」を絶対的に禁止する日本国憲法36条がアメリカ連邦憲法修正8条に由来するものであり、また、(後述のように)日米の判例がいずれも、「残虐」性の判断基準を時代によって変遷しうる動的なものと見ている点からも、アメリカの判例動向は、日本にとって決して対岸の火事ではない。

　アメリカにおいて注目を集めている争点に、精神障害者に対する死刑の問題がある。全米の在監死刑確定者は3,189名(2012年1月1日現在)であり[*4]、死刑確定者のうち5～10%が重篤な精神疾患だというから[*5]、現在160～320名の重度精神障害者が死刑執行に直面しているということになる。1986年のフォード判決(後述)の舞台であるフロリダ州では、死刑確定者の半数以上が心神喪失者であったという[*6]。長期の拘禁が精神症状を引き起こすという側面もあろうし、また、責任無能力抗弁制度の改革によって有罪となる精神障害者が増加したということもいえるかもしれない。ある調査によれば、1983年以降、精神疾患または精神遅滞と診断された60名以

---

*4 Death Penalty Information Center のサイト (http://www.deathpenaltyinfo.org/) より。1980年には691名だったのが、2,356名 (1990年)、3,593名 (2000年) と増加したが、その後減少傾向にある。なお、日本には2012年4月13日現在、132名の死刑確定者がいるという (http://www.geocities.co.jp/Bookend-Ohgai/1901/number.html)。

*5 　Mental Health America, Position Statement 54: Death Penalty and People with Mental Illnesses (http://www.mentalhealthamerica.net/go/position-statements/54).

*6 　Barbara A. Ward, Competency for Execution: Problems in Law and Psychiatry, 14 *Florida State University Law Review* 35, 42 (1986).

上の死刑が執行されたという[*7]。このような人々の死刑は正義にかなっているのだろうか。死刑確定者の中の精神障害者の処遇が無視し得ない問題であることに異論はないであろう。

　日本においても、死刑確定者のなかに重篤な精神疾患に罹患している者がいることは知られており[*8]、この問題は無縁ではない。刑事訴訟法は、「心神喪失の状態にある」死刑確定者の死刑執行を停止する義務を法務大臣に課している（479条1項）。しかし、法務大臣がこの義務を適正に行使しているか、誰も知らない。その背景に、日本の死刑運用における極端な密行主義がある。アメリカの死刑執行への立ち合い規定は各州で異なるが、被害者遺族や死刑囚の家族など事件関係者、マスメディア関係者、市民を代表する者に立ち合いを認めるケースが多いという[*9]。これに対して日本では、事情がまったく異なる[*10]。教誨師を除いて民間人は誰も執行に立ち会うことは許されず、立ち会うのは、検察官、拘置所長など数人の公務員に限られる。また、死刑確定者との面会・通信は厳しく制約されており、弁護人にも執行について事前の通告はない。死刑関係書類への研究者・報道関係者のアクセスも認められない。したがって、死刑執行に臨む確定者が「心神喪失」の疑いがあるかどうか、刑事施設関係者以外の者が事前にも事後にも確認する術はないのである。「死刑を執行する権限以上に公共による監視をより必要とする政府権力はない」にもかかわらず、「日本では監視が失われている」[*11]のである。

---

*7 　American Civil Liberties Union, Mental Illness and the Death Penalty in the United States（2005）.
*8 　川本哲郎「精神障害と死刑」産大法学（京都産業大学）40巻3・4号（2007年）34-36頁。2008年6月18日に執行された連続幼女誘拐殺人事件の死刑確定者も精神障害を持っていたとされる。小倉・前掲書（注1）27頁。
*9 　小倉・前掲書（注1）33頁。
*10 　デービッド・T・ジョンソン（菊田幸一訳）「密かに人を殺す国家――日本の死刑（上）」自由と正義58巻9号（2007年）111頁以下，参照。
*11 　ジョンソン・前掲論文（注10）117頁。

本稿は、まず死刑制度の合憲性をめぐる議論を確認した後、精神障害と死刑の関係をめぐって憲法の観点から論議されている論点について検討する。その際、このテーマに関わる事件を裁判所がしばしば取り上げているアメリカにおける議論を参照する。

2●死刑は合憲か？

　最高裁判所は絞首による死刑を合憲と判断している。「一人の生命は、全地球よりも重い」が、憲法13条は公共の福祉によって生命に対する権利が剥奪されることを予想しているし、「法律の定める手続によらなければ、その生命」を奪われないと定める憲法31条は、「法律の定める適理の手続」によれば死刑を科しうることを明示している。さらに、「火あぶり、はりつけ、さらし首、釜ゆでの刑のごとき残虐な執行方法」であればともかく、刑罰としての死刑が直ちに、憲法36条の禁ずる「残虐な刑罰」にはあたらない、という[12]。別の判決では、「現在各国において採用している死刑執行方法は、絞殺、斬殺、銃殺、電気殺、瓦斯殺等であるが、これらの比較考量において一長一短の批判があるけれども、現在わが国の採用している絞首方法が他の方法に比して特に人道上残虐であるとする理由は認められない」と述べて、絞首による死刑を合憲としている[13]。それ以来、外国における死刑制度の廃止傾向や死刑執行方法における相当の変化にもかかわらず、現在に至るまで最高裁が絞首による死刑が残虐であるか実質的に審査したことはない。

　ただ、注目すべきは、「残虐な刑罰」に該当するか否かについて最高裁判決が、「執行の方法等がその時代と環境とにおいて人道上の見地から一般に残虐性を有するものと認められる場合には、勿論これを残虐な刑罰といわ

---

*12　最大判昭和23年3月12日（刑集2巻3号191頁）。
*13　最大判昭和30年4月6日（刑集9巻4号663頁）。

ねばならぬ」として、「時代と環境」によって影響を受けるとする動的な基準を用いていることである。[*14]

 アメリカは連邦制の国であり、死刑制度の有無・内容は州によって異なる。2012年4月にコネティカット州が死刑を廃止し、現在、死刑を保持するのは33州となっている。[*15]アメリカにおいても、死刑が「残虐かつ異常な刑罰を科してはならない」と定める連邦憲法修正8条に違反しないか、争われてきた。1972年のファーマン判決[*16]は、死刑宣告手続における恣意性を排除できていない現行制度上の死刑は、残虐かつ異常な刑罰にあたると判示して、全米に衝撃を与えたが、この判決で多数派の裁判官は、死刑制度そのものが違憲だという立場を採らず、今後より合理的で公正なやり方で科するなら合憲となる可能性があるとしていた。その後最高裁は、死刑自体が合憲であることを前提としたうえで、①死刑の対象者を絞り込む実体的規制、②死刑の認定手続・上訴手続について手続的保障を要求する規制、を行ってきている。

 後述するように、連邦最高裁は近年、上記①について知的障害者や未成年者を死刑から除外し、②に関して死刑執行が禁止される「心神喪失」の判定手続を強化するなど、重要な判断を相次いで示している。この他にも、被害者の死を招かない犯罪（子どもを被害者とする強姦等）に死刑を科すことを修正8条違反としたもの[*17]、致死薬注射によるケンタッキー州の死刑執

---

* 14　下級審では、大阪地判平成23年10月31日（裁判所ウェブサイトに掲載）が、昭和30年判決が「時代と環境の変化の下で、もはやその前提を失った」とする弁護人の主張に応じて絞首刑の合憲性を検討したが、受刑者に苦痛を与え続ける可能性のある「絞首刑が死刑の執行方法の中で最善のものといえるかは議論のあるところ」だとしても、受刑者は「執行に伴う多少の精神的・肉体的苦痛は当然甘受すべきである。また、他の執行方法を採用したとしても、予想し得ない事態は生じ得るものである」から、残虐な刑罰にはあたらないとしている。
* 15　Death Penalty Information Centerのサイト（注4）による。
* 16　Furman v. Georgia, 408 U.S. 238 (1972).
* 17　Kennedy v. Louisiana, 554 U.S. 407 (2008).

行法は修正8条違反ではないとするものなど、注目すべき判決が見られる。[18]

3 ● 心神喪失者の死刑執行は許されるか？

(1) 心神喪失者の死刑執行の禁止

　アメリカの死刑確定者は執行まで平均して10年以上死刑囚監房で過ごし、その間、死の恐怖に怯え、物理的にも精神的にも孤独な生活を続けるなかで、犯行時・裁判時には十分な精神能力があったとしても、その後に心神喪失（insanity）の状態になって受刑能力に問題が生ずることは決して稀ではない。[19]心神喪失者の死刑を執行することは、イギリスにおいて古くからコモン・ロー上禁じられており、それがアメリカに継受され、積極的に執行を認める州は存在しない。日本でもこのような場合に法務大臣が執行を停止することになっているのは、前述の通りである。さらに、心神喪失者の死刑執行禁止は国際慣習法上の規範であるともいわれる。[20]

(2) 心神喪失者の死刑執行禁止の根拠

　このように心神喪失者の死刑執行をしないことについて異論はないが、その根拠はというとさほど明確とはいえない。日本では、道義的に受刑能力がない者に対する死刑の執行は無意味、あるいは、死刑制度の目的とする正義を全うする趣旨に反する、[21]というのみで、それ以上の掘り下げはな

---

* 18　Baze v. Rees, 553 U.S. 35 (2008).
* 19　Note, Pushing Execution over the Constitutional Line: Forcible Medication of Condemned Inmates and the Eighth and Fourteenth Amendments, 51 *Boston College Law Review* 1279, 1279-1280 (2010).
* 20　Jeffrey L. Kirchmeier, The Undiscovered Country: Execution Competency & Comprehending Death, 98 *Kentucky Law Journal* 263, 268 (2009-2010).
* 21　伊藤栄樹・亀山継夫他『注釈刑事訴訟法〈新版〉第七巻』（立花書房、2000年）295頁（朝倉京一執筆）。

されていない。

　アメリカでは一般に、次のようなものが根拠として挙げられる。[22]日本と比べればそれなりの掘り下げがあるといえようが、いずれも反論が可能であり、決め手を欠く。

①狂気はそれ自体刑罰であるから、それに加えて死刑執行する必要がない。これに対しては、薬で治るような一時的な精神障害について説明できないという難点が指摘されている。

②神と和解できないうちに死に追いやるのは無慈悲である。このような神学的正当化は、多元社会においては適当ではないだろう。

③犯罪抑止（一般予防）の効果をもたない（他への見せしめにならない）。しかし、むしろ心神喪失者であっても執行されるという方が効果は大きいという見方も可能である。

④人間性に反する。これについては、自分の身にふりかかることを理解できるまで待ってから執行するのは人間的か、という反論が予想される。

⑤心神喪失者は死を予期する苦痛を感じないから犯罪によってもたらされた苦痛と釣り合わない、つまり応報の目的に資さない。しかし、死という結果は釣り合っているともいえる。

　死刑自体の存在理由との関連でみれば、犯罪抑止（③）と応報（①、⑤）が重要である。そのなかでもより説得力があるといわれているのが、応報論である。[23]後出のフォード判決とパネッティ判決は主としてこれによっている。ただ、応報には次のような様々な意味が込められる。[24](a)犯罪と心神喪失者の執行とでは"moral quality"が釣り合わない、(b)心神喪失の状態になった者は犯罪を実際に行った者とは別人であるから応報にならない、(c)心神喪失者は狂気に罰せられているから、応報のために執行は必要ない。

＊22　Solesbee v. Balkcom, 339 U.S. 9（1950）のフランクファーター裁判官の反対意見。

＊23　たとえば、Geoffrey C. Hazard Jr. & David W. Louisell, Death, the State, and the Insane: Stay of Execution, 9 *U.C.L.A. Law Review* 381, 386-87（1962）.

＊24　Kirchmeier, *supra* note 20, at 269.

後述の心神喪失の定義を明確にするためにも、応報をいかなる意味で把握すべきか、精査が求められる。

(3) 心神喪失者の死刑執行は「残虐な刑罰」か？

　日本では、心神喪失者の死刑執行停止を権利の問題、すなわち憲法が規制する問題と捉える見解はほとんど見られない。刑事訴訟法に法務大臣による執行禁止の規定があるからいいではないかと思われるかもしれない。しかし、憲法に基づく制度とされていないからこそ、法務大臣による心神喪失者の死刑執行停止権限の行使がいかにブラック・ボックスのなかに隠されていても、これを死刑確定者の側から争うことができないのである。

　心神喪失者の死刑執行禁止についてコモン・ローに由来する長い伝統を持つアメリカでも、かつては、州法が規定する執行停止は「恩恵」であって「権利」ではないから、州は手続を自由に定めうるとされていた。[25]実際、1986年のフォード判決当時、「心神喪失」の定義を定めない州が大多数であったし、その判定手続も刑事施設の長が広い裁量を持つ州がほとんどだったのである（後述）。ところが、連邦最高裁は1986年のフォード判決において、心神喪失者の死刑執行は憲法上許されないと明言したのである。[26]

　アメリカの判例は、連邦憲法修正8条が禁止する「残虐かつ異常な刑罰」を次の2点で判断しており、静的なものと見ていない。①憲法制定時に残酷で異常な刑罰と考えられていた刑罰、②「成熟してゆく社会の進歩を示す品位についての進化的基準（the evolving standards of decency that mark the progress of a maturing society）」に合致せず、かつ修正8条の基礎にある「人間の尊厳（the dignity of man）」という観念と調和しない刑罰。この基準に照らして、最高裁は次のように述べて、心神喪失者の死刑執行を「残虐かつ異常な刑罰」としたのである。

＊25　たとえば、Solesbee v. Balkcom, 339 U.S 9 (1950). 裁判所が心神喪失を判定するとなると、正常な死刑確定者が心神喪失の主張を繰り返すという理由も挙げられた。

＊26　Ford v. Wainwright, 477 U.S. 399 (1986).

コモン・ロー上、心神喪失者の死刑をしないことは確固たるルールとなっている。また、現在心神喪失者の死刑執行を認める州はない。今日においては、以前にも増して、生命に対する基本的権利を奪われる理由を理解できない者を執行することの応報の意味は疑われるし、このような執行に対する宗教的観点からの嫌悪、人間性に反するとの直観も強くなっている。州の権限に対する制約についてのこれら広範な証拠に照らせば、修正8条は州が心神喪失者の死刑を執行することを禁じている。

　フォード判決は、過半数の裁判官の合意によって、心神喪失者の死刑執行が修正8条により禁止されているという結論を導き出したわけだが、実は、法廷意見は執行禁止ルールの根拠について詳しく検討を加えていない。なぜだろうか。この点について、法廷意見に同調する5名の裁判官が死刑自体の合憲性について意見を異にするという事情から、この意見の相違に触れないような理論構成を行った、と指摘する見解がある[*27]。多数派を形成するためにルールの根拠を詳しく論ずるのを避けた、というのである。心神喪失者の死刑執行禁止ルールには、長い歴史と憲法によるお墨付きという堅固な基礎がある。しかし、死刑の目的・根拠についての社会的合意が動揺している現在、心神喪失者の死刑執行がなぜ許されないかについての合意を得ることが困難になっている。そして、その結果、心神喪失の定義、その判定手続の適正性について、明確な指針を打ち出すことができなくなっているのである。

4 ●「心神喪失」とはどういう状態か？

　心神喪失者の死刑執行禁止のルールが長い伝統を持つといっても、迫り来る死刑に直面する死刑確定者にとって最も切実な問題は、自分の状態が執行禁止の要件である「心神喪失」に該当するかどうかだろう。「心神喪失」

＊27　The Supreme Court——Leading Cases, 100 *Harvard Law Review* 100, 105 (1986).

の定義をどうするかは、執行禁止ルールの根拠に影響されざるを得ない。この点について合意があるとはいえない現状では定義を確定させることは困難である。

　日本の学説では、死刑執行停止の条件としての死刑確定者の「心神喪失」とは、死刑の執行に際して自己の生命が裁判に基づいて絶たれることの認識能力のない者、とされるのが一般的である[*28]。応報の観点から構成された定義とみることもできるが、執行停止の手続が法務大臣の自由裁量に委ねられている制度のもとでは、心神喪失についてのいかなる定義に基づいて執行停止が行われているのか、まったく明らかではない。

　アメリカにおいても、1986年のフォード判決で心神喪失者の死刑執行が憲法違反であるとされるまでは、心神喪失の定義を明確にしていない州がほとんどだった[*29]。定義を明記している州のほとんどは、死刑執行が迫っていることとその理由を認識する能力（認識能力）を欠くこと、そして、必要な情報を弁護人や裁判所に伝える能力（防御能力）を欠くことの双方を規定していた。

　1986年のフォード判決は、前述のように、心神喪失者の死刑執行を憲法違反としたが、死刑執行を停止させる「心神喪失」の定義について、法廷意見はまったく触れていない[*30]。これは、死刑執行禁止の根拠について触れなかったのと同じような理由によるものかもしれない。心神喪失概念を定義しようとすれば死刑執行禁止ルールの根拠から説き起こさなければならず、そのためには死刑自体の目的に触れざるを得ない。この点、法廷意見を構成する裁判官の間でも意見が大きく異なっているために、あえて言及しなかったのであろう。

＊28　藤永幸治・河上和雄・中山善房編『大コンメンタール刑事訴訟法第七巻』（青林書院、2000年）334頁（玉岡尚志執筆）。

＊29　Peggy M. Tobolowsky, To Panetti and Beyond――Defining and Identifying Capital Offenders Who Are Too "Insane" to Be Executed, 34 *American Journal of Criminal Law* 369, 382-383 (2007).

＊30　Ford v. Wainwright, 477 U.S. 399 (1986).

そのため、心神喪失の定義について唯一触れているパウエル裁判官の同意意見にいう「まさに受けようとしている刑罰およびそれを受ける理由を知らない (unaware)[*31]」という定義が、その後の議論で参照される基準となったのである。この認識がなければ死刑は「応報」に資するものとはなりえないというのである。いくつかの州で挙げられていた「自身の防御を助ける」という防御能力要件は含まれないとした。しかし、「知らない」が厳密に何を意味するのか、事実についての理解なのか、理性的な理解力なのか、より高度な洞察力なのか、明らかではない[*32]。これこそが、パネッティ事件で最高裁が直面したジレンマだったのである。

　2007年のパネッティ判決の時点では、フォード判決 (1986年) 時点での州法の状況とは劇的に変化していた[*33]。18州が認識能力基準、13州が認識能力・防御能力の二重基準、7州が定義なしだった。

　2007年のパネッティ事件[*34]では、妻の両親を射殺した死刑確定者は死刑を受けることは認識していた。しかし弁護人は、「悪魔および暗黒の力と、神・天使および光の力との間の霊的な闘いの一部」として死刑を捉え、「州が死刑を望むのは彼の伝道をやめさせるため」との妄想に支配されている死刑確定者は死刑の理由について「理性的理解力 (rational understanding)」を欠いていると主張した。連邦控訴裁判所は、「心神喪失」の定義を自分の行った犯罪と死刑との関連を知らないこととしたうえで、死刑確定者が、州は自分の伝道をやめるために死刑を執行しようとしているという妄想を抱いているとしても、犯罪と刑罰の関連はわかっているわけだから受刑能力はある、と判示していた。

　連邦最高裁は、控訴裁のこの基準は制限的に過ぎて修正8条に違反する、

＊31　Ford v. Wainwright, 477 U.S. at 422 (Powell, J., concurring in part and concurring in the judgment).
＊32　Pamela A. Wilkins, Competency for Execution: The Implications of a Communicative Model of Retribution, 76 *Tennessee Law Review* 713, 735 (2009).
＊33　Tobolowsky, *supra* note 29, at 389-390.
＊34　Panetti v. Quarterman, 551 U.S. 930 (2007).

とした。死刑確定者が犯罪と刑罰との関連を知っていたとしても、それが精神疾患による妄想によって歪められている場合、そのような死刑執行に応報的価値があるとは思えない。受刑能力があるというためには、死刑執行の理由について理性的理解力が必要である、というのである。

パネッティ判決は、フォード判決の法廷意見があえて触れなかった心神喪失の定義について、新機軸を打ち出した。防御能力は加えなかったものの、認識能力について、パウエル同意意見が示した犯罪と刑罰との関連を超えて理性的理解力を要求したことは、執行禁止の対象を拡大したといえる。しかし、パネッティ判決が控訴審判決のいう心神喪失概念を否定しながら、心神喪失判定一般に適用可能な基準を樹立するのを拒絶した点、本来多義的な「応報」の意味について説明しなかった点については批判もある。[35] 心神喪失の定義をめぐって、今後も活発な議論が行われるものと思われる。

> 5 ● 適正な心神喪失判定手続とはどういうものか？

日本の現行制度は、心神喪失者の死刑執行停止を「必要的」（すなわち法務大臣の義務）としつつ、その手続はすべて矯正関係者（刑事施設の長、執行指揮検察官等）のみが関与し、裁判所はもちろん、死刑確定者またはその弁護人等は一切蚊帳の外に置かれている。[36] 事前にも事後にも法務大臣の義務履行の是非を検証することができない現状を打開するためには、現行の手続を憲法の適正手続保障の観点から精査する必要があり、この点でアメリカの議論が参考になる。

ところが、そのアメリカでも実は長い間、心神喪失判定手続は州が自由

＊35　Wilkins, *supra* note 32, at 741-742.
＊36　死刑執行停止の手続については、横藤田誠「心神喪失者の死刑執行をめぐる法的議論――アメリカの憲法判例を中心に――」精神神経学雑誌107巻7号（2005年）682-683頁参照。

に定めうるものとされていた。ここで問われるのは、①誰が判定手続を発動するのか、②手続の性格は一方的か、対審的か、③判定するのは誰か、という点である。フォード判決（1986年）時点では、さほど厳格な手続は規定されていなかった^{*37}。一定の手続を定める州の大多数が、①判定手続を発動する（しない）権限を死刑確定者が収容されている刑事施設の長に委ね、他に、裁判所、州知事などに発動が任されていた。多くは明確な手続を定めてすらいなかった。②手続の性格については、州によっては州知事による一方的調査・決定によるものもあったが、程度は異なるものの、対審的な判定手続を定めた州もあった。③判定の最終決定者が誰かという点については、アメリカらしく裁判所というのが最も多かったが、陪審、州知事、医療者から成る委員会という州もあった。

　フォード事件の舞台となったフロリダ州の法律は、死刑確定者側の証拠を顧慮することなく、知事が自ら任命した審査会の報告書を基に一方的に決定を下しうるという点で最も手続的保護に欠けるもののひとつといえるが、それでも、一定の手続きを定めている点では日本の制度よりははるかに周到である。連邦最高裁は、いかなる判断を下したのだろうか。

　連邦憲法修正14条は、「いかなる州といえども、適正な法の手続（due process of law）によらなければ、何人からも生命、自由または財産を奪ってはならない」と定めている。判例上、憲法上の実体的権利や州法が創造した自由利益がある場合には、それを制限するためには適正な手続を経なければならない（手続的デュー・プロセス）。また、手続の「適正」について、連邦最高裁のある判決は、①公権力の行使により脅かされる個人利益、②当該手続による個人利益の誤った剥奪のリスク、③政府利益の重大性、の3点の利益衡量によるとの判断基準を打ち立てている^{*38}。

　フォード判決は、フロリダ州の心神喪失判定手続をデュー・プロセス違

---

*37　Tobolowsky, *supra* note 29, at 383-384.
*38　Mathews v. Eldridge, 424 U.S. 319（1976）.

反とした[*39]。法廷意見を構成した5人の裁判官が心神喪失者の死刑執行を憲法違反とし、その他の2人が憲法上の権利ではないけれども州法によって死刑を執行されない自由利益が創造されていると判断していたから、判定手続は「適正」でなければならない。フロリダ州法が定める手続は、(a)死刑確定者側の主張・情報を全く反映させることができない、(b)州が任命した精神科医の見解に反駁する機会がない、(c)全面的に行政決定である、という点で致命的な欠陥をもつから、手続的デュー・プロセスに反する、と断じたのである。

　それでは、いかなる手続が必要なのだろうか。これについては裁判官の意見が大きく異なり、結局過半数を構成することができなかったのである。ひとつの意見は、刑事裁判のような完全な事実審までは要求しないが、関連情報の提出が無制限であること、および、専門家の選定・活用の方法が中立・安定・専門的な判断の助けとなるようなものであることを求める（パウエル裁判官の結果同意意見）。これが具体的にいかなる手続を想定しているか明らかではないが、「死刑手続の他の局面と同様な厳格な基準」を求めていることからすれば、相当厳格なものを考えているのであろう。これに対して、第2の意見は、公平な決定者が死刑確定者側からの証拠を受理して検討することのみを要求し、第3の意見は、決定者が死刑確定者からの提出書類を検討することのみを求めている。同じくデュー・プロセスの適用を認めながら、このような差異が生ずるのは、第1の意見が権利のより確実な保障を重視するのに対し、第2・第3の意見が、州の刑罰権がすでに確立していること、専門的判断に関わることから、州にできるだけ干渉しない態度をとっている、という違いによるものである。

　このように、フォード判決は明確な基準を確立したとは到底いいがたい。そのためか、個々の死刑確定者が死刑執行に値する能力を有するか否かをめぐり、その後の立法・判例は混迷したようである[*40]。2007年のパネッティ

---

* 39　Ford v. Wainwright, 477 U.S. 399 (1986).
* 40　Wilkins, *supra* note 32, at 734.

判決の時点では、フォード判決（1986年）時点に比べて、死刑確定者またはその弁護人に手続発動の権限を与える州が増えたとはいえ、依然として刑事施設の長がその権限を一手に引き受けるとする州もなお相当数にのぼる。ただ、フォード判決がそこまで要求していないにもかかわらず、多くの州が心神喪失の最終決定者を裁判官としている。しかし、フォード判決でパウエル裁判官が、中立・安定・専門的な判断の助けとなるような専門家の選定・活用を強調していたにもかかわらず、独立の精神科医の任命を明記している州は少なかった。この点がパネッティ判決で問われたのである。

　パネッティ判決は、テキサス州裁判所の死刑受刑能力の判定手続はフォード判決が保障する手続を与えていない、と判示した。フォード判決のパウエル裁判官の結果同意意見が述べたように、執行停止を求める死刑確定者が「心神喪失であることを示す実質的な立証（a substantial threshold showing of insanity）」を行なった場合、修正8条・14条によって、公正な審問を受ける機会を与えられ、それには州裁判所任命の精神科医による審査とは異なる専門家による証拠を提出する機会が含まれる。州裁判所は、審問を行なうことなく、あるいは死刑確定者の側の専門的証拠を提出する適当な機会を与えることなく、受刑能力の決定を行った点で、州裁判所がフォード判決の保障する最低限の手続的保障すら与えていないことが明らかだ、としたのである。

　フォード判決のパウエル裁判官の結果同意意見が示す手続的保障が憲法的最低基準であることを認めたパネッティ判決によって、フォード判決後に心神喪失判定手続を改正しなかった州は改善を迫られるだろう。両判決は、手続保障がまったくない日本の死刑執行停止手続の問題性を改めて感

＊41　Tobolowsky, *supra* note 29, at 391.
＊42　*Id.* at 393.
＊43　*Id.* at 393-394.
＊44　Panetti v. Quarterman, 551 U.S. 930（2007）.

じさせる。少なくとも、死刑確定者側が手続の発動に関わり、心神喪失の疑いが生じた場合には、刑事施設外の専門家を任命したうえでの中立的な審問が開かれるべきである。

6 ● 重篤な精神障害者に死刑を科すこと自体は「残虐な刑罰」ではないのか？

日本では、前述のように、執行段階で「心神喪失」であれば執行は停止されるものの、18歳未満の者（少年法51条1項）以外に死刑からカテゴリカルに除外されている者はいない。アメリカでは近年、連邦最高裁判決によって精神遅滞者（知的障害者）や未成年者といった人々をカテゴリカルに死刑から除外する傾向を示していることが注目される。そして、これらの判決の論理を推し進めて、知的障害者等と同様、重篤な精神疾患を持つ者に対して死刑判決を下すことも許されないのではないか、という主張が強くなっている。

(1) 知的障害者の場合

日本では、知的障害者が心神耗弱（精神の障害により事物の理非善悪を弁識する能力またはその弁識に従って行動する能力が著しく減退した状態）と判定されれば減刑され（必要的減軽。刑法39条2項）、死刑に相当する犯罪であれば無期懲役・禁錮または10年以上の懲役・禁錮となる（刑法68条1号）。また、知的障害の発症は18歳以前とされているので、責任能力（犯行時）と訴訟能力（裁判時）が認められているのに、受刑能力（刑の執行時）だけが問題とされる例は少ないといわれる[*45]。つまり、重度の知的障害者が死刑確定者となり、その執行の正当性が問われるとすれば、その前段階である責任能力や訴訟能力の判定に問題があったといえる。さらに、

＊45　岩田太「精神遅滞者に対する死刑の合憲性――合衆国における死刑制度の揺れ」ジュリスト1237号（2003年）236頁、川本・前掲論文（注8）29頁。

死刑の重大性を思えば、仮に責任能力が認められる程度の精神能力があったとしても、死刑を科しうる能力には至らないとみることはありうる。

アメリカの連邦最高裁は、近年、知的障害者の死刑について180度態度を変えた。1989年のペンリー判決は、知的障害者に対する死刑を修正8条がカテゴリカルに禁止していることを否定していたが、連邦最高裁は2002年、アトキンス判決で一転してこれを認めるに至ったのである。[46]いずれの事件も中・軽度の知的障害者による強盗殺人の事例であり、被告人の責任能力は認められていた。ペンリー判決では、「最重度または重度の精神遅滞で、自分の行動の不法性を弁別する（appreciate the wrongfulness）能力を完全に欠く」者の死刑を執行するのは残虐かつ異常な刑罰といえるといいつつ、被告人はこのような重度な知的障害者ではなく、また、立法によって明示的に知的障害者に対する死刑を禁止しているのは1州のみ（ジョージア州）であるから、このような者に対する死刑は、「品位についての進化的基準」に照らして残虐とはいえないとした。[47]

ところがアトキンス判決は、死刑を保持する38州のうち18州および連邦が知的障害者に対する死刑を禁止しているというペンリー判決後の変化を「品位についての進化的基準」の反映と捉え、アメリカ心理学会などの専門家団体、宗教団体、世論、国際的動向を考慮すれば、知的障害者に対する死刑が「残虐かつ異常な刑罰」にあたるという国民的合意が成立していると認定したのである。この判決でもうひとつ注目されるのは、死刑を支える正当化根拠の観点から論じたところである。知的障害者は「応報」の前提である非難可能性が一般的に低く、かつ、「犯罪抑止」の前提である犯行の計画性を欠くことが多いために、死刑を科す正当性を欠いている。また、知的障害者は、知的な限界のため弁護人との意思疎通、公判での証言など死刑の適正な運用のための手続的保障を十分活用することができず、不当に死刑判決を受ける可能性が高い。以上を総合的に評価すれば、

---

* 46　Penry v. Lynaugh, 492 U.S. 302（1989）．
* 47　Atkins v. Virginia, 536 U.S. 304（2002）．

「品位についての進化的基準」に照らして、知的障害者に対する死刑は修正8条によって禁止されている、と最高裁は断じたのである。

(2) 未成年者の場合

国際人権条約は18歳未満の者に死刑を科すことを禁止しているが（市民的及び政治的権利に関する国際規約6条5項、児童の権利条約37条(a)）、アメリカは世界で最も少年に対する死刑の適用・執行の多い国だといわれてきた。2005年の連邦最高裁判決がいうように、「合衆国は18歳未満の者の死刑を公式に認める唯一の国である」。

1988年当時、死刑を科しうる最低年齢について定める18州がすべて16歳以上としている州法の状況から、連邦最高裁はトンプソン判決で、犯行時15歳の少年に対する死刑を「残虐かつ異常な刑罰」としたが、翌年のスタンフォード判決は、死刑制度を持つ37州のうち15州は16歳の者に死刑を科すことを否定し、12州は17歳の者に死刑を科すことを否定している州法の状況について、ある刑罰が残虐であるとするに十分な国民的合意の程度には至っていないと捉えて、16歳・17歳の者に対する死刑を合憲とした。その際最高裁は、「品位についての進化的基準」の解釈について、個々の裁判官の感覚や外国の実情ではなく、現代のアメリカ社会の品位の感覚に依拠することを強調した。

アメリカ社会の「品位」の感覚が変わったと認めたのが、2005年のローパー判決だった。最高裁は、知的障害者の死刑に関する判例変更の場合と同じ判断枠組みに基づき、州法の状況の変化をもって未成年者の死刑に反対する国民的合意を示す客観的な証拠があるかどうかを探るとともに、死

---

* 48 辻本衣佐「少年に対する死刑――世界とわが国の現状」法律論叢（明治大学）77巻4・5合併号（2005年）192頁。
* 49 Roper v. Simmons, 543 U.S. 551, 575 (2005).
* 50 Thompson v. Oklahoma, 487 U.S. 815 (1988).
* 51 Stanford v. Kentucky, 492 U.S. 361 (1989).
* 52 Roper v. Simmons, 543 U.S. 551 (2005).

刑の正当化根拠の観点から死刑が未成年者にとって不均衡な刑罰であるかを考察した。まず立法状況については、死刑を廃止した12州と死刑制度を持つが未成年者を対象から除外する18州から成る30州が未成年者の死刑を禁止している。禁止規定を持たない20州においても執行の例はほとんどない。ただ、知的障害者の死刑廃止傾向が劇的だった（ペンリー判決時に死刑を認めていた16州でその後禁止された）のと対照的に、未成年者の死刑禁止に向かう変化は緩慢だった（スタンフォード判決時点で死刑を許容していた州のうちその後廃止したのは5州のみ）。しかし、重要なのは変化した州の数ではなく、変化の方向性に一貫性が見られることであり、未成年者の死刑を禁止していた州が復活した例はなく、一貫した変化の方向性が実証されているとして、18歳未満の少年の死刑に反対する国民的合意が成立していると認めた。

　最高裁は次に、死刑の正当化根拠の観点からの検討を行う。死刑は、最も重大な犯罪を犯し、かつ、その極度の有責性の故に、死刑にする他ない犯罪者に適用を限定しなければならない。18歳未満の者と成人との間には、①成熟性の欠如、責任感情の発達不全、②外部の圧力を受けやすい、③人格の形成途上にあり、たとえ凶悪犯罪を犯しても回復不可能な堕落した人格の証拠と結論づけることはできない、という3つの相違点があり、未成年犯罪者は最悪の犯罪者に分類されない。死刑を正当化する応報の目的は、有責性・非難可能性が限られている未成年者に死刑を適用しても達成されない。また、死刑が未成年者に対して有効な抑止効果があるか不明であるし、有責性が限られていることは有効な抑止効果がないことを示唆しているとして、18歳未満の者に対する死刑が「残虐かつ異常な刑罰」に該当すると判断したのである。

(3) 重篤な精神障害者に対する死刑自体を禁止すべきとの主張

　知的障害者や未成年者と比べれば、精神障害者は精神的能力が疾患の状況によって変動することが多く、量刑段階でカテゴリカルに死刑から除外

するにはハードルが高いといえるだろう。しかし、アトキンス判決やローパー判決の論理、そして死刑執行を禁止する受刑無能力（心神喪失）の定義を拡張した2007年のパネッティ判決からすれば、重篤な精神障害者に死刑を科すこと自体を禁止すべきとの主張が登場するのも不思議ではない。アトキンス判決やローパー判決の最重要なポイントが、有責性・非難可能性が一般的に低い知的障害者や未成年者に死刑を科すことが「残虐かつ異常な刑罰」に該当するという点にあるとすれば、重篤な精神障害者にとっても同様の結論になる可能性はあるといえるだろう。[53]

　このような主張はまず法学者から出され[54]、ついには、アメリカ法曹協会、アメリカ精神医学会、アメリカ心理学会等による共同の勧告に結実した[55]。それによれば、「犯行時に重篤な精神疾患または障害に罹患し、(a)自らの行為の性質・結果・不法性を弁別し（appreciate）、(b)行為に関する理性的な判断をなし、または(c)法の要求に行為を従わせる能力が重大な損傷を受けている（significantly impaired）被告人は、死刑を科されるべきではない。」とされる。常習的な犯罪傾向として現れる障害やアルコール・薬物の摂取の結果としての疾患は除外される、幻覚・妄想等を伴う「重篤」な精神疾患でなければならないなどの限定はあるものの、専門家団体が共同して、精神障害者の死刑を一律に禁止する方針を打ち出したことは注目に値する。もっとも、量刑段階で精神障害者の死刑を法律により禁止しているのはコネティカット州のみという現状は、知的障害者等の場合と大きく異

* 53 　Helen Shin, Is the Death of the Death Penalty Near? The Impact of Atkins and Roper on the Future of Capital Punishment for Mentally Ill Defendants, 76 *Fordham Law Review* 465, 511-13, 515-16（2007）.
* 54 　たとえば、John H. Blume & Sheri Lynn Johnson, Killing the Non-Willing: Atkins, the Volitionally Incapacitated, and the Death Penalty, 55 *South Carolina Law Review* 93（2003）; Christopher Slobogin, What Atkins Could Mean for People with Mental Illness, 33 *New Mexico Law Rev.iew* 293, 313（2003）.
* 55 　American Bar Association, Recommendation and Report on the Death Penalty and Persons with Mental Disabilities, 30 *Mental and Physical Disability Law Reporter* 668（2006）.

なる点であり、前途多難を思わせるが、インディアナ州などいくつかの州でこのような立法を構想しているようであり、また、州裁判所判決の少数意見の中に重度精神障害者の死刑を州憲法違反とするものが散見されるなど、今後の立法・判例の展開に目が離せない。[*56]

> 7 ● 心神喪失者への治療の強制は許されるか？

　死刑確定者の治療にあたる精神科医は深刻な問題に直面する。精神科医が熱心に治療を施して患者の能力を回復させた結果として訪れるものが患者の死刑執行であるという倫理的ジレンマは、解決不可能なほど深い。[*57]日本ではこの問題についてほとんど議論が行われていないが、アメリカでは1990年代以降、いくつかの重要な訴訟を通して熱い議論が交わされてきた。死刑確定者が死刑執行を受けうる能力を回復するために、治療を強制する権限が州に認められるだろうか。連邦最高裁はまだ正面から取り組んだことがないが、いくつかの州最高裁判所と連邦下級裁判所が、そのような治療強制は憲法上のプライバシー権を侵害し、また残虐かつ異常な刑罰の禁止に違反する、と明言したことが注目される。
　まず、ルイジアナ州最高裁判所のペリー判決は1992年、死刑確定者の受刑能力を維持するために州が薬物治療を強制することは違憲である、と

[*56] Robert Batey, Categorical Bars to Execution: Civilizing the Death Penalty, 45 *Houston Law Review* 1493, 1526-1527（2009）；Lyn Entzeroth, The Challenge and Dilemma of Charting a Course to Constitutionally Protect the Severely Mentally Ill Capital Defendant from the Death Penalty, 44 *Akron Law Review* 529, 564-571（2011）.

[*57] R. Salguero, Medical Ethics and Competency to Be Executed, 96 *Yale Law Journal* 167（1986）. 医師が死刑との関係で直面するジレンマとして、アメリカでは他に、致死薬注射による執行への関与がある。これらのジレンマについては、Note, Second Opinion: Inconsistent Deference to Medical Ethics in Death Penalty Jurisprudence, 95 *Georgetown Law Journal* 1941（2007）を参照。

判示した。同判決によれば、そのような治療強制は、プライバシーの権利（治療を受けるか拒否するか、および心と身体に何がなされるかを決定する権利）と身体の自由を侵害する。これらの権利は絶対的なものではないけれども、それらの制約が正当化されるには、非常に強力な規制目的が存在し、かつ、制約がその目的達成のために必要不可欠なものでなければならない。ペリー判決が本件の場合にそのような正当化事由が存在しないとした最大の要因は、死刑執行のための強制治療には「医療上の利益」がないとした点である。判決によれば、死刑執行を目的とする強制治療は、次のような致命的な影響をもたらすから、違憲であるとされる。

①患者の最善の医療利益を求めるために必要な、患者が医師と相談しながら治療の功罪を評価することが許されないから、患者の自律権を侵害する。
②強制的な抗精神病薬投与は精神医療に不可欠な信頼に基づく医師－患者関係を妨げる。
③医師は2人の主人に仕えることはできないから、患者の福祉よりも医師が州に対して負う義務を優先させるという重大な懸念が生ずる。
④医師が増進するよう要求される州利益と死刑確定者の利益は両立不可能であるから、死刑の執行がますます恣意的となる。
⑤死刑受けうる能力を回復させるための精神科医による強制的薬物治療は、公判での責任能力鑑定等と比較して、死刑執行そのものと密接に関連するという意味で精神科医としての倫理に反する度合いが大きい。
⑥治療することと罰することとの区別を消し去ることは、医療を貶めるものである。

ペリー判決に続いて、サウス・カロライナ州最高裁も、死刑を執行するためのみに抗精神病薬を強制的に投与することは州憲法上のプライバシー権を侵害する、と判示している[59]。死刑確定者に薬物治療を強制しうるのは、

---

* 58　Louisiana v. Perry, 610 So. 2d 746（La. 1992）.
* 59　Singleton v. State, 437 S.E.2d 53（S.C. 1993）.

同人が自他に危険であり、かつ、その治療が確定者の医療上の最善の利益にかなっている場合のみである、というのである。

　これらの判決とは対照的に、州による強制治療を認めた判決もある。第8巡回区連邦控訴裁判所は、強制投薬は違憲ではないとした[*60]。ペリー判決などとの結論の違いは、死刑執行につながる強制治療に対する見方が全く対照的である点に求められる。シングルトン判決はいう。薬物投与以来、死刑確定者の症状はほぼ完全にコントロール下にあり、抗精神病薬が彼の治療に有効であることが証拠上明らかである。また、副作用もほとんどない。死刑確定者側は、執行停止中に自他への危険がある場合に行われる強制投薬は合法であるが、執行期日が設定されるや、医療上の最善の利益ではありえないので、違法となるという。しかし、医療上の最善の利益であるかどうかは、死刑執行が停止されているか否かとは無関係に判断されなければならない。したがって、執行停止中に合法である強制投薬は、執行期日が設定されたとしても、違憲となるものではない。フォード判決が禁止したのは、死刑の意味と理由を知らない死刑確定者の執行のみである。したがって、長期にわたる拘置中に死刑の受刑能力を欠くにいたったけれども、その後適切な医療によって能力を回復した死刑確定者の執行は、修正8条に違反するものではない、としたのである。

　最近、第6巡回区連邦控訴裁判所は、死刑確定者は薬物治療を強制されていなかったと認定したうえで、傍論として、次のように述べた[*61]。連邦最高裁のデュー・プロセス法理からすれば、「絶対的に必要、あるいは医療上適切」でない限り、受刑者に対する強制的な薬物治療は「品位についての進化的基準」に反する。薬によって受刑能力を保っている者（the chemically competent）に死刑を執行することは、抗精神病薬により妄想や攻撃的行動が抑制されたとしても、迫りくる死を理解するほどに改善されない場合、心神喪失者の死刑執行と同程度に残虐であるといえる。

＊60　Singleton v. Norris, 319 F.3d 1018（8th Cir. 2003）.
＊61　Thompson v. Bell, 580 F.3d 423（6th Cir. 2009）.

以上のような判例の展開に加え、近年、立法その他の面で新たな動きが見られることが注目される。まず、メリーランド州は、法律によってこの問題を解決した[*62]。州法によれば、死刑確定者が死刑の受刑能力を欠くに至ったと判定された場合、州地方裁判所は、死刑を仮釈放のない終身刑に減刑しなければならない、とされている。また、アメリカ法曹協会・アメリカ精神医学会・アメリカ心理学会等による共同の勧告（2006年）は、死刑判決確定後の法手続が終了した後、「死刑確定者が精神疾患または障害に罹患し、刑罰の性質・目的を理解する能力または死刑確定者自身の事件で死刑が科される理由を弁別する能力に重大な損傷を受けている、と裁判所が認定したときは、死刑事件で死刑を科しえない場合に科される刑に軽減されるべきである」と提言している[*63]。解説によれば、受刑能力を回復するための強制治療は非倫理的であり違憲であるから、そのような治療が必要なケースでは自動的に減刑するしかない、という考えに基づくものだという[*64]。

　このテーマにどう答えるか、現時点では議論の帰趨は明らかではない。いずれの立場を取るかは、「医療」の本質に関わる問題であるといえる。今後の立法・判例の動向に注目したい。

＊62　Md. Code Ann. Corr. Servs. §§ 3-904(c), (h)(2) (West 2009).
＊63　American Bar Association, *supra* note 55, at 668.
＊64　*Id*. at 676.

少年事件と死刑判決

多田　元　Tada Hajime

1 ● はじめに

　本稿のまとめを急いでいた2012年6月に36歳男性が大阪市内で通行中の男女二人を包丁で刺して殺害、現場で逮捕された事件が発生し、男性は覚せい剤乱用で受刑、出所後まもなく生活不安から自殺を考え、死刑を受ける目的による殺人と動機を供述していると報道された。生きる価値を見失った人間が他者のいのちの価値も認めないという自己否定による殺人には死刑制度が防止効果をもたないことを示す事例がまたひとつ加えられたようである。

　少年事件については、少年法51条1項は犯行時18歳未満の少年につき死刑を禁止し、国連少年司法運営に関する最低基準規則は、少年に対する死刑を禁止することを明記し、さらに1989年に採択された国連子どもの

＊1　国連の少年司法運営に関する最低基準規則17.2は、「死刑は、少年がたとえどんな犯罪を犯したとしても科されてはならない」と死刑の禁止を明記している。
　同最低基準規則は、1985年9月犯罪予防と犯罪者処遇に関する国連会議で決議され、同年11月国連総会で採択された。この採択の決議において、世界人権宣言、国際人権規約B規約、A規約その他の青少年に関する国際的権利書文書に留意するとされており、とくに日本政府も批准した国際人権規約B規約14条4項の「公正な裁判を受ける権利」に関する「少年の場合には、手続は、その年齢およびそのその更生の促進が望ましいことを考慮したものとする。」との規定を具体化したものと解される。（日弁連発行「わが国少年司法の現状──国連の最低基準規則に照らして」1988年11月。10頁～）

権利条約37条(a)は「死刑または釈放の可能性がない終身刑は、18歳未満の者が行った犯罪について科さないこと」と定めている。

　しかし、本稿の目的は死刑制度の是非を論ずることではない。いま少年司法は、非行の原因・背景を究明して健全育成のための個別的処遇を通じて問題の解決を図る保護主義（保護優先主義）を基盤とした問題解決型司法から、非行の結果を重視した厳罰化への流れの中で、2000年の少年法改正による原則逆送など刑事裁判への傾斜が強まり、少年に対する死刑判決が相次ぐなど変容、後退しつつある。いわゆる光市母子殺害事件の最高裁2012年（平成24年）2月20日判決も犯行時18歳の少年に対する死刑を確定させた。しかし、同判決では、死刑を選択した多数意見とこれに反対した宮川光治裁判官の少数意見に鋭く分かれ、とくに少年の精神的成熟度の低さが「死刑の選択を回避し得る特に酌量すべき事情」に該当するかという問題など、少年事件の死刑判断をめぐる量刑論の論点が浮き彫りにされたことは非常に重要な意味がある。

　そこで、少年司法の動向も踏まえながら、少年法1条の「健全育成」の理念、目的、そして、これによって導き出される少年の犯罪（非行）に対する理解および処遇決定のあり方と重大犯罪（非行）に対する逆送・刑事裁判の量刑論および死刑判決の量刑論などとの関係について問題の検討を試みる。

　そこで、まず、少年法1条の基本理念の要点の確認から始めることとする。

2 ● 少年法における非行の理解と処遇

　少年法は、児童福祉法とともに、少年非行を子どもの育ちにかかわる問題として捉え、教育、治療、環境調整のケースワークによって健全育成を通じて非行の問題の解決を図ることを法の基本的な目的としている。

　すなわち、少年法1条は、「少年の健全な育成を期し、非行のある少年に

対して性格の矯正および環境の調整に関する保護処分を行うとともに、少年の刑事事件について特別の措置を講ずることを目的とする。」と定める。

一方、児童福祉法1条は「すべて国民は、児童が心身ともに健やかに生まれ、かつ、育成されるよう努めなければならない。」と定め、2条は「国および地方公共団体は、児童の保護者とともに、児童を心身ともに健やかに育成する責任を負う。」と定める。そして、3条は「前二条に規定するところは、児童の福祉を保障するための原理であり、この原理は、すべて児童に関する法令の施行にあたって、常に尊重されなければならない。」と定める。同条の「すべて児童に関する法令」には少年法も含まれるのは当然である。

これら少年法と児童福祉法に共通する目的、理念と手続の構造から、少年の犯罪（非行）に対する理解と処遇のあり方が導かれる。

すなわち、少年の犯罪（非行）については、心身共に成長の途上にあり、社会性が未成熟な子どもの育ちの過程に現れた問題と捉え、その過ちあるいは失敗の行動の原因を考え、とくにそれぞれの生育史と環境を背景にした成長の阻害要因、発達課題や発達段階との関連においてその非行の意味を理解し、少年の非行性（非行をくり返す危険性や傾向）の解消のために、その個別的な要保護性（個別的な教育、治療、環境調整等のニーズ）に応じた処遇（手当て）をしていくことが基本的な考え方である。

以上のような少年法の基本理念の理解には概ね異論のないところであろう。

少年法は、このような少年の非行の理解とその個別的なニーズ（要保護性）に応じた個別的処遇を選択し、実施していくために、9条において「調査は、なるべく、少年、保護者または関係人の行状、経歴、素質、環境等について、医学、心理学、教育学、社会学その他の専門的知識特に少年鑑別所の鑑別の結果を活用して、これを行うように努めなければならない。」と科学的調査の方針を定めている。

今日では、児童精神医学や教育心理学、非行臨床心理学、そしてソーシ

ャルワークに関する諸研究や実践など子どもの発達、心理、行動の理解と援助のための人間関係諸科学の発展はめざましい。9条は、これらの専門科学的な知見を活用し、科学的合理的な根拠に基づいて、非行原因や少年の心理、行動の問題点を理解し、より適切な処遇を選択、実施していくことを求めているのであり、その科学主義的方針はますます重要性を増している。

　そして、このような少年法の科学的合理的な非行理解と処遇を追求する基本理念は、重大非行につき逆送決定（少年法20条。刑事裁判に起訴するために家庭裁判所が事件を検察官に送致する）がなされた場合の刑事裁判手続においても貫くものとされる。すなわち、少年法50条は「少年に対する刑事事件の審理は、第9条の趣旨に従って、これを行わなければならない。」と定める。刑事訴訟規則277条は、この規定を承けて、刑事裁判における「少年事件の審理については、懇切を旨とし、かつ、事案の真相を明らかにするため、家庭裁判所が調べた証拠は、つとめてこれを取り調べるようにしなければならない。」と定めている。

　これらの規定の趣旨に関して、わが国の刑事訴訟法と少年法の成立にかかわった団藤重光元最高裁判事と森田宗一元判事の共著「新版少年法」には次のように述べられている。[*2]

　「少年に対する刑事事件の審理は、原則的には刑事訴訟法によるわけであるが、なるべく家庭裁判所における少年保護事件に対する科学的調査の方法並びに教育的な取り扱い方法を、その審理にもとり入れようとするものである。」、「とくに刑の量定、行刑等にそのことは明らかである。」、「裁判官が本条の趣旨にそうためには、科学的調査の結果を単に利用するというだけではなくて、（少年法）9条に掲げられたような人間行動に関する諸科学についての知識をある程度もち、それを公判における審理に活用する素養と気持ちがなければならないであろう。要は、少年に対する深い理解と愛情、人間とその行動、人間関係についての科学的精神である。真の科

＊2　団藤重光・森田宗一・新版少年法（第二版）（有斐閣・ポケット註釈全書）402頁以下（1984年）。

学的精神とはまた科学の限界を知る心でもある。ことに「人間の科学」には、大きな限界がある。医学・心理学・社会学等の実証科学が人間の心と行動を解明しうる限度とその発達の程度を正しくわきまえ、これを過信してはならない。法の規範と科学的理解との交錯について、深い洞察を持つことが肝要である。」

今日の少年司法と刑事司法の現状をみるとき、改めて味わうべき含蓄のある記述である。

私は、裁判官として家庭裁判所の少年審判を担当し（19年余の在任中通算10年間担当した）、1989年弁護士として「附添人[*3]」活動に従事するようになったが、法曹として少年と向きあうときは、「犯罪（非行）という結果から子ども（少年）を見るのではなく、子ども（少年）を理解するなかで、その犯罪（非行）の意味を理解しなければならない」と心がけ自戒してきた。

少年に対する理解とその非行の理解および処遇決定のためには、その生育史、とりわけその過程で少年がどのような傷つきを体験し、その心的外傷体験が、その生活場面での人間関係等において、どのような心理的あるいは精神病理的影響を及ぼしているかを解明することが重要であることを認識させられる。

そのようなことは、少年院の矯正教育の現場などでも十分に認識されている。その一例をあげれば、永く矯正教育に携わったもと浪速少年院院長坂東知之氏は、戦時下に少年として浪速少年院に収容された体験をもつ山下高司氏が後に同少年院を継続的に慰問し少年たちと交流したことをまとめた本「ドーナツおじさん奮戦記」の序文に「非行少年は間違いなく加害者であるが、その反面、生い立ちなどからみると被害者でもあり、不幸少年

---

*3　少年法10条は2000年改正により「附添人」の用語を「付添人」と改めたが、私は少年が自らの権利として選任できるパートナーたる「附添人」の用語がふさわしいとの思いから、改正前の用語によっている。ちなみに「附」の漢字は「寄り添う」との意味を含んでいる。

　少年法10条は弁護士以外にも、家庭裁判所の許可を受けて保護者その他適切な者を「付添人」に選任できることと定めている。

ともいえる」と述べている。[*4]

　そのような認識、理解が、少年の犯罪（非行）をその育ちにかかわる問題として捉えるという意味であり、科学的合理的根拠のある少年およびその非行に対する理解と処遇を行うことが国などと大人・社会の責任であるというのは、児童福祉法1条と2条にも定める原理である。

　わが国においては、少年法が成立した戦後の混乱期から急速な経済成長の陰に現れた「繁栄のなかの荒廃」の時期に「繁栄の落とし子」と言われた少年非行がピークに達した1960年代から1970年代の時期を超えて、欧米諸国の少年犯罪の多さに比較しても、いずれの年代の子どもたちについても、少年法の運営のもとに殺人などの凶悪事件を含めて非行件数、非行率ともに顕著に減少していることは司法統計の上でも明らかである。その非行の顕著な減少は、2000年の少年法改正による単なる厳罰化の影響によるものではないことも明らかである。[*5]

　しかしながら、少年司法の現状においては、少年を扱う、あるいは、少年にかかわる大人側、すなわち、裁判官、調査官、検察官、警察官、児童相談所職員、そして附添人として少年を弁護する弁護士でさえ、いわば大人の都合や独善によって少年法の基本理念を忘れ、あるいはこれを歪めるような、少年に対する無理解で不適切な扱いをすることは決して少なくないという実情がある。そればかりでなく、むしろ、少年による重大事件が起こると、それを梃子にして少年への取締強化、刑事裁判への傾斜を強める少年法改正とこれに基づく「逆送」の運用が拡大され、少年法の基本理念が空洞化していくことが強く懸念される事態が生じている。それは、結果としての犯罪（非行）の重大さという外見のみを重視して、少年の個別的ニーズ（要保護性）を切り捨てて厳罰化の方向に処分していく逆方向の

＊4　山下高司・ドーナツおじさん奮戦記──少年院からの手紙（青心社1994年）
＊5　司法統計によれば、神戸の連続児童殺傷事件（いわゆる酒鬼薔薇事件）の起こった1997年に全国の家庭裁判所に殺人罪で送致された少年は45人にとどまり、戦後のピークである1961年の396人の約11％である。

多田　元

流れを顕著に示し、それが死刑判決の論理にもつながるという深刻な問題があると懸念される。

そのような状況のもとであるからこそ、いま、改めて少年の犯罪（非行）に対し、科学的合理的根拠に基づく非行理解と個別的処遇により少年の成長発達（健全育成）を図る少年法の基本理念を確認しておく意味があると考える。

3 ● 少年事件に対する死刑と量刑論

1 ● 光市母子殺害事件判決における量刑理由
　広島高裁平成14年3月14日判決（一審の無期懲役を支持）、最高裁平成18年6月20日判決（原判決破棄差戻。いずれも判例時報1941号38頁以下掲載）、最高裁平成24年2月20日判決の各量刑判断の要点を検討する。

1）広島高裁平成14年3月14日判決
　一審判決の以下の点を支持した。
①犯行当時18歳と30日の少年であり、内面の未熟さが顕著である。
②保護処分歴、前科がなく、犯罪的傾向が顕著と言えない。
③中学校時代の実母の自殺など家庭環境の不遇、生育環境が本件犯行を犯す性格、行動傾向に影響した面を否定できない。
④鑑別結果通知書、少年調査票も事件に結びついた人格の偏りはあるが、総じて未熟な段階であり、矯正教育は不可能ではない、としている。
⑤不十分ながら、反省の情が芽生えている。
　自分の犯した罪の深刻さを受けとめきれず、それに向きあいたくない気持ちが強く、考えまいとしている時間があるが、悔悟の気持ちも見せる。
　最高裁昭和58年7月8日判決（永山基準）に示された情状を総合評価して、極刑がやむを得ないとまでは言えないと判断した。

2）最高裁平成18年6月20日判決（原判決破棄差戻）
a) 高裁①につき、死刑回避の決定的な事情とまで言えない。
b) 高裁②と⑤につき、犯罪的傾向は軽視できない。
いともたやすく強姦を計画。格別ちゅうちょした様子もなく殺害。犯行隠蔽工作、窃取した地域振興券を友人に見せびらかす。
c) 高裁④につき、死刑回避の事情として評価するには足りない。
殺害について計画性はないが、強姦を計画、その実行に際して反抗抑圧の手段ないし犯行発覚防止のために殺害を決意して実行。「冷徹に殺害を利用した」

3）最高裁2012年2月20日判決
イ）多数意見
犯行の罪質は悪質、動機、経緯に酌量の余地なし、冷酷、残虐、非人間的所業、結果も重大、犯行後の情状も芳しくなく、被害感情は峻烈、真摯な反省の情を窺えない、白昼自宅で惨殺された事件として社会に大きな衝撃を与えた点も軽視できない。
被告人に有利な事情（犯行時少年、殺害に計画性はない、前科がない、更生の可能性がないともいえない、遺族への謝罪文と弁償金の支払い）を考慮しても、死刑を是認せざるを得ない。
ロ）金築誠志裁判官の補足意見
①生育環境は同情すべきものがあり、精神的成熟度は低く、衝動の統制力は低いことが本件犯行の背景にあることは否定し難いこと、犯行時18歳になってまもない少年であることの事情は、死刑の選択を回避するに足りる特に酌量すべき事情であるとまでは言えない。
②精神的成熟度が18歳を相当程度下回るという判断を可能にする客観的基準や調査方法があるか疑問であり、少年法51条1項の18歳未満か以上かは形式的基準であり、実質的な精神的成熟度を問題にする規

定はない。
③精神的成熟度は、いわゆる犯情と一般情状を総合して量刑判断を行う際の、一般情状に属する要素として位置づけられる。
ハ）宮川光治裁判官の反対意見
 a）鑑別結果通知書、家庭裁判所調査官の意見、犯罪心理鑑定の結果などにより、精神的成熟度が相当に低く、18歳を相当程度下回っていることが認められる場合、死刑判断を回避するに足りる特に酌量すべき事情が存在するというべきである。
 b）被告人が小学校入学前からの父親の暴力、少年の被虐意識、中学校1年（12歳）時の苦しみ抜いた実母の自殺による急激な自己愛剥奪の影響を強く受けていること、身体的性の成熟に対してそれを統制できる精神的成熟が著しく遅れていること、人格の統合性、連続性が乏しく、社会的自我の形成がなされていないことなどの鑑定意見は無視できない説得力がある。
 c）被告人の精神的成熟度が相当程度低いことが認定できれば、本件犯行の犯情（計画性、故意の成立時等）及び犯行後の行動に関わる情状についての理解も変わってくる可能性がある。
 d）被告人の人格形成や精神の発達に何がどのように影響を与えたのか、犯行時の精神的成熟度のレベルはどのようなものであったかについて、再度量刑事情を検討して量刑判断を行う必要がある。

2 ● 各判決の量刑論

1） 広島高裁平成14年判決は、死刑判断についていわゆる永山基準を示した最高裁昭和58年7月8日判決を引用して、各量刑要素の総合評価の方法をとっている。
　すなわち、最高裁昭和58年7月8日判決は、犯行当時19歳の少年による永山事件につき、死刑を選択する量刑理由として、次の量刑要素を総合考慮すべきであるとした。

①罪質、動機、態様（殺害の手段方法の執拗性、残虐性）
②結果の重大性（殺害された被害者の数、遺族の被害感情）
③社会的影響
④犯人の年齢、前科、犯行後の情状等
⑤上記各般の情状を考察したとき、その罪責が誠に重大であり、罪刑の均衡、一般予防の見地からも極刑がやむを得ないと認められる場合

　同判決は、「死刑が人間存在の根元である生命そのものを永遠に奪い去る冷厳な極刑であり、誠にやむを得ない場合における究極の刑罰であることにかんがみると、その適用が慎重に行われなければならないことは原判決の判示するとおりである」としたうえで、これらの量刑要素を総合考慮し、「死刑の選択も許される」との結論を導き出している。
　同判決も、総合考慮すべき量刑要素を示しているだけで、厳密な意味では、死刑選択の客観的基準を設定したものではなく、ただ、最後の「究極」の選択であることを明示したものと言える。
　わが国の刑事裁判における量刑理論に関する研究は必ずしも未だ十分な成果があげられているとは言えないが、1972年改正刑法草案48条の次の規定が量刑の基本原理、刑の適用の一般基準を明らかにしたものとして実務上も参照されている。
①刑は、犯人の責任に応じて量定しなければならない。
②刑の適用にあたっては、犯人の年齢、性格、経歴および環境、犯罪の動機、方法、結果および社会的影響、犯罪後における犯人の態度その他の事情を考慮し、犯罪の抑制および犯人の改善更生に役立つことを目的にしなければならない。
③死刑の適用は、特に慎重でなければならない。
　最高裁の永山基準も概ねこれに沿ったものと言えるであろうが、その原審である東京高裁昭和56年8月21日判決（船田判決）が、詳細に被告人の生育史を認定し、精神的な成熟度は18歳未満の少年と同視しうる

情況にあるとしたうえで、犯行の原因の一端は国家・社会の福祉政策の貧困に帰せられるべきであるとも説示して、その事件につき、いかなる裁判所であっても死刑を選択したであろう程度の情状がある場合に限定して死刑を選択するという量刑論により無期懲役としたことが、最高裁の判断に影響しているとも考えられる。

2) これに対し、最高裁平成18年判決は、一応最高裁昭和58年7月8日判決を引用してはいるが、死刑選択の量刑論としては、その永山基準が「総合評価」により死刑は最後の究極の選択とするというのとは正反対である。すなわち、犯行の動機、方法、結果など行為責任に直接かかわる「犯情」により死刑相当としたうえで、被告人の精神的未成熟や18歳30日という年齢などは、「死刑を回避するに足りる特に酌量すべき事情」に該当するかどうかという「一般情状」として評価しているのである。

　最高裁平成24年判決では、金築裁判官の補足意見も宮川裁判官の反対意見も、被告人の精神的未成熟などの事情については、ともに「死刑を回避するに足りる特に酌量すべき事情」に該当するかどうかという観点から判断している。

3) 新しい死刑適用基準の提案について

　近時、元裁判官である原田國男教授が、裁判員裁判における量刑をテーマにした論文で、量刑の要素を「犯情」と「一般情状」に分けて、量刑の一般的基準としては「犯情により量刑の大枠が決められ、その大枠の中で一般情状を考慮して最終的な量刑を決定する」という考え方をとり、それが裁判員裁判において基本的な量刑基準として実務上一般に承認されつつあるとしたうえ、「新しい死刑適用基準の提案」として、「犯情により死刑を選択し、一般情状により死刑を回避する」という考え方を述べている。[*6]

[*6] 原田國男・裁判員裁判と量刑法（成文堂2011年）236頁。

「一般情状により死刑を回避する」というのは、要するに量刑判断において、まず犯罪行為の結果の重大性、悪質性などの犯情により死刑を選択したうえで、一般情状として「死刑を回避するに足りる特に酌量すべき事情」に該当する特別な事情があるかを問うことを意味している。

　原田教授は、被告人の年齢、生育史など一般情状は死刑を回避する方向でのみ考慮されるので、永山基準には反しないと主張している。

　しかし、永山基準を示した最高裁昭和58年判決は、「総合評価」に基づいて最後の究極の選択として「死刑が許されるか」という死刑選択の「許容性」を問うているのである。それは犯情により死刑を選択したうえで、「死刑を回避するに足りる特に酌量すべき特別な事情」があるかを問うのとは正反対の判断基準あるいは判断方法というべきであろう。

　死刑判断において、裁判官が常に問われるべきことは、いかに裁判の手続であるとしても、なぜ、いかなる場合に人を殺すことが許されるのかという死刑の「許容性」であろう。とりわけ犯行時18歳未満の少年に対する死刑を禁止している少年法51条1項の規定の趣旨、国連子どもの権利条約、20歳未満の少年も含めて死刑を禁止すべきであるとする国連少年司法運営に関する最低基準規則などに照らせば、その法理は明らかである。少年自身には責任のない事情によって劣悪な生育環境に置かれ、健全な成長発達を阻害された影響によって大きな過ちを犯したからといって、適切な環境と教育さえ整えれば、成長し更生する可能性が認められるのに、死刑によってその生命を奪うことがどうして許容されるのか、ということが問われるべきなのである。犯情による死刑選択と「死刑を回避するに足りる特に酌量すべき事情」という量刑論には法的根拠を見出し難い。

4）精神的未成熟の問題について

　最高裁平成24年判決において、金築裁判官は補足意見として、被告人の精神的未成熟の問題は、少年法51条1項「18歳未満」には該当しな

いとの形式論を述べたうえ、精神的未成熟は一般情状に属する事情であるとしている。

　しかし、劣悪な生育環境の問題に根ざしている精神的未成熟の問題は、それ自体で独立した量刑の一事情として、単なる同情の対象とされるべきものではない。宮川裁判官が反対意見で的確に述べているとおり、精神的未成熟という観点から見ることによって、非行の意味や犯行前後の行動の意味などが、外見の悪質さや凶悪さとはまったく違ったものに理解される可能性がある。その精神的未成熟さの程度、原因、背景などを科学的知見も活用して解明することによって、被告人の犯罪（非行）の意味が理解され、いわゆる犯情に属する事情の評価が異なることになる。

　それが少年の犯罪（非行）を育ちにかかわる問題として捉え、科学的合理的根拠に基づいて非行を理解し、その個別的ニーズに応じた処遇を考えるということである。求められるべきは「同情」ではなく「理解」なのである。

　精神的未成熟の問題を、前記金築裁判官の補足意見のごとく、単に一般情状のひとつとして同情の対象としてしか考えなければ、「犯情」にかかわる事実に関して重大な事実誤認が生じるのであり、そもそも「犯情」による死刑選択自体が根拠のないものになってしまうという矛盾が生じる。

3 ● 非行理解に立つ量刑論について

1）　前記1972年改正刑法草案48条が示す量刑基準等は、①項において行為責任（規範的責任）を量刑の基本的な枠とすべきことを明らかにし、②項で行為に対する規範的責任評価の面と被告人の改善、更生を考慮する処遇決定の面（処遇の個別化）との二面があることを示している。

　前者を狭義の量刑、後者を含めた量刑判断を広義の量刑と言ってもよいと考える。

　規範的責任評価は、犯罪行為の法益侵害の態様、結果の重大性、悪質性（動機、目的、計画性、組織的犯罪、単独犯か共犯か）、被害の回復の

有無、程度、その他違法性の程度、そして違法行為を回避することを期待することが困難だという事情があったかという期待可能性の程度などが判断要素とされる。生育過程での虐待やいじめの被害による心的外傷から認知の歪みや精神的未成熟を来していることが犯罪の原因に強く影響しているとき、規範的責任評価は軽減されるべきである。法は人に不可能を強いることはないのである。

処遇決定は、被告人の反省、更生意欲、再犯のおそれなど人格特性と環境にかかわる問題などが判断要素とされ、刑の執行猶予や執行猶予期間中の保護観察などに関する個別的判断（処遇の個別化）として示されるのが、その典型である。実刑の場合においても、具体的な刑期を定めるうえでこれらの判断要素が考慮されるべきである。

犯罪行為の規範的責任評価（行為責任）が、被告人に対して言い渡すべき刑の幅を定め、処遇決定においてその幅のなかで個別的に妥当な刑期と、刑の執行猶予を許すべきかどうかなどを定める。

多くの犯罪では、被告人の人格特性の問題や精神病理的な問題が原因ないし要因となっていることは、すでに精神医学、犯罪心理学、犯罪社会学、刑事政策学などの専門的知見によって明らかにされていることである。そのような犯罪行為の意味やメカニズムを適切に理解しなければ、科学的で合理的な根拠に基づく公平、公正な量刑判断を行うこともできない。

このように犯罪行為に対する科学的、合理的な理解に基づき、適切、公平な責任評価と処遇決定を行う量刑判断は、単に犯罪の結果のみを重視し、悪質な犯罪者と決めつけて非難し、処罰するという前近代的な非合理的、情緒的な対応とは異なる。すなわち、憲法および刑事訴訟法1条の理念のもとでの刑事裁判における量刑判断は、被告人を人として認め、一個の人格として尊重し、その生育史、境遇や生活状況の実態のなかでの被告人を理解することを通じて、犯罪の意味や原因を解明し、理解したうえで、適切、公平な責任評価と被告人の抱える問題の解決と更生につながる処遇決定を行うことを意味するのである。それは、犯罪の再生

産という不幸な連鎖を絶ち、真の問題解決を図ろうとする刑事司法の基本的な機能、使命のひとつと言えるであろう。そのような量刑判断が適切に行われてこそ、刑事裁判も、温かい人間的な血の通ったものになり、刑事訴訟法1条の「公共の福祉の維持」、「個人の基本的人権の保障」、「事案の真相を解明すること」との理念に適ったものになり得るのである。

2)　戦前、大審院長を務めた名判事として名高い三宅正太郎著の「裁判の書」のなかに「見識」という一文がある[*7]。

　その要旨は次のとおりである。

　「私の解するところでは、裁判官は、まず事件を心の世界で組み立てるべきで、すなわち、事件に出てくるあらゆる人間のからみあい作用しあうところに事件を感じるべきである。外界の行為や事実はその外皮として、あるいはその着衣として見ていいのである。

　私は、事件を心の問題としてみようとする見地から、被告人を訊問するに当たっては、まず、被告人の出生から初め、その家庭の成り立ちとその雰囲気と、そして、その中における被告人の地位をたしかめ、進んで被告人の生い立ちをたどって漸次その生涯を追い、かくして犯罪の時期に及ぶのが正しいと思っている。人が犯罪を犯すのも、その原因は犯すときにあるのではなく、遠くその過去に因縁するものであり、さらにその生まれる以前に遡り得るものである。従って、犯罪以前の被告人を究めずして犯罪時における被告人を知ることができないし、これによって被告人をしてその罪業のよってくるところを反省させることができるのである。被告人の幼時の純真な時代のことを訊くだけでも、驚くべき効果をあげることがある。

　くりかえしていうことだが、裁判はその人をよくするためのものである。その人をよくするためにするあらゆる努力は、法の目的に一致する。こう考えるとき、この分野において、裁判官が、自己の見識を働かせて

＊7　三宅正太郎・裁判の書（慧文社昭和18年初版・復刻・新訂版33〜35頁）。

創意的に工夫を凝らす余地の多分に有することを認めざるを得ない。」

3) ここに三宅正太郎判事が説いている見識こそは、現代の刑事裁判にも通じる正しく先見の明というべきものであり、裁判を担う者に求められる「裁判の心」である。三宅正太郎判事が鋭く指摘されているとおり、刑事裁判の審理において、被告人の生育史を辿ることによって、被告人自身がその犯罪行為のよってくるところ、自分が抱えている問題に気づき、罪に向きあい反省を深め、真の償いへの責任を自覚し、適切に更生への支援を受け入れることができ、意欲をもって償いと自立更生への努力をするようになることができるのである。

人間関係諸科学が発展した現代においては、被告人に対する理解と犯罪行為の理解に基づく適正な量刑のために、アメリカでは判決前調査制度が行われており、わが国の刑事裁判においては、未だ少数ではあるが情状鑑定が活用されている。[*8]

かつて最高裁刑事局も「刑事裁判において、刑の量定に科学性を付与して被告人に対し適切な処遇方法を決定するについて、被告人の素質、経歴、家庭その他の環境、犯行前後の心理状態等を総合的に把握する必要がある。このためには、判決前調査制度の早急な法制化が望まれるのでありますが、現行法のもとでも右の要請を満たそうとする観点から、医学、心理学、社会学その他の専門的知識を有する家庭裁判所調査官その他の者に鑑定を命ずる措置がとられた事例もある」として、地方裁判所に情状鑑定事例報告を要請する通達を出した(昭和35年7月12日刑二第104号地裁所長宛刑事局長通達)。

情状鑑定は、犯罪という形で現れた人間の行動の動機、原因、背景などを精神医学、心理学などの科学専門的知見を活用して解明し、刑事裁

[*8] 高岡健・精神鑑定とは何か(明石書店2010年)117頁。
　　拙稿・情状鑑定論——裁判官の立場から(上野正吉ほか編著・刑事鑑定の理論と実務1977年)305頁。

判の手続において、その行為者の行動に関する理解を助ける情報を提供する鑑定である。非行臨床心理学の専門の立場から犯罪心理鑑定として行われる場合もある。

　それは、量刑判断において犯罪行為に対する適切な責任評価と、とりわけ被告人の抱えている問題の解決と更生につながる処遇決定を行うための量刑資料とされるのである。

　たとえば、犯罪の動機が不可解なものである場合、情状鑑定によって発達障害であることと、その障害の特性、行動パターンなどが明らかにされることによって、被告人が決して冷酷非情なモンスターではなく、その犯罪行為も人間の行為として理解され、適切な処遇を考慮した量刑判断がなされることが可能になる。

　情状鑑定や判決前調査制度を活用した科学的合理的な量刑判断は、無知、無理解に基づく偏見と、情緒的な処罰感情に支配されただけの、何らの問題解決にもつながらない誤った刑事裁判に陥ることを防ぐことができるのである。そのことは、犯罪被害者を含め、市民の刑事司法に対する信頼を高めることにもなるであろう。

4)　ましてや、少年事件の場合は、逆送により刑事裁判の段階に至っても、少年法50条により科学的調査（9条）の結果を活用することが要請されることは（刑訴規則227条）前述したとおりである。

　ところが結果の重大な少年事件が裁判員裁判で扱われるようになると、少年とその非行の理解のために重要な証拠資料とされるべき家庭裁判所の社会記録が、裁判員には読解が困難である、公開法廷での審理になじまないというような理由で、取り調べられないか、ごく一部だけを証拠化して取り調べる扱いが行われるようになった。そこで弁護人側は社会記録に代えて情状鑑定を請求し、採用される例も出てきている。

　しかしながら、他方で、実際の刑事判決の量刑は、直接犯罪行為の悪質さ、結果の重大さなど責任評価にかかわる「犯情」と被告人の年齢、

生育史などの「一般情状」とに区分して並列的に順に考慮するだけで、結局、結果の重大さを重視した、いわば情緒的な量刑に流れる傾向があり、情状鑑定も被告人を理解し、犯罪行為の原因や意味を理解したうえで処遇を考察するということには必ずしも反映されないという問題が生じている。たとえば、2011年に発生した18歳少年を含む5人による集団傷害致死事件（当時42歳の被害者女性のアパートの部屋に少年を含む5〜6人が雑居する状態で生活するうちに被害者への暴力がくり返されるようになった事件）で逆送、起訴された少年の裁判では、情状鑑定が採用されたが、名古屋地裁2011年2月25日判決は、少年が幼少期から実父、養父、実母から虐待を受けたことについては、単に「不遇な成育環境にあった点は同情に値する」とし、「本件はそのような成育歴とは無関係な被害者に向けられた犯罪であることを考えると、これを被告人に有利な事情として大きく考慮することはできない」と判断するにとどまり、犯行の場となった部屋で生活する被害者や共犯者らとの人間関係の問題、暴力がエスカレートしていく心理的な力動関係、幼い頃からの虐待による心的外傷が与えた影響など、少年の非行の原因やそこでの行動の意味をどのように理解するのかということにはまったく言及しないまま、単に結果の重大さと行為の態様の悪質さを量刑の要素とした。刑罰か保護処分かの判断においては、「成育歴、養育環境を背景とする深刻かつ複雑な問題に対処するには」少年院で教育的な働きかけをするのが「有効であり、被告人の改善更生に資することは疑いない」としながら、「結果の重大性や犯行態様の悪質性、被告人の果たした役割等に照らせば、少年についての凶悪性、悪質性を大きく減じて保護処分を許容し得るような特段の事情は認められない」と判断した。[*9]

＊9　山田麻紗子・「集団傷害致死事件」犯罪心理鑑定事例の検討と考察（日本福祉大学子ども発達学論集第4号2012年）85頁以下。
　　この事例についての共犯者に対する犯罪心理鑑定が報告されている。当該少年の刑は懲役5年以上8年以下の不定期となった。

このように保護処分による更生の可能性があることが認められるのにもかかわらず、保護処分を選択するのに、それを「許容し得るような特段の事情」を要するという同判決の見解には法的な根拠はないというべきであろう。

4 ● むすび

　私が控訴審でかかわった大高緑地アベック殺人事件（1988年に名古屋市内の公園で、少年ら6人が若い男女を襲い殺害した事件）では、名古屋高裁は平成8年12月16日犯行当時19歳の少年に対する一審の死刑判決を破棄し無期懲役を言い渡した。控訴審に提出した犯罪心理鑑定書と少年の矯正可能性に関する情状鑑定書によって、少年たちのグループが互いに意思疎通を適切にできず、相手の気持ちを読み取ることができないままに行動がエスカレートしていく経過やその心理的背景が克明に明らかにされた結果、事件自体の事実認定と少年らの言動の意味の理解が大きく変わったため、共犯の一部が無罪とされ、「根深い犯罪性が認められる」とした一審判決の杜撰な認定も否定されたのである。
　死刑制度それ自体が大きな問題であるが、その前に、少年非行を子どもの育ちにかかわる問題として捉え、子ども（少年）の視点に立った、科学的合理的な根拠のある非行理解と処遇を考察することを少年司法に再生させていく努力がいま大人たちに求められている。
　大高緑地アベック殺人事件の控訴趣意書に故森田宗一元判事の意見書を添付させていただいたが、その意見書のなかで、森田宗一元判事は、刑事政策学の権威正木亮博士の「少年に死刑を科すことは現代の恥辱であり、文明と司法の恥辱である」との言葉を引用したうえ、「司法と少年法にとって恥辱である」と付け加えられた。

死刑および死刑囚についての覚書

芹沢俊介　Serizawa Shunsuke

　これまで死刑および死刑囚について、正面に据えて考えるということをしないできた。

　なぜだろうという自問に対しては、こういう制度があるということに対しての私個人の嫌悪感、吐き気のようなものであり、さらには自分が住む社会、国家がこうした制度を有していて、それをいつまでも手放さないことに対するある種のうしろめたさだと自答してきた。むろん、犯罪をテーマに批評を書いてきた者として、請われてやむをえずいくつかの短い発言をしてきたが、近年、こうした後ろ向きの姿勢では、どうもすまないような気がしてきたのである。

　理由の一つは、80％以上の日本人が、死刑制度があることにいささかも否定的でないという現状である。単純に言えば、死刑廃止論者としての私は少数者であるということ。加えて死刑制度存置国が世界で減りつつあるのだが、それら存置国が日本を含めほぼすべてアジア、中東に位置しており、欧米型の先進国ではないという現実である。[*1]

[*1] アムネスティ・インターナショナルによると、2010年に執行のあった国は北朝鮮、マレーシア、シンガポール、バングラデシュ、イラン、イラク、シリア、エジプト、ボツアナ、スーダン、中国、台湾、ベトナム、ベラルーシ、イエメン、バーレーン、パレスチナ自治政府、ソマリア、赤道ギニア、サウジアラビア、米国の一部州。これらの諸国家は、後に触れるM・フーコーのいう「死−権力」から「生−権力」への権力形態の転換ないし移行がいまだ行えていないか、不十分にしかなされていない状態にあるという理解が可能ではないだろうか。戦争と死刑、すなわち剣による統治。もう一つの視点は、一部を除いたこれら諸国がアジア的段階にある国家であるということに気づく。アジア的国家と死刑制度存置との関係を知りたいと思う。

以下の覚書は、そのような理由ではじめて正面から死刑および死刑囚に向き合おうとした私にとって最初の試みである。

1 ●

　まず死刑囚とは誰かという問いから入ることにする。

　裁判において死刑が宣せられ、判決が決定されたときをもってはじめて死刑囚が出現する。では、死刑囚であれば誰でも刑を執行されるのかというと、そうではなく、執行には条件があるのである。死刑囚であってかつ死刑適応能力を持つ者という条件だ。

　この点に関しては、アメリカの文献調査をおこなった中島直の論文「死刑執行への精神科医の関与についての文献的調査」が要点を教えてくれている（『犯罪と司法精神医学』批評社、2008年）。

　アメリカでの議論は、死刑囚が以下の三つの要件を充たしていることを指して、死刑適応能力があるとされる、そう教えている。

- 理解面の規準──死刑の意味を理解していること
- 援助面の規準──執行の最後まで弁護士の助けを得て（中島の他の論には「弁護士を助けて」ともある（「死刑執行への精神科医の関与についての文献的調査」））、上訴などの法的手続きをおこなう能力があること。異議申し立て能力があること
- 準備規準　───精神的、心理学的に死への準備ができるかどうかということ

　要するに、死刑囚が近代国家における法的人間である条件を完備しているということ、そのように読める。すぐにこれら三点の能力を備えている死刑囚などどのくらいいるのだろうかという疑問がわいてくるのを抑えることはできない。

さて、当然ながら精神科医である中島の論考の焦点は、死刑囚にこうした能力がそなわっているということを、誰が判定・判断するのか、というところに向けられている。そこに精神医学の関与可能領域があるのであり、精神科医はそうした領域に関与することの意味を問題にしているのだ。精神科医が関与しなければ、これらの能力の判定がおざなりになるだろう、それはかえって執行を容易にすることになろうという意見を中島は紹介している。
　死刑適応能力という概念は、死刑囚がただちに死刑を執行されるのではないことを伝えていて、興味深いものがある。ただし私の関心は、こうした論議とはまったく別のところに置かれている。私が目を向けてみたいのは、このような死刑適応能力という概念の登場する背景に感受できる人びとの執行への無意識の抵抗、強いためらいのようなものに対して、である。それはどこからきて、何をものがたっているのだろうか。
　この問題に触れるまえに、死刑囚および死刑についての認識をもう少し深めておく必要を感じる。

　死刑囚とは誰かを知るには、死刑囚と死刑以外の囚人との違いを明らかにする必要がある。両者の差異はどこに求めることができるのだろうか。
　たとえば有期刑、無期刑の囚人が刑務所内で死亡した場合、その死は予測された確実な死ではなく、偶然の死である。偶然ということは、社会からの一定期間の排除がそのまま社会への復帰のプロセスであるという刑のあり方に関連していよう。刑において復帰が第一義的に約束されており、その点で生こそが基底であるからである。したがって復帰の現実化の途上で起きた囚人の死は、当然アクシデントとみなされよう。
　死刑囚は逆だ。刑が死であるゆえに、基底は死であって、刑による死以外は法と国家、すなわち権力にとってアクシデントである。アクシデントとは、この場合、偶然に生じた生の終わりを意味しよう。
　そこで次のような問いが生まれる。そのように法と国家に与えられる確

実な死を死んでゆく死刑囚とは誰かということ。こう言い換えることもできる。死刑囚は、死刑という刑罰に処せられたことによって、どのような存在として死んでゆくのだろう、というふうに。

　日本国籍をもった日本人に限定して考えてみたい。死刑囚は日本の法を犯したゆえに、日本の法によって裁かれたという意味では、日本国籍を有する日本人として死んでゆく、このことは疑い得ない。だが、ここはもう一歩踏み込んでみることが必要であり、踏み込むことができるところだ。

　死刑囚は、日本国民としてのあらゆる権利を絶対的、永久的に剥奪された者として死んでゆくという意味では、死刑囚は刑死する以前に日本人という共同性すなわち「みんな」の外へと追放されている。死刑囚としての誰かはすでに、秩序を構成する私たち「みんな」の中にはいないのである。法的に述べれば、死刑囚は死刑が確定した時点から、死刑適応能力を問われる以外、すべての公民権を剥奪されるのである。民主主義の政治過程、社会過程から絶対的に排除されるのだ。それは「市民の死」を意味する。死刑囚は「その執行よりも早く『市民の死 civil death』を迎えて、市民の権利や市民の自由を享受することなく拘置されている」のである（倉田玲「禁固以上の刑に処せられた者の選挙権」「立命館法学、2005年2・3号」）。

2 ●

　このような排除がもたらす「市民の死」の原型を求めて、少し時代をさかのぼると興味深い概念に出会うことになる。平和なき者、平和喪失者という概念だ。

　G・アガンベンは、次のような観点を紹介している。

　「古代ゲルマン法を基礎づけていたのは、平和という概念とこれに対応する、共同体からの悪人の排除であり、そのように排除された悪人は平和なき者となり、そうなると誰もが殺人罪を犯さずに彼を殺害できた」。（『ホ

モ・サケル』(高桑和巳＋上村忠男訳、以文社2003年)

　ホモ・サケルとは、剥き出しの生という意味である。法の保護、仕事、共同体内の権利、「みんな」との友好、助け合い、その他、これまで自己を守ってくれていたすべてを剥奪されたものというふうに理解していいだろう。「平和喪失者」は、そのような「ホモ・サケル」として追放されるのだというのである。

　「平和喪失者」の概念は阿部謹也の中世研究にも登場する。上の記述を阿部の『刑吏の社会史』(中公新書、1977年)、『中世賤民の宇宙』(筑摩書房、1987年)によって、アガンベンの引用文を補足してみよう。

　阿部のこれらの著作を読むと、「平和」が状態を表す概念だけではなく、領域を表す概念でもあったことがわかる。つまり「平和喪失者」は、自らのなした「平和状態」に対する重大な侵害の結果として「平和領域」を追放されたものという意味がみえてくる。「平和喪失者」であることを宣言され、平和喪失状態となった者は、死刑を判決されたのと同じであり、実際執行方法も決定されたのだというのである。

　ここまで補足しておいてアガンベンに戻ると、いまでは排除・追放の文字は薄らいだり消えてしまい、見えにくくなっているけれど、かつて死刑は排除・追放を意味したことが見えてくる。これが基底であるということ。そして、「そのように排除された悪人は平和なき者となり、そうなると誰もが殺人罪を犯さずに彼を殺害できた」という記述は、ある決定的に重要なことを伝えようとしているように思えてくる。それは平和の側にいる「みんな」のなかから「平和喪失者」の殺害に罪の意識が生まれたとき、死刑は、共同体の「みんな」以外の者の手にゆだねられたということだ。

　以上のことを私なりの言葉で再度言い換えてみると、こうなる。死刑囚は「平和喪失者」であるゆえに、もはや現実の平和の場に位置を要求することができる具体的な誰かではなく、そうした平和領域にある人間の具体性から絶対的に疎外され、排除されている、共同体の除去の対象である。

だとすれば抽象的な誰か、ということになる。死刑囚とは存在論的に抽象的であるがゆえに記号であり、その記号の作る像でしかないことになる。

　むろん、身体をもって「いま・そこに・いる」。それは確かだ。けれど、その身体はほんらいの働きを奪われ、ひたすら除去されるべき身体、死すべき身体としてのみ閉じ込められて、そこにあるだけだ。そのように生命機能をぎりぎりにまで切り詰められ、たんなる「息する身体」として記号的、像的にのみ存在している、それが死刑囚である。

　まず死刑囚は、排除の死を経験するのである。これに続く死刑による死は、非公民として、非国民として、非市民として、そうした排除の死を、「息する身体」の死として完結するのである。

　日本における死刑は、文字通り、そうした抽象化し、たんなる「息する身体」と化した人間の息の根を止める絞首として行使されるのである。これが、殺害行為であることに目をつぶることはできない。死刑は「息する身体」に、死に至るまで加えられる身体刑であるということ、このことを確認しておこう。

　「刑事収容施設及び被収容者等の処遇に関する法律」にこうある（平成17年5月25日公布、平成18年5月24日施行）。「（解縄）第百七十九条　死刑を執行するときは、絞首された者の死亡を確認してから五分を経過した後に絞縄を解くものとする」。

　いまはなくなった「監獄法」にはこう書かれていた。

　「死刑ヲ執行スルトキハ絞首ノ後死相ヲ検シ仍ホ五分時ヲ経ルニ非サレハ絞縄ヲ解クコトヲ得ス」（第十三条）。

　はっきり「絶息した」と確かめた後もさらに五分、首縄を外すことはできない、と述べられているのである。この条文から感受される徹底した冷徹さ、冷酷さは、どこからくるのだろうかということは当然ながら今後、探究の対象とならなければなるまい。

3 ●

　以下は、死刑という身体刑に関して付加的に記したものである。大阪パチンコ店放火殺人事件（2009年7月5日）をめぐる大阪地裁の公判において、弁護側によって絞首刑は残虐刑であり、憲法第三六条の「公務員による拷問及び残虐な刑罰は、絶対にこれを禁止する」という規定に反するという違憲論議が提起された（2011年9月6日初公判）。

　同年10月12日、この論議をより深く突き詰めるために、弁護側証人として出廷した一人が元最高検検事であった刑法学者土本武司であった。土本は死刑廃止論者ではない。死刑制度そのものは違憲ではないという立場にたっている。けれど、検察官時代に死刑に立ち会った経験からして、絞首刑は、その残虐さにおいて憲法に違反しているというのである。残虐であるかないかの基準を土本は、遺体に不必要な損傷を与えるか否かに置いている。この基準に照らして、絞首による死刑は、拷問と並んで身体に科する残虐な刑罰であるから、他の手段によるべきだと述べたのである。

　「床から三十センチ付近につり下げられ、首にロープが食い込んでいた」「少し前まで呼吸し、体温があった人間が、手足を縛られ抵抗できない状態で揺れているのを見て、むごいと思った」。

　土本は、死刑制度の「健全な運営のため、学者として証言する」というふうに出廷理由を述べたという。死刑制度があること自体が残虐ではないのか、という問いは土本にはない。あくまで死刑の手段のみを問題にしているのだ。土本の証言の趣旨は、死刑囚の身体に加えられる損傷が「必要な程度」であれば残虐ではなく、したがってそのような手段に変更すべきである、そうすることが死刑制度の「健全な運営」の要件にかなうのだ、というふうに了解できよう。たとえば、アメリカの死刑存置州でおこなわれているように薬物を致死量注射する、これならば身体刑として残虐性が薄いというニュアンスとして受け取って大過あるまい。だが、こういう議

芹沢俊介

論にはあまり関心をそそられない。
　ただし死刑制度の「健全な運営」というときの「健全」の心性の中味は、平和喪失者が二度と平和領域に帰還してはならないという心性に自ら正当性を与えようとしたものではないだろうか、という推測は可能である。土本証言の功績は、死刑がまぎれもなく身体刑であるということ、残虐という形容はその身体刑のありかた、死刑囚の殺され方に向けられたものであり、それを私たちに思い起こさせたことに尽きるように思える（2011年10月13日、毎日新聞、産経新聞他）。

　江戸から明治初期にいたるまで、死刑は今とは比較にならないくらい露骨に身体刑であった。
　私が読んだなかでという断り書きをした上で述べれば、我が国におけるもっとも古い死刑反対の論議は、『明六雑誌』に発表された津田真道の「死刑論」である（『明六雑誌』第41号、明治8年8月）。

　津田は、そのなかでこう書いている。明治三年の太政官布告第九四四号の「新律綱領」人命律では「凡人ヲ謀殺スルニ、造意者ハ斬」とある。この法にもとづいて、「わが邦人口三千余万、年々死刑に処せらるる者、概するに千人、少しとせず。けだし数百千年これを懲らして、いまだかつて懲りざるか」と。
　斬首刑に処せられる者、毎年千人余、人口比でみると毎年3万余人に一人が斬首という方法で刑死している勘定になる、少ないということはできない。これほど多くの刑死者を年々出しておきながら数百千年、いっこうに罪人は減らないというのは、どうしたことか。死刑があるということは、犯罪の抑止力となるはずではなかったのか。実体は、抑止効果をもたない。抑止力にならないとすれば、死刑は刑ではないということを物語っている、これが津田の死刑反対論を唱える根拠の一つである。
　だが津田の死刑反対の根拠はそれだけではなかった。もう一つ、文明論

的な視点があったのだ。そしてここに津田の真骨頂が現れているとみていい。それは、文明における欧米（ヨーロッパのこと＝注）との比較である。比較文明による死刑反対論である。

　次のように津田は書いている。欧米各国を併せた人口は日本の数倍となる。ところが欧米全体で刑死者は、一年にわずか数人に過ぎない。欧米に凶悪な人間が少なくて、我が国に多いからだろうか。そうではあるまい。欧米では死刑がすくなく、かつ死刑を廃止する国が出てくるのに対し、我が国では年間千人を超えるほど刑死者が多いのは、文明化の度合が違うためである。

　津田は、このような比較文明論的な視点を「死刑論」より一年早く発表した「拷問論の一」「拷問論の二」で、すでに呈示している（『明六雑誌』第7号、第10号、共に明治7年）。

　「天下の悪、拷問より惨なるはなし。拷問より毒なるはない。拷問の害は数十百千法官の悪事にして、その害、数十百世の及ぶ」。「無実の罪に陥れること、掌をひるがえすよりも容易い」。拷問が冤罪を生み、冤罪によって死刑に処せられた人が少なくないことがここに示唆されている。

　そして次のように述べるのだ。今日のゲルマンの国には拷問による尋問はなくなっている、日本には拷問がいまだ罷り通っている。この彼我の差は、「あにこれ人種の然らしむるところか。曰く、否。智識開明の致すところなり」と。「智識開明」すなわち文明化度の差だと述べているのである。

　「死刑論」のなかで、津田が「刑の死刑あるはなお罪犯審問の法に拷問あるがごときか」というように、拷問と死刑を一体のものとしてともに批判・否定したのも、文明化を尺度にしてであった。「拷問論」において津田は、続ける。拷問を認めているかぎり、欧米と対等になれない。欧米は我が国と同権の条約を結ばないだろうし、日本国内にいる各国の人たちも、我が国の法律に従おうとしないだろう、と。

　死刑に関していえば、このような比較文明論的批判がおそらく、明治国家が死刑の手段を変えることになったのではないか。斬首という文明度の

低い、それゆえ文明的視点からは野蛮な手段を廃し、より文明的な、つまり欧米で採用されている手段、絞首刑に変更したのではないか。明治15年（1882年）施行の旧刑法において、死刑の手段はそれまでの絞首刑と斬首刑から絞首刑に一本化されたのである。

　斬首刑から絞首刑への移行は、重大な変化を告げていた。それは斬首刑が専門の技術者である刑吏＝処刑人を不可欠としていたのであり、それは主に武士ないし旧武士が担っていたのだが、絞首刑はそのような専門家を必要としなくなったことである。同じ身体刑でありながら、殺人に修練の必要がなくなり、直接手をくださなくても、囚人を殺害できるようになったこと、この手段の間接化は装置化であって、この装置化によって官吏であれば誰にでも処刑可能になったのである。
　こうして国家は──権力は──装置として死刑を手に入れることによって、人々から死刑が残虐な殺人であるという意識を遠ざけることに成功した。この死刑手段の装置化および非専門化は、明らかに日本の近代化の産物であり、文明化の取り入れであったと思われる。
　斬首刑という身体刑は高度な文明化という尺度からは、明らかに残虐と言えた[*2]。それゆえ欧米で採用されていた絞首刑に変えたのである。それから130年が経った今日、土本武司が絞首刑を残虐であるから、他の手段に変えよという意見を述べている。
　他方、死刑廃止を唱えたものの、当時欧米における廃止国はなく、だとすれば文明レベルからして日本における死刑廃止の実現はずっと先のこと

＊2　斬首という死刑手段を、過去の日本人ははたして残虐と感じていただろうか。たとえば、武士にとって切腹と介錯は一対のセットになった自死の手段である。切腹は死の手段としては不完全であり、介助が必要である。武士は誰もが自死の介助としての介錯術を身につけなければならない時代があった。ときに自死者は介錯人を指名したのである。斬首の技術である介錯の技術をどこでどう磨いていたのかはわからないが、死罪が多かったことからして、囚人の死体を修練の対象としていたのではないだろうか。たとえば矢田挿雲『江戸から東京へ』（中央公論社）。

にならざるを得ないと述べた明治の津田真道は、ヨーロッパ諸国が死刑廃止を現実のものとしたいま、依然として死刑制度を維持しようとする日本との違いに、何を感じているであろうか。欧米との文明化の度合い差は明治以来、詰められないまま残っていると思ったのではないだろうか。

4 ●

　冒頭で、死刑適応能力という概念が登場する背景に、執行への無意識の抵抗、強いためらいのようなものを感受できる、それはどこからきて、何をものがたっているのだろうかという問いを立てておいた。
　こうした問いは、以下のような事実とも対応している。
　かつて、死刑判決から執行までの時間はきわめて短かった。執行する権力の側の都合によって多少の伸び縮みはあったとしても、その猶予の時間は有意味的ではなかった。だが、現在、判決確定から執行までの期間は、法による規定（刑事訴訟法四七五条）の六カ月をはるかに超えて延びており、その延長された期間は有意味性を帯びてきていると思わざるを得ない。執行への無意識の抵抗、強いためらいのようなものを感受できる、と記したのは、この有意味性と関連している。
　こうした有意味性に関連して、二つ、三つ記しておきたいことがある。
　その第一は、おおまかにいって敗戦前と敗戦後とでは、死刑判決および執行される回数が激減していることである。1945年以降現在までの死刑執行は668人（法務省2011年11月現在）。年平均にすると、10件余ということになる。これと先に津田真道が記した明治初期の斬首された者、年間1000人余という数字とを比較してみる。この時期の一年間の死刑による死者は1000人としても、戦後の年平均数のざっと、100倍である。また、戦後の67年間の全部よりも、明治初期の一年間の死刑者数の方が332人も多いのである。ちなみに現在の執行されていない死刑囚136人を加えても、

まだ明治初期のそれにおよばない。こうした単純な比較だけからも明瞭な死刑判決および執行回数の激減はなにを伝えているのだろうか。

　このような問いに広い視野から本格的に答えていると思えるのが、ミッシェル・フーコーの『知への意志──性の歴史Ⅰ』(1976年、渡辺守章訳、新潮社、1986年)である。

　フーコーは、西欧においては17世紀古典主義時代に入るまでと古典主義時代以降とでは、権力の形態がほぼ180度といっていいほど転換したのであり、死刑判決および執行回数の激減はこの転換と密接にむすびついていると述べている。古い権力形態から新しい権力形態へのこの転換ないし移行は、「死－権力」から「生－権力」へとして把握できるというのがフーコーの主張である。

　「死－権力」の時代とは、象徴的に言えば、封建国家の君主が剣によって権力を掌握していた時代であり、そのような君主の至上権を特徴づける特権の一つは、生殺与奪の権であった。そして、戦争と並んで死刑は、剣の権利のもう一つの形態であった、とフーコーは述べる。かくて、以下のような理解に導かれることになる。生殺与奪の権としての死刑は、君主にとっておのれの生存を危うくする者たちに対して行使された。それは、おのれの生存を危うくする者の除去であった。「刑罰としての死」の存在は、君主の生存する条件そのものであったのだ。それゆえ古典主義時代以前において、死刑が多くなるのは不可避であったのである。

　古典主義の時代以降、すなわち国民国家の誕生以降といっていいのだろうけれど、権力の関心は、君主(や封建国家)の生存ではなく、国民の生存へと重心を移行する。「生－権力」の登場である。「生－権力」は、国民の生命に対し積極的に働きかける権力である。「死なせるか生きるままにしておくという古い権力に代わって、生きさせるか死の中へ廃棄するという権力が現れた」のである、とフーコーは書いている。

　だからといって「死－権力」は消滅したのではない。死に対する権利は、生命を経営・管理する権力の要請に従属するのである。「死－権力」は「生

－権力」の補完物に後退したのだ。したがって、その働きは大きく限定されざるを得ない。たとえば、「死－権力」がどの程度残存しているかを調べるもっとも簡単な方法は、二つある。一つは、その国が軍隊をもっているか、その軍事力はどの程度のものかという点のチェックである。もう一つは、死刑制度である。「死－権力」の強度は、死刑判決と執行数によって測ることができる。

　それでも「生－権力」は、資本主義の要請とむすびついているという点で世界的潮流となっている。フーコーは書いている。

　現在、死刑制度はなくなったり、なくならないまでも、死刑適用をますます困難にしている事実がある。「生－権力」の時代ゆえである。権力の主目的が生命を保証し、支え、補強し、増殖させ、またそれを秩序立てることにあるのだから。かくして、次のように言える。「死刑の適用をますます困難にしているものは、人道主義的感情などではなく、権力の存在理由と権力の存在の論理とである」と。

　「このような権力にとって死刑の執行は、同時に限界でありスキャンダルであり矛盾である。そこから死刑を維持するためには、犯罪そのものの大きさではなく、犯人の異常さ、その矯正不可能であること、社会の安寧といったもののほうを強調しなければならなくなるのだ。他者にとって一種の生物学的危険であるような人間だからこそ、合法的に殺し得るのである。」

　「正常化を旨とする社会は、生を中心に置いた権力テクノロジーの生み出す歴史的な作用＝結果なのである[*3]」。

[*3]　古典主義時代に入って「生－権力」の登場とともに、生命＝個人という概念が登場してくる。それにともない、犯罪もその責任を個人に帰そうとする傾向を強めていく。個人の内面の探索をテーマとする精神医学が誕生し、裁判への精神医学の関与の領域が広がって行った。精神鑑定はフーコーのいう「正常化を旨とする社会」のために、補正不能な異常者のあぶりだしにどんな貢献をしてきたのか、冒頭の死刑適用能力という概念などと一緒に考察の対象とすべきであると思う。

明治以降の天皇制国家は、戦争と死刑が象徴する、剣の支配する「死－権力」を行使したのであった。*4「死－権力」が、「生－権力」に席を譲り、「生－権力」の補完物の位置に後退するのは、敗戦後の1945年以降であった。
　日本は敗戦によって、戦争を放棄したという点で「死－権力」を大きく遠ざけたといえる。その一方、自衛という名目のもとに巨大な軍事力をたくわえ、死刑制度を温存しているという点で、「死－権力」を完全にしりぞけることができないでいる、その現実が見えてくるだろう。ここから私（たち）にとっての課題もまた明らかになる。死について公の関与を退けること、「死は権力の限界であり、権力の手には捉えられぬ時点である。死は人間存在の最も秘密な点『私的な点』である」というところまでいたること。すなわち「死－権力」の社会からの追放である。
　以上の記述によって、戦後に死刑が激減した本質的な理由の一つを理解できるように思われる。

5 ●

　最後に、日本では死刑制度は維持されているだけでなく、大多数の日本人がそれを不可欠というように感受していることに関して、一言、コメントを付して、この覚書を閉じることにしたい。
　スコット・トゥロー『極刑――死刑をめぐる一法律家の思索』（指宿信＋岩川直子訳、岩波書店、2005年）の中で、死刑制度は、きわめて安定した秩序に依存するという記述に出会った。ところが死刑制度存置派の人たちは、死刑があるから秩序が落ち着いているのだというふうに逆に考えてい

---

*4　明治43年5月25日、大逆事件による社会主義運動の弾圧が始まる。明治44年1月18日、逮捕者24名全員に死刑判決。12名がただちに特赦されたが、残り幸徳秋水(39)以下12名は判決後一週間の24日および25日に絞首刑により執行された。フーコーのいう典型的な「死－権力」の時代を表す出来事であった。

る。これは、事実と異なる、とトゥローは述べる。

　トゥローによれば、これまで死刑の抑止効果を学問的に支持してきたのは、社会的選択は、報償物に応じて合理的に意思決定をする人々による行為である、と信じる自由主義市場経済学者らが中心であった。すなわち彼らの考え方によれば、合理的な意思決定ができるのなら、人々は自分を死に至らしめるかもしれない危機に追い込むような選択はしないであろう。人を殺せば、死刑になるということがわかっているのだから、合理的な選択は死刑を回避する道を選ぶであろう、だから死刑制度は犯罪の抑止力となるという理屈である。

　死刑制度に犯罪の抑止力があるとすれば、自由主義市場経済学者の論理から推して、死刑になる人は少なくなるはずである。しまいには死刑になる人は皆無くなるに違いない。そうしたら死刑制度の存在そのものが無意味になるということになる。

　だが、人間の行動は自由主義市場経済学者らが考えるほど合理的でも単純でもない。我が津田真道もいうように、「わが邦人口三千余万、年々死刑に処せらるる者、概するに千人、けだし数百千年これを懲らして、いまだかつて懲りざるか」である。

　「死‐権力」の時代を抜け出て、いまや「生‐権力」を根底としていとなまれている国家で、死刑制度があるのは、アメリカの一部の州と日本だけである。どちらも秩序はきわめて安定しているといえる。それなのに死刑制度は維持されている。なぜだろうか。国家が「死‐権力」を手放さない、手放したくないからである。死刑制度があるということは、そこに「死‐権力」があるということである。「死‐権力」が作動するとき、死刑判決がなされ、死刑が執行されるのである。「死‐権力」を作動させる要因はなにか。スコット・トゥローにならって、それをきわめて安定した秩序の内部から生じる強い安全意識であると把握してみたい。

　トゥローは、人びとのあいだに強い安全への志向が出現してきたのは、1980年代後半、レーガン政権が登場し、新自由主義政策を採用して以降の

状況においてであると述べている。新自由主義政策が解放した徹底した自己本位主義的志向の強まりのもとで、人々のあいだから、誰でも被害者になり得るという不安が生まれ、瞬く間に社会の基底感情を形成するに至ったというふうに記している。誰もが加害者になり得るというのではなく、被害者になり得るという不安が強化され、被害者への情緒的加担やそれに呼応するようにして犯罪者への排除の気分が強まっていった。そしてそのなかから「被害者の権利」と呼ばれる運動がはじまり、やがて量刑審査において被害者の訴えが認められるようになっていったと述べている。こうした認識は、我が国の状況とも一致しているのではないか。

　被害者・加害者に関しては、ルソーの社会契約説の影響を受けたイタリアの啓蒙思想家の一人、ベッカリーアが1764年に出した『犯罪と刑罰』（風早八十二・風早二葉訳、岩波文庫）のなかの死刑無用論の記述と、その記述に対するディドロの評注が的を射た論評となっている。
　ベッカリーアの死刑無用論は次のようなものである。
　法律とは各個人の自由の割前——各人がゆずることのできる最小の割前の総体以外の何物でもない。それは個々人の意思の総体である総意を表示する。さてしかし、誰が彼の生命をうばう「権利」を他の人々に与えたいなどと思っただろうか？　どうして各人のさし出した最小の自由の割前の中に、生命の自由——あらゆる財産の中でもっとも大きな財産である生命の自由もふくまれるという解釈ができるのだろうか？　各人のさし出した最小の自由の割前の中に、生命の自由は含まれていないと解釈できるとすれば、死刑とは「一人の国民に対して国家が、彼を亡ぼすことを必要あるいは有用と判断したときに布告する宣戦である」ということになる。つまり、死刑は国家が個人と敵対すること、それは同時に法と敵対することになるというのだ。このようにベッカリーアの死刑は法自体に矛盾すると立論する。
　こうした考え方にディドロが評注をつけたのである。

「生命があらゆる財産中もっとも大きいものであるからこそ、他人の生命をうばった者の生命をうばう権利を、各人は社会に承認しているのだ。（中略）だが、各人は自分の生命を保存することにだけかかりきっていて、他人の生命を侵すという彼自身その時持ち合わせていない意思について他人を警戒しない。それですべての人は死刑は安全のため、防衛のため、公的な復讐のために利益であるとしか見ないのだ。」
　だが、死刑をみとめるということにはもう一つ、大切なポイントがある。「もし私が他人の生命を侵したときは、私の生命がうばわれることに同意します」という宣言である。
　ベッカリーアの死刑反対論には、この視点がない。つまり、社会契約的視点がないのである。したがって、死刑無用論が有効になるためには、こうした宣告が不可欠である。なぜなら、こう宣言した人はみずからに向かって「私は他人の生命を侵さないだろう。だから法律は私の味方であって敵ではないだろう」と、はじめていうことができるからである。
　また、死刑制度を利益があると考えている人は、自分が被害者になることからの防衛しか念頭にない。自分が人の生命を侵す、加害者になることについては警戒していない。そこで、自己の加害性について「もし私が他人の生命を侵したときは、私の生命がうばわれることに同意します」と宣言することが求められる。それが実行されなくては、社会契約としての死刑制度は成立しないのである。したがって、問題はこの制度をほんとうに必要としているか知ることにあるのである。
　スコット・トゥローは、おそらくこうした社会契約としての死刑制度という観点を念頭に置きつつ、自らの死刑不要論を次のように書いている。
　「今後も常に極刑の必要性をおおいに求めて叫ぶケースが現れることだろう。しかしそれは本当の問題ではないのだ。それに代わる重要な問題とは、無実の者や死刑に値しない者に刑を適用してしまうことなく、非常にまれな死刑にふさわしいケースを適正に取り扱う司法制度を構築することが可能だろうか、ということである」。

光市母子殺害事件の
事実認定と死刑判決

●謝罪追及の激しい声が事実を歪めるとき

浜田寿美男　Hamada Sumio

1●事件発生から「死刑」判決の確定まで

　1999年4月14日、山口県光市のある社宅で、主婦のYさん（23歳）と乳飲み子のAちゃん（11か月）が白昼に殺され、二人の遺体が、帰宅した夫のMさんによって、押し入れのなかから発見された。Yさんは下半身がむき出しで、強姦されたものと思われた。

　「光市母子殺害事件」は、Mさんの見たこの陰惨な光景からはじまる。そして4日後、同じ社宅の別棟に住む少年F（18歳）が警察の調べで犯行を認め、逮捕された。この事件は18歳の少年の陰惨な事件として世間の耳目を集め、そののち複雑な展開を見せて、13年後、2012年2月、2度目の最高裁で加害者のFに「死刑」の判決が下され、これが確定したが、弁護団はいま、「死刑」の不当を訴えて再審請求を準備している。

　この事件の捜査から裁判の終結にいたる13年の経緯は以下の通りである。

　　　1999年4月14日　　事件発生
　　　　　　4月18日　　逮捕
　　　　　　5月 9日　　家裁に送致
　　　　　　6月10日　　検察に逆送
　　　　　　6月11日　　起訴
　　　2000年3月22日　　第一審判決　無期懲役

2002年3月14年　　第二審判決　控訴棄却
　　2006年6月20日　　最高裁判決　破棄差し戻し
　　2008年4月22日　　差戻審判決　死刑
　　2012年2月20日　　第二次最高裁判決　上告棄却　死刑確定

　加害者の元少年Fは、いまはもう31歳になるが、事件当時は18歳1ヵ月、少年法において死刑が可能な18歳を超えたばかりだった。そのこともあって、第一審、第二審で裁判所は無期懲役の判決を下している。しかし、何の罪もない妻と子を殺され、さらには屍姦にまでさらされた陰惨な事実を前に、夫のMさんは、この判決を許せないとしてマスコミを通じて世間に強く訴え、大きな社会的反響を呼び起こすことになった。そうしたなかで検察もまた、極刑以外は考えられないとして上訴し、世間の処罰感情が激しく湧きあがるなかで、最高裁で差し戻され、最後には二度目の最高裁で死刑が確定したのである。

　この事件の「死刑」をめぐっては、大きく二つの問題がある。一つは、最終的に最高裁が認定した通りの犯罪事実があったとして、その事実をもって当時18歳1ヵ月で、それまで犯罪歴のない元少年に死刑判決を宣告するのが妥当かどうかの問題である。少年事件における死刑の可否というときには、一般にこの点に議論が集約されやすいのだが、本件にはもう一つ事実認定の問題がからんでいる。つまり、最終的に最高裁で確定した本件犯罪事実の認定自体がそもそも正しかったのかどうかの問題である。

　私は、これまで刑事裁判で多くの供述鑑定を行ってきた立場から、この死刑判決にいたる元少年Fの供述過程を振り返り、これに詳細な分析を加える機会を得て、その分析結果を鑑定書にまとめた。そのなかで私は、実は人々のあいだに湧き上がった謝罪追及の激しい声が、この事件の事実認定を歪めてしまったのではないかとの結論を避けることができなかった。本稿はその分析結果の一部を紹介するものである。

2 ● 捜査段階から最終法廷にいたるFの供述とその変遷

　事件の出発点から最終の死刑確定まで、Fの供述の変遷とそれに対する裁判所の判断の流れを図にまとめ（図1）、まずは問題の構図を明確にするところからはじめてみることにする。図1に示したように、FはYさんとAちゃんを殺害し、Yさんの死後に姦淫行為を行ったという「犯行行為」そのものは一貫して認めている。問題は、その犯行行為をどのような動機によって、どのような流れでやったのかという「犯行筋書」である。図の①〜⑤の時期に分けて、その変遷を見ておく。

①逮捕直後　Fは逮捕当日4月18日の警察官調書において、YさんとAちゃんの殺害、Yさんへの死後姦淫を認めたが、その犯行の経緯については「Yさん方で、Aちゃんを抱かせてもらったときに、Aちゃんを床に落としたところ、Yさんが、わざと落としたのだろう、警察に通報すると言って、電話の方に行こうとしたので、それを阻止しようと同女を倒して上に乗り……」などと供述して、強姦の意図を否定した。しかし、この供述が嘘であったことはすぐに暴露される。

②その後の取調べ　Fは逮捕2日目には、前日の嘘を認め、被害者を「レイプしようとしたところ、激しく抵抗されたことから、黙らせるために手で首を絞めて殺しました」と供述し、3日目にはYさん宅訪問以前から強姦の意図があって、これによって本件を引き起こすことになったと認めている。その後、強姦の意図に基づいて「計画」を立て、あらかじめ準備していたとの供述も行って、その供述調書が多数録取されている。検察はFのこの供述調書に基づき、起訴状に次のような「公訴事実」を記載した。

　　平成11年4月14日午後2時30分ころ、……Yさんを強姦しようと企

て、居間にいた同女の背後から抱き付き、同女を仰向けに引き倒して馬乗りになるなどの暴行を加えたが、同女が大声を出して激しく抵抗したため、同女を殺害した上で姦淫の目的を遂げようと決意し、仰向けに倒れている同女に馬乗りになった状態でその頸部を両手で強く締め付け、よって、そのころ同所において、同女を窒息させて殺害した上、強いて同女を姦淫し、……長女Ａちゃんが激しく泣き続けたため、これを聞き付けた付近住民が同所に駆け付けるなどして前記犯行が発覚することを恐れるとともに、泣き止まない同児に激昂して、同児の殺害を決意し、同所居間において、同児を床に叩きつけるなどした上、同児の首に所携の紐を巻き、その両端を強く引っ張って締め付け、よって、そのころ同所において、同児を窒息死させて殺害した。

これを図1では「犯行筋書1」としている。このようにＦの供述調書で見

図1

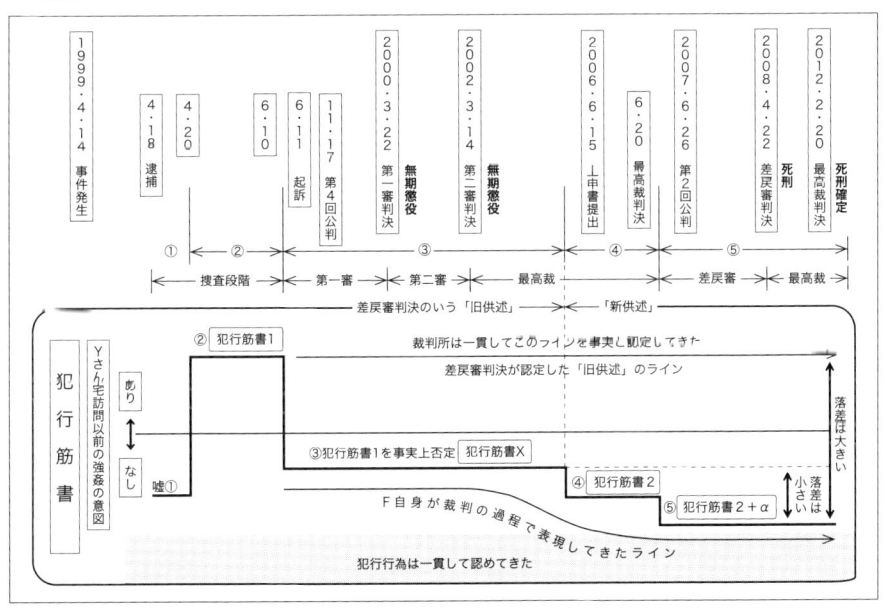

るかぎり、あらかじめ強姦の意図をもって、社宅内の家庭をあちこち訪問して物色し、行きあたったYさん宅に上がり込んで、Yさんを引き倒し殺害して屍姦し、泣き叫ぶAちゃんを殺害したという、およそ許し難い残虐な犯行を自白したことになっている。

③第一審から最高裁終盤まで　第一審公判、第二審公判において、Fは公訴事実そのものを表向き争っていない。実際、第一審第1回公判で罪状の認否を求められたとき、「いずれも間違いありません。ご家族の方と遺族の方に大変申し訳ないことをしたと思っています」と陳述し、第6回公判における最終陳述でも、遺族への謝罪を繰り返している。ところが、第4回公判の本人質問では、Yさん宅に「訪問する以前の強姦の意図」があったかどうかを尋ねられて、Fはこれを明確に否定し、捜査段階の取調べでは警察・検察から「訪問以前の強姦の意図」があったと決めつけられて、そう言わされたのだと述べている。ただ、もしこれを否定するのであれば、先の犯行筋書1そのものを変更しなければならないのだが、F自身、そこまで踏み込まず、事実上は「訪問した後に強姦の意図」が生じたかのような供述を断片的にしたにとどまる。図1では、Yさん宅に上がって後に強姦の意図が発生して本件犯行に及んだとするこの筋書を「犯行筋書X」とする。しかしこれも犯行筋書として積極的に言い立てたものではなく、この段階のFは、犯行そのものを認め、弁護人の求めに応じるかたちで遺族への謝罪を繰り返すことに終始している。

　第一審第4回公判の本人質問で、Fが「訪問以前の強姦の意図」を否定したことで、事実上はそれによって「犯行筋書1」もまた否定されたはずであるのだが、第一審判決も第二審判決もその点を見ようとせず、Fが表向きは公訴事実を全面的に認め遺族に謝罪したことをもって、公訴事実通りの「犯行筋書1」を事実と認定して、無期懲役の判決を下した。そして最高裁でもこの認定は動いていない。この点について争いがはっきりなされたのは、最高裁の終盤のことであった。

④**最高裁終盤**における「**新供述**」　第一審、第二審の無期懲役判決に対する検察側上告を受けた最高裁は、4年近い年月を経た2005年12月に、弁護側に対して弁論のための公判期日を指定した。そのことで、最高裁が検察上告を認め「死刑」の方向に動いていると考えざるをえなくなった当時の弁護人が、翌年、指定された弁論期日間際になって、新たな弁護人に相談した。そうして新弁護人があらためてＦに接見して確認してみたところ、Ｆはこれまで認定されてきた事実は実際と異なると訴えて、ここからようやく公訴事実を争うことになったのである。そうしてＦは、2006年6月15日付で「上申書」を提出し、Ｙさんに抱きついたのは「甘えたくて」であり、強姦の意図はまったくなかったこと、騒がれたのでそれを押さえるために首を押さえた結果、被害者が死んでしまうことになったこと、被害児が泣いていたので何とか泣き止ませようとしたができず、気がつくと首に紐を巻いて死んでいたこと、Ｙさんに対する姦淫の意図が生じたのはＹさんが死んだ後であったとする「犯行筋書2」を主張することになった。しかし、最高裁はＦのこの上申書提出からわずか5日後の6月20日に無期懲役判決を破棄し、これを高裁に差し戻した。

⑤**差戻審**でのＦの供述　差戻審では、弁護側が被告人に対する犯罪心理鑑定および精神鑑定を行い、Ｆは強姦を意図して行ったとする犯行筋書1を否定し、「被害者に実母を投影して甘えたくなり抱きついたところ、抵抗にあってパニック状態に陥って、被害者を死に至らしめ、更に、心因性の幻覚に襲われ、被害児をも死に至らしめた後、被害者を生き返らせるために同女に性行為を行った」と主張した。この犯行筋書は、最高裁に提出した上申書の犯行筋書2と基本的に同じであるが、そこには被害者殺害後「被害者を生き返らせるために…性行為をした」というような新しい内容「＋α」が付け加わっている。その意味で、これを図1では「犯行筋書2＋α」と表している。

3 ● 裁判の流れを支配した捜査段階の供述調書

　第一審判決と第二審判決は無期懲役、差戻審判決と最終の最高裁判決は死刑と、その量刑は異なるが、犯行筋書についてはいずれも、Ｙさん宅訪問以前からＦに「強姦の意図」があり、その意図のもとにＹさんを殺害し死後姦淫をして、そののち泣きわめくＡちゃんを殺害したという犯行筋書1を事実と認定した。しかし図1を見ればわかるように、この犯行筋書1を具体的に語っているのは②の捜査段階だけであり、Ｆはそれ以降一度もこれを明示的には語っていない。にもかかわらず、これまでの裁判所の判決では、③の第一審から最高裁の終盤まで、Ｆの供述はずっと犯行筋書1のままであるかのように認定しているのである。

　たとえば差戻審判決では、この②と③の時期のＦの供述を「旧供述」としてひとくくりにし、④最高裁の終盤から⑤差戻審にかけての供述を「新供述」として、そこには大きな落差があると指摘している。そのうえで、弁護側が主張するように犯行筋書2ないし犯行筋書2＋αが真実ならば、なぜＦは捜査段階でＹさん宅訪問以前からの「強姦の意図」を認めた犯行筋書1を供述したのか、なぜその後の第一審、第二審でもこの犯行筋書1を撤回しなかったのかとの疑問を投げかけている。

　実際、図1に示したように、差戻審のいう「旧供述」（犯行筋書1）のラインと「新供述」（犯行筋書2ないし犯行筋書2＋α）のラインとの落差は大きい。それだけの落差があって違いは明白なのに、Ｆは第一審、第二審の公判で「旧供述」を撤回せず、最高裁が死刑方向で動き出した段階ではじめて「新供述」を主張しはじめたのはおかしい、その「新供述」は死刑を回避するためにＦが思いついた嘘ではないかというのが差戻審の論理である。一見もっともな論理であるように見える。しかし、Ｆ自身がそれぞれの時期にどのような立場に置かれていたのかを考え、それぞれの時期のＦの供述を具体的に分析してみれば、差戻審で「新供述」と名づけられたＦの供

述は、けっして第一次最高裁の最終段階で作出した嘘ではなく、すでに捜査段階当初からFのなかにあり、ただそれが封殺されて表に出てこなかっただけではなかったかという疑問が浮かび上がる。

　第一審、第二審の公判で、たしかにFはYさん宅訪問以前の「強姦の意図」を否定しただけで、それに連動しているはずの犯行筋書1を表向き取り下げていない。また一部でYさん宅に上がってのちに「強姦の意図」が生じたかのようなことも述べ、それならば「犯行筋書X」が表れてしかるべきところ、これについても明示的には語っていない。しかし、あらためて考えてみれば、Fはこの公判で本件犯行行為そのものはつねに認め、遺族に対して謝罪しているのである。そして当時の弁護団は、これだけの犯行をやってしまった以上、「強姦の意図」の発生時点がいつかによって犯行筋書が変わるとしても犯情に大きな差異はなく、無期懲役は免れない、また検察の公訴事実はFの捜査段階の供述で固められているのだから、ここで犯行筋書を争うよりはこれを認め、素直に遺族に謝罪した方がいい、そう判断していたことがうかがわれる。そうした方針のもとで、F自身にとっても、犯行筋書がどうであれ、その犯行行為の結果の悲惨さを思えば、それを自分がやったことに間違いない、そうである以上もはや犯行筋書の違いをあえて強く主張する気持にはなれないし、そうした勇気も持てないというのが現実ではなかったか。

　無実を争う事件ならば、たとえ捜査段階で自白しても、公判で思いなおして、弁護士からの支えによりながら、自分の無実を主張することはできる。しかし、実際に酷い犯行をやってしまってもはや取り返しがつかないというなかにおかれた加害者が、認定された犯行筋書は違うと言って主張するのは容易ではない。Fの場合も、第一審、第二審ではそうした状況にいたものと考えられる。そうして最高裁の最終段階で新たについた弁護人から疑問を突きつけられ、同時に支援の手を差し伸べられたとき、Fははじめて自らの真実を主張する気持ちになれたのではないか。

　いや実際、Fは自らの真実を捜査段階で主張したにもかかわらず、捜査

官たちの強い謝罪追及の前に屈し、真実の主張をあきらめた可能性がきわめて濃厚なのである。そしてこの捜査段階のFの供述調書が、結局は、最終の最高裁の死刑判決にいたるまで、証拠上もっとも大きな位置を占めつづけてきたことを、先の図1に描いた流れそのものからうかがうことができる。

> 4 ● 犯行筋書1を支えた捜査段階の供述調書と
>   そこから漏れ出るFの現実

　そうしてみれば、問題の核は、捜査段階のFの供述にある。Fが捜査官の追及を受けてどのように語ったのかが録音テープにでも残されていれば、それを検証することで、Fの生の言葉を取り出し、そこから事実の判断ができるのだが、現実に残され法廷に提出されたのは、捜査官の録取した供述調書でしかない。そしてそこには、種々の矛盾や不合理を含みながらも、概略として上記の犯行筋書1を指し示す供述が多量に書きとめられている。のちにその取調べ過程を検証するものにとっては、結局は、この多量の供述調書とその後のFの公判供述を対照してこれに分析のメスを加える以外にない。
　この捜査段階のFの供述調書に基づいて、検察は第一審の冒頭陳述で、本件の「犯行にいたる経緯」を次のように主張している。以下はその転載である（なお固有名詞は略語で示した）。

>　（午後1時40分ころ）自宅を出たFは、自転車を駐輪していた社宅アパート3棟に向かったが、その途中、最近マスターベーションをしていなかったこともあって、女性とセックスしたいという欲望が自然に込み上げて来た。Fは、それまで女性との性交経験がなく、専らマスターベーションにより性欲を解消していたが、この時は、性欲を満たすための様々な空想を膨らませていき、たまたま自転車の前籠に布テ

ープを入れていたことや、作業服の胸ポケットにはカッターナイフが入っていたことから、社宅に住む美人の主婦を狙って、布テープで緊縛したり、カッターナイフで脅したりすれば、抵抗されずにセックスができるのではないかなどという漠然とした考えを持つに至った。

そこで、Fは、とりあえず美人の主婦を物色しようと考え、排水検査を装って社宅アパートの10棟から7棟にかけて何戸かの家を訪れたが、Fが期待するような美人の主婦はなかなか見当たらなかった。

ところが、午後2時20分ころ、Fが、同様に排水検査を装って7棟41号室のYさん方を訪れたところ、応対に出たYさんが美人であったことから、Fは、Yとセックスしたいという気持ちが抑え切れなくなった。

そのようなFの魂胆を知らないYさんは、Fが排水検査に来たものと誤信してFを室内に入れたが、Fは、首尾よく室内に入ることができたことから、Yさんを強姦することを決意した。

そして、Fは、Yさん方のトイレや風呂場で排水検査を行う振りをしたり、排水検査のためと称してYさんからペンチを借りたりしながら、Yさんを強姦する機会をうかがったが、やがて意を決して、居間にいたYさんに近づき、背後から襲いかかって本件犯行に及んだ。

ここに述べられているように、FにはYさん宅訪問以前からすでに強姦の意図があって、その意図を遂行すべくそれなりの計画を立て準備も行って、実際に殺害・強姦の犯行にいたったという。このFの供述が、その後一貫して裁判所の認定した犯行筋書1を支えつづけたのである。では、Fはこの捜査段階で自らの体験を記憶のままに犯行筋書1として語っていたのだろうか。

たしかにFの供述調書を見るかぎり、逮捕の当初を除いて、すべてYさん宅訪問以前から「強姦の意図があった」と認める内容になっていて、これを否定する供述は、供述調書上どこにも記載されていない。しかし一方

で、法廷に持ち出された供述調書以外の諸証拠を見れば、そこにはＦが捜査段階において、この事前の「強姦の意図」を否定していたことを示す形跡が残されている。とくに注目すべきは、警察の取調べを終わって家裁に送致されたときの記録である。

　たとえば、「鑑別結果通知書」には、

　本件被害者宅を訪問する前に、少年は<u>時間つぶしと称し</u>仕事のふりをして各戸を訪問している。……被害者宅では、被害者が少年を<u>予想外</u>に招き入れてくれた。

との記載がある。また家裁調査官の記した「少年調査票」にもＹさんとの出会いについて、

　少年は<u>偶然の遭遇</u>を主張し、……「<u>警察、検察の係官は最初からレイプ一辺倒で取り調べを進め、信用してもらえなかった</u>」と不快感を露にする

ことがあったとの記載がある（下線は筆者）。これらの記録から見るかぎり、Ｆは、家裁送致以前の捜査段階において、Ｙさん宅訪問以前に強姦の意図がなかったと供述し、そのことをめぐって捜査官とのあいだで〈追及－抵抗〉のせめぎ合いがあったことが明らかである。しかし、この重要な内容の供述が供述調書には記載されていない。このようにＦが供述したはずの重要な内容が供述調書に録取されていないとすれば、「供述調書上の被告人供述」をそのまま「被告人の語った生の供述」として理解するわけにはいかない。

　捜査段階においてＦが事前の「強姦の意図」を否定していた事実は、Ｆ自身の公判での供述にも表れている。第一審第４回公判で、この「強姦の意図」を否定したのみならず、それに対して取調べを担当した当のＹ検察官から「捜査段階には被害者宅訪問以前に強姦の意図があったと供述してい

たではないか」と言われて、Fは次のように答えている。

　そういうふうなのは、検事さん、刑事さんが決めつけました。それで何回も何回も何回も何回も何回も、すごく聞いてくるので、そういうふうに言いました

　捜査段階にYさん宅訪問以前から強姦の意図があったと供述したのは、捜査官から繰り返し「決めつけ」られたからだと、その当の捜査官の一人であるY検察官に対して答えている。しかも、これに対してY検察官自身は、この場で何らの反問も行っていない。このことは、捜査段階にここでFが言うようなやりとりがあったことを自ら認めた証と見てよい。
　捜査段階においてFと捜査官とのあいだには、Yさん宅訪問以前に「強姦の意図」があったかどうかをめぐって、そうとう激しい〈追及－抵抗〉のせめぎ合いがあったのである。そのFの置かれた現実が、膨大な供述調書の背後から漏れ出ている。しかし、第一審から第二次最高裁決定にいたるまで、裁判官たちはみな、この漏れ出ているFの現実を見ようとしなかった。
　こうした構図は、いわゆる冤罪事件で、無実の人が捜査段階に膨大な自白調書を取られ、それに基づいて起訴され、裁判でこれを否認しても、もはや認められず、有罪判決を下されてしまう場合と、ほとんど同じである。その意味ではFの捜査段階の自白も、もしFの現在の主張が真実であれば、犯行筋書にかぎってのものであるにせよ、一種の虚偽自白であると言わなければならない。

5●取調室というブラックボックス

　Fは取調べの過程で、繰り返し「強姦の意図」を否定していたにもかかわ

らず、捜査官からは「強姦の意図」があったはずだと決めつけられ、その〈追及－抵抗〉のせめぎ合いがあった。ところが、そのことが供述調書上はいっさい記録されず、結局、すべての供述調書が基本的に「強姦の意図」で一貫した犯行筋書にまとめられてしまう。なぜ、そのようなことになってしまうのか。ここに「取調室というブラックボックス」の謎がある。

　被疑者の供述調書は、建前上、被疑者当人の体験をその記憶によって語った記録だとされ、一般的には「私は……」というように、被疑者の一人称で書かれている。また実際、そこで捜査官が行う質問や尋問、その働きかけが及ぼす影響については、看過ないし過小評価されがちである。そして作成された供述調書を読み聞かせ、被疑者に確認させ、署名押印を求めるという手続きでもって、供述の信用性を担保できるかのように見なされている。しかし心理学的に見れば、これは規範上の単なる建前であって、現実の供述録取過程はそれほど単純ではない。

　供述録取は、図2に描いたように、被疑者と捜査官の相互作用過程であり、しかも多くの場合、その相互作用の主導権は捜査官の側にある。捜査官は、事件に関してまったくの白紙で臨むわけではなく、収集ずみの諸証拠に拠りながら、一定の「事件の想定」を持っていて、そのうえで被疑者から事件の解決につながる供述を得ようとする。これに対して被疑者は自らの「体験の記憶」によって語ることになっているのだが、素直に自分の記憶通りに語っているのに、捜査官の想定と食い違えば、捜査官は執拗に追及を続けるということが起こる。結果として、捜査官の想定がその質問のなかに入り込むし、弱い立場にいる被疑者は、無意識裡に「暗示」されて捜査官の想定になびいたり、あるいは執拗な追及に負けて、それに「迎合」したりもする。このようにして供述調書のなかにさまざまに汚染された情報が混入してしまう。

　そればかりではない。捜査官は、聴取した供述内容を、最終的に文章化して供述調書を作成する。そこでは捜査官が、意識的、無意識的に、当初の想定に沿った供述を拾い上げ、それに沿わない供述はとかく看過し、あ

るいは無視する。こうした「選択」の結果として、それが捜査官と被疑者との相互作用という域を超えてしまうことも起こる。つまり捜査官は、自分たちの想定を前提にして、それに合うものを調書に書き込み、合わない供述は、被疑者がどれほど強く主張しても、これを受け入れず、調書には書き込まないというようなことが起こってくる。そこにあるのは取調べを仕切る捜査官による「検閲」だと言っても過言ではない。捜査官が無実の人を犯人だと想定して追及し、その厳しい追及に負けて自白する虚偽自白は、その典型例である。

　本件のように残忍としか言いようのない事件の結果を見せつけられたとき、人はその結果の残忍さに引きずられて、事件の過程そのものをも、それに見合って同じくらい残忍なかたちで思い描く。もちろんそうして聴取された供述が事件を正確に描いていることもあるが、それが現実以上に残忍に描いた逆行的構成の産物である可能性もある。そのことを念頭においておく必要がある。

　とりわけ犯行行為そのものをすでに自分がやったことだと認めている場合、その行為自体の供述に間違いが混入する可能性は少ないが、その一つひとつの行為場面において、その行為の背後でどのような心理が動いて、一連の犯行筋書になったのかについては、事が本人の「意図」とか「気持」とかいう主観的なものにかかわるだけに、捜査官の追及にさらされたとき、出来事の結果から逆行的に構成される危険性は無視できない。残忍な犯行行為を認めた後で、

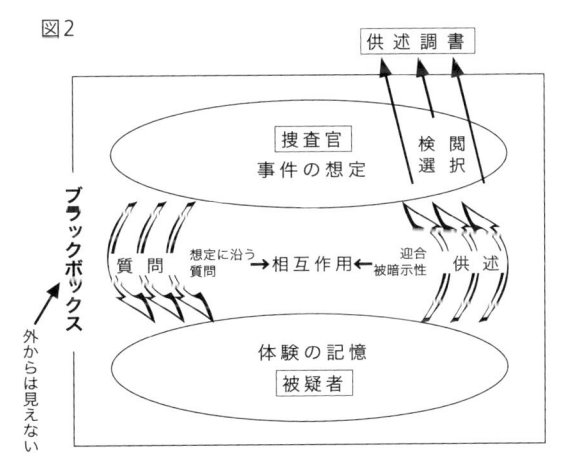

図2

そこに至る経緯や動機について「そんなつもりはなかった」という弁解をしたとき、「こんなひどいことをやっておいて、『そんなつもりはなかった』なんて言い訳は許されない」という心情が、捜査官にも働くし、被疑者本人にも働く。事件の体験はその事件が終わった後に逆行的に語られるという単純な事実が、供述形成においては重大な意味を持つことがあることをつねに警戒しておく必要がある。

　本件のFの場合、追及された犯行行為そのものはみな事実であって、これを一貫して認めている。ここにおいて、Fには最初から強姦の意図があって、それによって本件犯行が引き起こされたという可能性はもちろんある。しかし一方で、この犯行の結果から陰惨な事件像を描いた捜査官が、強姦の意図がなかったはずはないと想定し、そのことを追及することで、弁明の余地のない大事件を起こした被告人が、抵抗しきれず、それを認めてしまう可能性を否定できない。現に、本件の供述鑑定を求められた私は、この二つの可能性を念頭に供述分析を進めた結果、後者の可能性を支持する徴候をいくつも見出したのである。そうして見ると、死刑判決を受けたFのこの事件は、少なくとも犯行筋書の認定を誤った一種の冤罪事件ということにならざるをえない。

6 ● 悲惨な事件への謝罪追及の思いと、その事件を渦中から生きた加害者の真実

　あらためて事件の発端を思い起こせば、YさんとAちゃんが殺害され、Yさんは死後に姦淫された。被害者の夫であったMさんは、何の予兆もないところで、突然、この悲惨な「結果」を突きつけられたのである。思えば、この種の事件は、被害者やその遺族にとって、この突然の「結果」からはじまる。あるいは報道で事件を知り、被害者たちの訴えに耳を傾ける世間の人々にとっても、事件は「結果」にはじまり、そこにいたるまでの過程は、結果から遡ってあれこれと思い描かれることになる。人が過去の

出来事を語るとき、とりわけ自分自身が体験していない他者の出来事を語るとき、結果から遡って逆行的にそれまでの過程を描く。この「逆行的構成」は人の語りの言わば宿命なのだが、そこにさまざまな種類の歪みが忍び込む。
　すでに知ってしまった事件の結果が陰惨であればあるほど、周囲の人々の憤りは強く、また謝罪追及の思いは激しくなる。その思いが遺族の声を通して世間の人々を巻き込み、ほとんどパニックとも言うべき事態を生み出したとき、事件を担当する捜査官もこれを裁く裁判官もそれと無縁ではいられない。結果として、被疑者・被告人の小さな声はかき消され、彼らがその事件の結果にいたるまで渦中から生きたはずの実際の姿は覆い隠されてしまう。光市母子殺害事件でもまた、そのようなことが起こったのではないか。
　この事件は、これまでその陰惨な結果に見合うだけの陰惨さで描かれてきた。そして検察側の描いたこのモンスター的な犯行物語は、たしかにその結果の悲惨さに見合っている。そして現に、これが裁判でも最終的に認められ、Fには死刑の判決が確定した。しかし、この事件でFはほんとうにそういう犯行を行ったのか。Fは、そのような犯行を平然と行うモンスターだったのか。そこに逆行的構成による歪みが入った危険性はなかったか。
　Fは、事件当時、およそその年齢に見合わない未熟な子どもだったと言われる。そのFの新たな供述によれば、「Yさん宅を訪問したとき、たまたま家に上げられ、優しくしてくれたYさんに、つい抱きついてしまって、そこで激しい抵抗を受け、とんでもなく恥ずかしいことをやってしまったその羞恥のなかで、発覚を恐れるあまり、無我夢中で被害者を押さえつけて、死に至らしめ、呆然自失のなかで、次々と考えられないことをやってしまった」という。それは悪魔の仕業だという以上に、未熟にすぎる少年の、あまりに浅薄な所業だったと言うべきかもしれない。もちろん、たとえそうだとしても、許されることではない。しかし、そこにあらかじめ強

姦の意図を持って、手段を選ばず、冷酷にそれを実行した悪魔の物語を重ねてしまってよいかどうか。もしこの悪魔の物語が真実でないとすれば、YさんやAちゃんが受けたとんでもない不幸をさらに増幅させて、そこにもう一つ別の不幸を重ねてしまったことになる。それもまた許されない。

事件当時、あれだけ未熟だったFもいまは31歳である。そのFは差戻審の広島高裁で、28歳のとき、最後の被告人質問を受け、そこで弁護人に次のように答えている。

> 今回の裁判で語るのは最後だからね、君が思っていることを言ってほしいんだけれども、被害者の方との関係で、生きて君は何をしたい。被害者遺族の方もそうだ、君は生きて何をしたい。
> 　……まだ見付かっておりません。だから、見付ける必要があります。
> 君が、被害者遺族の方に、我々弁護団を通じて手紙を送っているというのは知っているね。
> 　はい。
> それを、見ていただいていると思っているか。
> 　……いえ、思いません。
> 君は、被害者遺族の方に、生きて何をしたいの。
> 　まずは会いたいです。会えるような自分を目指したいです。
> どこで会いたい。
> 　できたらでよろしいのですけれど、できたら拘置所でお会いしたいです。それをまた転機にして、僕は、もっともっと力強くなっていきたいです。
> 大変ずうずうしいことを前提に君は語っているというのは分かっているな。
> 　分かっております。
> でも、君は、Mさん（被害者の夫）たちに会いたいということなんだな。

僕にはMさんが必要なのです。
　　君は会って、まず、何を見てもらいたい。
　　　僕自身を見てもらいたいです。生の僕を見てほしいです。僕自身に会って判断してほしいです。
　　この法廷で見られている姿は、君自身の姿じゃないのか。
　　　見ておられておりません。Mさんの中に作っているモンスターのような僕を彼は見ていると思います。僕自身を見てほしいのです。

　Fは「モンスター」の自分ではなく、生の自分自身を見てほしいと言う。これもまた、やはり「モンスター」でしかないFの卑怯な弁解の延長と見るか、それとも10年近くの年月を経てようやくたどりついた、Fなりの真摯な反省と見るか。供述鑑定を通してFの語ってきた言葉に長く付き合ってきた私には、もはや彼のなかに「モンスター」を見ることができない。

　本件の出発点となった陰惨な「結果」が、当然にして遺族の人たちに言葉では語り尽くせない苦悶と痛憤を湧きあがらせ、その治まらない憤りを汲み取った多くの人たちが、加害者のFに対して真摯な反省と償いと求める。それはそれで正当な思いであり、私自身もまたその思いを共有しているつもりでいる。しかし、その謝罪追及の激しい思いが、Fが実際にやってしまった事実についての認定を誤らせるということになっていたとすれば、これもまた許容することはできない。その意味で、本件は終わっていない。またFへの死刑執行で終わってよい事件ではない。

死刑と精神科医

木村一優　Kimura Kazumasa

「そうだとすると、私たちは難しい状況に陥ったことになる。」

　死刑が確定する可能性がある被告人について私が、ロンドンに住む私のスーパーバイザーとディスカッションしたときの彼の言葉でした。精神症状があるかもしれないと彼は疑っていてのことでした。そのとき彼がマドリッド宣言（座談会［資料１］を参照）を意識して言ったのかどうか確認はしませんでしたが、死刑について私たち精神科医が考えることは同じなのだと思いました。

　私がここで死刑について何かを述べる機会をいただけたのは、たぶん私が精神鑑定を通して、死刑について考えているからだと知っていただいたからだと思います。ただ私は死刑について精神医学の立場から何かを述べるにはあまりに力不足です。ですからせっかくご用意していただいたこの機会は、死刑にめぐり合った一精神科医が思うことを短いエッセイで綴らせていただこうと思っています。

　ただの個人的な体験です。

1 ●拘禁反応

　裁判員裁判が始まり３年がたちました。丁度金環日食が日本の各地で見

られた日でした。死刑求刑は、18件で、うち14件が死刑で、3件が無期懲役、そして1件が無罪でした。なんとなく聞かされる死刑に反対する立場の視点は、死刑という処刑そのものの残虐さや国家権力による殺人であるという点であるような気がします。また死刑についてよく考えたことがなかった時期の私が漠然と「死刑は残虐で望ましいものではないけど、死刑の次に重い刑が無期懲役だから、それでは刑務所から出てこられる可能性があるので終身刑が必要なのではないか」と思っていたという事実も、そんなに一般の感覚からはずれていないと思います。私はとても世の中の風潮に流され易いので、たぶん間違っていないと思います。

　そんな私が、初めて死刑判決を受けた被告人と出会ったのは、鑑定助手として精神鑑定に携わったときのことでした。鑑定事項は、訴訟能力でした。彼は、存在しない弁護人宛に手紙を書いたり、殺害したはずの被害者が実は生きていて自分に会いに来たなどと言いました。また、首つりにされても5分間生きていれば、死刑が取り消されるので、息を止める練習をしているとも言いました。鑑定人は、拘禁反応を疑い、私はこのとき拘禁反応についてはじめてきちんと学び始めました。もっとも参考になりましたのは、小木の論文[4]でした。大変興味深いものでした。最近では拘禁状況の精神状態について西山[7]がさらなる考察を行っています。鑑定人の鑑定結果は、空想虚言で、訴訟能力はありでした。拘禁状況の精神病理はとても興味深く、この経験は精神鑑定で精神症状の評価の際にとても役に立ちました。でもこの時の私の認識はあまりにも浅いものでした。

2 ● ある死刑判決に直面する被告人との出会い

　私はある事件の弁護側の精神鑑定を引き受けることになりました。大きな事件で、起訴前に検察もまた精神鑑定を行い、その結果は責任能力あり

というものでした。鑑定書を拝見しましたが責任能力に関しての判断は至極妥当なもので特に反論はありませんでした。

　私に課せられた使命は、生育歴や事件当時の彼を取り巻く状況と事件との関連についてでした。大変困難な作業でした。私はほぼ毎週拘置所に赴き彼の話を聞きました。まだ詳細を話すことは出来ませんが、私は事件のことだけではなくたくさんの話を聞かせてもらいました。鑑定の際に私がよく経験することに、被告人からの捜査機関への批判があります。犯行自体は認めたにしても、批判の対象は、捜査機関のストーリーそのものと被告人自身が語るストーリーとは違うストーリーを作り上げるということをした捜査機関です。捜査に協力した彼は、のちに出来上がった調書を見て、作り上げられたストーリーに対して憤りを感じていました。裏切られ感を語っていました。そして彼と私との面接は、この事件は何だったのかを彼自身が振り返り、彼自身の言葉で事件を語るというものになっていきました。彼には、責任能力があり、事件の結果を見ますと、死刑が求刑され、死刑判決が下されることが予想されました。彼は、死刑についてどう思っているのだろうかと私は考えないわけにはいきませんでした。そして私自身が死刑について考えないわけにいかなくなりました。

　週に一度大学での仕事がある私は、空き時間を利用して、その1週間で読む本を図書館で借りて来ることを習慣にしています。彼との出会いからふと目に付いたのは、死刑反対の著書が並ぶ中、加賀乙彦の『ある死刑囚との対話』[3]でした。以前私が、拘禁反応について勉強させていただいた小木先生の本でした。『宣告』[1]も読みました。情緒的になってはいけないのですが、死刑について私はあまりにも認識が甘かったと痛感しました。

　さて、彼は、事件を振り返り、死刑になることは怖くはないと思っています。彼は、かつて自殺企図を複数回起こしております。未来に絶望して

のことでした。ですから彼は、死ぬことへの恐怖感をそれほど感じていないのかもしれません。ただ、自殺と死刑は違います。彼はまだ、死刑が確定されていません。死刑から逃れたいとも思っていません。

3●裁判員裁判で死刑を求刑された被告人との出会い

　彼は死刑を求刑されました。裁判員裁判でした。判決は、無期懲役でした。彼と会いに行くたびに彼は、被害者の方への謝罪とそして事件を起こしたことへの後悔を繰り返しました。ただ彼もまた、捜査機関のストーリーには憤りを感じており、捜査機関への反発は強いものでした。
　話は逸れますが、報道である裁判員の方のコメントが紹介されていました。はじめは、検察とやりあったりしていたので反省していないのじゃないかと思ったけれども、裁判を続ける中で反省しているように変わって行った、という趣旨でした。裁判員は確かにそう感じたのだと思いますが、事実は違うように思います。自分の罪は認め、反省をし、判決に素直に従おうと思っているのですが、押し付けられたストーリーには反発した、というだけのことです。被告人をできるだけ悪人に見せようとする検察の法廷戦略なのか、純粋に検察が組み立てたストーリーが真実だと思っていただけなのかは分かりませんが、国民が求めているものは真実ですから、一国民として残念な気がします。

　彼は、死刑でも受け入れて、控訴はしないと言っていました、その時は。判決結果は無期懲役でした。検察は控訴しませんでした。報道でみる法律家のコメントは、無期懲役が妥当であろうというものがほとんどだったように記憶しています。判決後私は、受刑者となった彼に会いに行きました。判決後間もなくでしたので、まだ拘置所にいて、別件である被告人の接見に行く機会もあったからです。彼は、今後はこれまでの自分の仕事を生か

した刑務作業に着きたいと言っていました。ただ、無期懲役になったことで今後、先の見えない不安でいっぱいなのだとも語りました。つまりいつ出られるのか分からないままに刑務所にいることの不安でいっぱいということでした。私には彼は死刑を恐れていたのだと思われてなりません。彼の弁護人が面会に行きました。面会に来る人がいないからととても喜んでいたようです。

> 4●有期刑者との面会

　私が鑑定を行い、刑が確定し、受刑中の人と、たまたまこの人がいる刑務所のある地域に仕事で出向く機会があり、会いに行ってみました。鑑定人がその後、元被告人と連絡をとったり、会いに行くことは問題であると批判されるのではないかと不安ではあるのですが、既に終わったことですので、スタンスの違いで許されることと言い訳をさせておいてください。
　この方は被虐体験がありました。犯行とは直接関係はないのですが、この人のこころの中でどこかぼんやりとつながるものを感じていたようでした。精神医学的につながるわけはなく、常識で考えても屁理屈にしかならず、そんなことを本気で言ったら非難されるだけのものでした。対人関係に過敏なこの人は、拘置所にいる時は、人との関わりが少なく、かえって落ち着いて過ごせると言っていました。けれども刑務所ではこの人の事件を知っている人も結構いて、その話題が出ることもあるようで辛い思いをしていると言っていました。この人は、ここに来て家族とのことで大きな変化があったと話してくれました。あれだけのことをしたにもかかわらず、ずっと気にかけてくれて、会ってはいないようでしたが、面会にも来てくれて、この人は、自分の親なのだと初めて思えるようになったと言っていました。

当たり前のことですが、死刑囚、無期刑囚、有期刑囚は、ずいぶん違うようです。

5 ● 死と死刑

個人的な話しになりますが、私の母方の祖父は私が生まれる前に、後に私が勤めることになった大学病院で亡くなりました。母方の祖母は、私が幼少の頃に亡くなり、私は母に手を取られお骨を拾った覚えがあります。父方の祖父母は長生きで、90代まで健康でした。祖父は、私が学生の時、ちょうど小児科での臨床実習をしていた時に亡くなりました。私はその時、初めて肉親の死を目の当たりにしました。

その後、精神科医になりました。精神科医療で体験する死は、自殺です。私が精神科医になってまもなく入院中のある患者さんが飛び降り自殺しました。それから私はほんの一時期小児科医として仕事をしました。そこでは、親より先に亡くなっていく子どもの死を体験しました。ある同僚が精神科医になった理由のひとつに精神科は、生死に関わらないからだったと言っていました。それは精神科になってすぐそうではないことが分かったと言っていました。ロンドンでは、ソマリアで父親が銃で撃たれるシーンを目撃した男の子に会いました。

人は必ず死にます。死はとても身近なものです。毎週朝早く精神療法のセッションを行っていた患者さんが、お礼の手紙を残して自殺しました。私がその患者さんのことについて学会で発表する2週間前のことでした。その患者さんは私がその人をどんなふうにみているのか、是非発表原稿をみせて欲しいと言っていましたが、それを読むことなくこの世を去りました。

私達は様々に死を体験します。彼は言いました。「死刑を選ぶ」と。けれ

ども死刑というのは、特殊な死です。

　自殺をする人がいます。さまざまな理由があると思います。たぶん未来に絶望する人です。死にたいと思うほどに絶望することがあります。誰かが励まします。「いつかきっといいことがある」と。絶望している人は気が付くでしょう。励ましてくれた人の名は、希望だと。希望に気が付くと、生きていこうと思うでしょう。

　自殺をしたいと思い、自殺を完遂する人の中に精神疾患を患う人がいます。うつ病の人です。うつ病の人は、抑うつ気分に苛まれます。気持ちが落ち込みます。そしてこの絶望が永久に続くと確信し、死を選択します。

　彼もまた、未来に絶望しています。希望を持っているように見えないと言った私に対して彼は即座に、「そんなものありません」と答えました。ですから、自分は死ぬことは恐れていない、と彼は思っているでしょう。

　死刑確定者は、死刑以外で死ぬことを許されません。「ODしても死ねないのは分かっています。飛び降りて死ねなかったら夫に迷惑がかかります。9.11のテロみたいにピンポイントで私だけ殺してくれないかしら？」そう言っていた彼女は、過量服薬で亡くなりました。死刑確定者には、自殺をすることも許されません。「自殺するつもりはないけど、死刑にしてもらえるのならそれでいい。刑務所にいるなんて、ましてや終身刑なんてまっぴら」と言ったら、生きていることをつらいと思っていた彼女と、彼は同じ気持ちなのかもしれません。ですから、自殺をしようとしたことも本当でしょうし、死刑にしてくれるならそれでいいと思っているのも本当でしょう。しかし、死ぬことだけがその存在意義であり、いつ処刑されるのかわからない状況に置かれたときに、本当にそう思えるのでしょうか？　現在彼の刑は確定していません。彼はその間に自らの言葉で事件について綴ろ

うとしています。これは未来です。未来への展望がなくなれば、死んでも構わないと思うでしょう。そして、それが終われば、未来がないから死刑にしてくれればいいと思うでしょう。小木[2]の考察にあるように、処刑を待つだけの拘禁された状況で、彼はどのように死刑を生きるのでしょう。「すぐに死刑にしてくれると思っていた」彼は言いました。死刑が確定してもすぐには死刑にはしてくれなさそうです。だったら、彼が生きるであろう処刑を待つだけの時間は……。

6●被害者家族からみた死刑

　耳かき店員ら殺害事件の被告人に無期懲役の判決が下りたとき、テレビであるタレントさんが、本人なりに反省していればいいのか、永山基準が死刑の基準なら、この判決が新たな基準になるじゃないかと、怒りのコメントをしていました。このタレントさんは、死刑にすべきだと思っていたのでしょうか？　だとしたらなぜ死刑にすべきだと思ったのでしょうか？　ひょっとしたら被害者と被害者遺族に同一化して思ったのでしょうか？　そしてその復讐心から死刑にすべきだと思ったのかもしれません。それを見ていた視聴者はどう感じたでしょうか？　テレビの影響は大きいですし、厳罰化という雰囲気もありますから、そのタレントさんと同じように思った方もずいぶんといたのではないかと想像します。

　親ときょうだいが殺害され、自分自身も瀕死の重症を負った方と出会いました。親族内での犯行で、この方も複雑な思いを抱いていました。警察や検察からいろいろなことを聞かれ、また被告人の弁護人から情状証人として立ってくれないかという依頼も受けました。この方も自身も殺人未遂の被害者です。
　はじめこの方は、警察や検察は自分の味方なのかと思っていました。で

もどうやらそうではなかったようです。被害者には、先ほどのタレントさんのような「味方」はいるようです。この方に同一化してくれる視聴者はいると思います。けれども、この方の本当の味方ではなさそうです。幸いこの方には、被害者支援の代理人がつきました。味方が出来ました。

　被害者遺族には、果たしてどれ程本当の意味での味方がいるのでしょうか。
　永山基準に遺族の被害感情があります。感覚的には分からない話ではありません。けれどもよく考えると多義的であることが分かります。この基準をどう評価すべきかは、私は、述べる立場にありません。ただ私が思うことは、被害者、被害者遺族には味方がいないのではないか、という疑問です。死刑を考えるときに欠かせない問題のように思います。少なくとも、死刑が復讐でなくなるために。

7 ● 死刑と精神科医

　死刑は、精神科医にとって遠い存在だと思っていました。

　精神科医になったとき、自分が精神鑑定をすることになるとは想像もしていませんでした。経験の一つとして、2、3例鑑定助手でもさせてもらえたらいい程度にしか思っていませんでした。今では、精神鑑定は、精神科臨床に携わっている精神科医がすべきだと思っておりますし、日々の臨床で手一杯ではあるのですが、可能な限り精神科医は精神鑑定に携わるべきだと思っております。なぜならば、精神障害を熟知しているのは、職業精神鑑定医ではなく、臨床精神科医だからです。私は、精神鑑定に携わるようになってから、死刑は身近な存在なのだと気づきました。死刑は日本国民のものです。ですから死刑はすべての日本国民に無関係ではなく、身近

な問題です。

　死刑確定者が精神疾患に罹患した場合、処刑は困難になります。死刑の受刑とは、自らの死をもって罪を贖うことだと聞いています。精神疾患の影響があれば、その自覚を持つことは、困難になるかもしれません。精神疾患を有する人たちの治療と支援が、私たち精神科医の使命です。「いかなる状況にあっても、精神科医は、法的に認可された処刑や死刑執行のための能力評価に関与すべきでない」(マドリッド宣言) のです。日本精神神経学会の声明5) 6)(座談会［資料2、3］参照) があります。能力評価に関与するとなると、私たちは、難しい状況に陥ります。私たち精神科医は、どうしたらいいのでしょうか。

　死に関わりのない人はいません。精神科医という特殊な立場は、自殺を考える人たちと常に向き合っているということが一つあげられます。精神科医なら誰でも患者さんに対して、死にたい気持ちはありますか、と尋ねます。患者さんを通して、死を考えます。自殺と死刑は違いますが、未来に絶望している人のことを考えます。患者さんを通して、世間を知り、社会を知り、自分のことを振り返ります。私が今ここでしているように。もし日本社会が死刑を必要としているのなら、そして現在日本に死刑制度がある以上、日本国民である私、一精神科医である私、そして個人としての私が今ここでしていることが、「死刑と精神科医」かもしれません。

　死刑確定者は、特殊拘禁状況で、何らかの反応を示すことが多いようです。彼らと出会ったとき、私はいったいどうすればいいのでしょうか？マドリッド宣言で謳われているように、受刑能力判断に関わることは私には出来ない、と今は、思っています。でもすっきりしません。
　このテーマについて、もう少し時間をください。

【参考文献】
1) 加賀乙彦：宣告　新潮社　1979
2) 加賀乙彦：死刑囚の記録　中公新書　1980
3) 加賀乙彦：ある死刑囚との対話　弘文堂　1990
4) 小木貞孝：死刑囚と無期囚の心理　金剛出版　1974
5) 日本精神神経学会：死刑執行への精神科医の関与に関する当面の態度について．精神神経誌，104(7); 641-642，2002
6) 日本精神神経学会：死刑執行への精神科医の関与に関する当学会の見解（第二報）．精神神経誌，107(7); 776-777，2005
7) 西山詮：詐病と精神鑑定　東京大学出版会　2012

刑法39条を巡って
●「死刑と精神医療」について考えるための予備的考察

髙田知二　Takata Tomoji

1 ●刑法39条と精神鑑定

　精神障害者が、病状との絡みで事件を起こした場合、その刑事手続の中で刑法39条、すなわち「1. 心神喪失者の行為は、罰しない。2. 心神耗弱者の行為は、その刑を減軽する」に該当するかどうかがしばしば検討される。「死刑と精神医療」といった問題を考えるにあたってもこの点は重要であり、今一度、刑法39条、及びそこで問題とされる責任能力について考えてみたい。

　この条文にいう心神喪失、心神耗弱に関しては、刑法には何の説明もなされていない。それを明記したのが、1931年の大審院判例であり、現在でもこの条文を解釈する際に参照される。次の通りである。

　「心神喪失と心神耗弱とはいずれも精神障害の態様に属するものなりといえども、その程度を異にするものにして、すなわち前者は精神の障害により事物の理非善悪を弁識するの能力なく、またはこの弁識に従って行動する能力なき状態を指称し、後者は精神の障害いまだ上述の能力を欠如する程度に達せざるも、その能力著しく減退せる状態を指称するものなりとす」

　まず、心神喪失と心神耗弱とは精神障害の態様だと説明されている。すなわち、何らかの精神疾患の下で犯罪をなしたことが前提だということであり、これは生物学的要素と呼ばれている。単にカッとなって、激情に駆

られて犯罪をなしたとしても、それは刑法39条の対象にはならないのである。そして、人間の心の働きとして、物事の善し悪し、やってよいことかどうかの是非善悪を判断できる能力（弁識能力）と、この能力に従って自らの行動を制御できる能力（制御能力）が規定されており、両者あわせて心理学的要素と呼ばれる。この2つの能力の一方が喪失していると考えられる状態が心神喪失であり、少なくともどちらか一方が著しく減退、損なわれている状態が心神耗弱である。

　このように、何らかの精神障害に基づいて犯行をなし、その時の心理学的要素の少なくとも一方が喪失していれば、責任能力がないということで無罪、著しく減退していれば、責任能力が減退していたということで刑が減軽される。つまり、両者のいずれかと判断されれば、死刑を科せられることはない。

　このことに関する最終的判断は裁判所が行うにしても、精神障害の有無、その程度といった生物学的要素については医学的判断を要するものであり、多くの場合、精神科医に意見が求められる。これが精神鑑定である。法律上、鑑定とは、裁判所に専門的意見を提供するもの、裁判所の専門性を補充するものとして位置づけられている。では、心理学的要素についてはどうか。これは法律的判断なので、精神鑑定を基に法律家が判断すればよいのだが、実際にはそのようには運用されてこなかった。精神鑑定では、心理学的要素までが鑑定項目として挙げられ、その判断を精神科医に求めてくるのが普通であった。

　ここのところが、様々な混乱を引き起こす元凶になった。というのは、精神鑑定で明らかにできるのは、犯行時の総体としての精神状態だけだからである。精神疾患に罹患する前と比較して、犯行時の精神状態がどのように変化していたのか、病に罹患して思考や行動がどのように変容していたかということまでは判断できる。しかしながら、犯行に至る個々の行為について、被疑者／被告人がその時々にどのように考え、その意図はどうだったのか、悪いことをしていると感じていたかどうかということまでは判

断できない。これらは自由意思の問題であり、当時の本人にしか、いや後で説明するように本人にも分からないことかもしれない。にもかかわらず、こういったことの判断までを精神鑑定に求めてきたため、裁判所の精神鑑定の取り扱い方も揺れざるをえなかった。

　1つは、1983年の最高裁判所決定である。

　「被告人の精神状態が刑法39条にいう心神喪失又は心神耗弱に該当するかどうかは法律判断であって専ら裁判所に委ねられるべき問題であることはもとより、その前提となる生物学的、心理学的要素についても、右法律判断との関係で究極的には裁判所の評価に委ねられるべき問題である」

　生物学的要素であっても、裁判所が最終判断をするというのである。精神疾患があるのかないのか、あればどういった疾患で、その程度は、というところまで司法の判断だとした。それでは、精神鑑定は何のために行うのかという疑問が生じてこよう。実際、この決定が長らく裁判所の考え方の趨勢であり、精神鑑定が行われても採用されなかったり、新たな鑑定を命じたりと、判決がでるまで紆余曲折を経ることが珍しくなかった。精神鑑定に対する裁判所の不信感が現れての決定だったといえよう。

　2008年、最高裁判所判決はそれを是正し、次のように述べた。

　「生物学的要素である精神障害の有無及び程度並びにこれが心理学的要素に与えた影響の有無及び程度については、その診断が臨床精神医学の本分であることにかんがみれば、専門家たる精神医学者の意見が鑑定等として証拠となっている場合には、鑑定人の公正さや能力に疑いが生じたり、鑑定の前提条件に問題があったりするなど、これを採用し得ない合理的な事情が認められるのでない限り、その意見を十分に尊重して認定すべきものというべきである」

　精神鑑定の内容に問題がない限り、生物学的要素はもとより、それによって心理学的要素がどの程度の影響を受けたかという精神科医の意見は尊重すべきとした。しかし、先に示したように、ここには精神科医の能力を超える過度の期待が含意されている。おそらくは、2009年に始まる裁判員

裁判を目前にして、複数の鑑定を裁判所が天秤にかけ、評価することも稀ではなかったこれまでの複雑な手続を改め、簡略化を目指したといえる。そのためであろう、裁判員裁判では、その公判前整理手続に検察官の行った精神鑑定が提出されると、それで事足れりとされ、新たに本鑑定を行うことが少なくなっている。つまり、起訴前鑑定がその後の裁判の行く末を決する傾向が強まっているのである。

2 ●起訴便宜主義の問題

　わが国の法律では、被疑者を起訴できるのは検察官のみであり、検察官は刑事訴訟法248条に基づいて、裁量によって起訴するかどうかを決めることができる。所謂、起訴便宜主義である。検察官は、被疑者の責任能力に問題があり、裁判をしても有罪にできなかったり、たとえ有罪になったとしても刑が減軽されてしまう可能性が高いと判断した場合、不起訴処分にすることができる。検察官は、それを判断するためにしばしば起訴前に精神鑑定を行う。この起訴前鑑定には刑事訴訟法223条に基づく嘱託鑑定（勾留期間とは別に数ヵ月をかけて行う）と、法には規定のない簡易鑑定（最大20日間の勾留中に数時間で行う）がある。
　わが国では、検察官によって起訴された事件の有罪率は99.9%と驚異的な高率を誇っている。どうしてこういったことが起こるかといえば、検察官は、起訴する前に責任能力を評価し、そこに問題がありそうなら往々にして不起訴処分にしてしまうからある。そして、次にいったん起訴すると、今度は逆にできる限り有罪にもっていくため、責任能力は完全であったことを積極的に主張する。すなわち、起訴前は責任能力を過小に評価しようとし、逆に起訴後は過大に評価しようとするのである。その結果、わずかな差で責任能力の違いを判断したとしても、起訴前後で検察官の態度は丸っきり反対なものになってしまう。ここに、検察官の判断基準のダブルス

タンダードを観取できる。

　簡易鑑定の存在が、こういった現象に拍車をかけている。嘱託鑑定と簡易鑑定は、それに要する時間に大きな差があり、手法に至ってはその差は歴然としている。というのも、前者では、頭部のCTやMRI検査、脳波検査、血液検査、心理検査などを行ったり、被疑者を良く知る家族に対する面接を加えたりするのが一般的だが、後者は必要最低限のことしか行うことができないからである。この2つの鑑定内容の差ははっきりとしているが、起訴するか、しないかという判断ができれば目的を達することができるため、検察官にとっては同等の価値を持っている。そのため、時間も手間もかからない簡易鑑定がわが国では多用され、それが様々な問題を引き起こしてきた。

　その一番の弊害が、検察官が不起訴処分にする時に、その判断が密室で行われ、判断の理由、経過が公になることがないということである。そのため、精神障害者側からは、裁判を受ける権利を奪われるということで批判がなされている。また、罪を犯しても精神障害者ということで裁判にかけられず、刑から逃れるというのはおかしいという疑問が提起され、これは刑法39条は不要だという主張にも繋がっている。

3 ● 裁判を受ける権利

　日本国憲法32条は、「何人も、裁判所において裁判を受ける権利を奪はれない」と定めている。にもかかわらず、精神障害者は、精神障害を有するということだけで裁判を受けることができない、裁判で何かを主張したいと思ってもそれが適わない可能性があるのである。例えば、「自分は犯罪などやっていない、無実だ、これは冤罪事件だ」という主張があったとしても、それを公の場で訴える機会が与えられない。また、何らかの止むを得ない事情や、被害者に対する特別な思いがあって犯行に及ばざるをえな

かったとしても、それを訴える機会が奪われてしまう。

　そして、不起訴処分を受けた者は、精神保健及び精神障害者福祉に関する法律（精神保健福祉法）に基づいて措置入院になったり、あるいは心神喪失等の状態で重大な他害行為を行った者の医療及び観察等に関する法律（心神喪失者等医療観察法）に基づいて入院命令が下されたりする。これらは、何らかの違法行為を行ったものの精神障害があって罪に問えない人に対する強制医療の場になっており、しかも入院期間に定めはない。

　憲法31条には、「何人も、法律の定める手続によらなければ、その生命若しくは自由を奪われ、又はその他の刑罰を科せられない」と定められている。確かに、精神保健福祉法や心神喪失者等医療観察法という法律に定められた手続に則っていると強弁できそうだが、それは違法行為に直接関係する法律ではない。何らかの意図を持って違法行為を行ったとしたら、それを訴える場も与えられず、強制入院によって口を封じられてしまうということであれば、期限のない自由刑が科せられたも同然であり、それは憲法31条の趣旨に反する重大な人権侵害だという主張は、十分な説得力を持っていると考える。

4 ● 刑法39条不要論

　一方、罪を犯しても精神障害者ということで裁判にかけられず、刑から逃れてしまうのはおかしいという疑問は根強く我が国には横たわっている。精神障害者を特別視する必要はないということから、39条そのものが不要という論者から、その適用を限定すべきとする者までかなりの幅を持った議論がなされている。代表的な議論をみてみよう。

　佐藤[5]は、犯罪をなした精神障害者の刑罰の減免という考え方は、ごく古い時代から日本を含め世界各国に存在したという。当時、犯罪をなした者の心の内面、つまり犯罪意志は処罰の対象にはされず、犯罪を行った身

体のみが処罰の対象とされた。そのため、明らかに異常な言動を呈する精神障害者に対して、政治権力による恩赦として罪が減じられたのである。それが、近代に入り、犯罪行為者の内面が問われるようになり、そこで出てきた概念が責任である。自由意思を持った理性的人間は、犯行を思い止まることができたのに敢えて行ったということで、そこに責任を問うことができると考える。ここで提起された「自由意思－理性的人間像」、「他行為可能性」といった概念は極めて抽象的であり、完全に担いうる人はいないという意味でフィクションである。にもかかわらず、それを有するものとして「人間」を理解し、犯した犯罪との等価交換として刑罰を科すことができるとしたのである。そして、精神障害者は「人間」からは排除された存在であり、故に犯罪の責任も問われないということになった。また、資本主義の進展とともに、労働＝善という思想が普及し、刑罰も身体刑から、自由を奪った上で労働を科すといった近代的自由刑に代わっていった。そこでまたもや、精神障害者は労働を科すことのできない、労働能力のない者として理解されるに至った。このように、理性からも労働からも二重に排除された者として精神障害者は捉えられ、「弱者の保護」という「ヒューマニズム」の美名の下に刑が減免されていったのである。したがって、刑法39条の下には、精神障害者を「人間」から排除する思想が横たわっており、精神障害者を「人間」に復権させるためにも、刑法39条は不要だと主張する。

　さらに、佐藤[4]は、ヨーロッパ、特にドイツの責任能力論の歴史をたどりながら、日本には責任能力概念、もっといえば近代的個人なるものは成立していないと主張する。そして、現在の刑事手続の中で検討される責任能力は、実のところ、生物学的要素や心理学的要素によっては検討されてはいず、その犯行が法律家によって了解可能かどうかということで判断されていると指摘する。すなわち、了解可能であれば責任能力は認められ、了解不能の犯行であれば心神喪失状態にあったとして責任無能力となる。そういった点で、被疑者／被告人の犯行当時の真の責任能力ではなく、裁

判所や検察官の解釈こそが責任能力判断の内実になっていると批判する。であるなら、その主観的判断をさらに推し進め、情状の余地があるとして世間の「ゆるし」が得られるかどうかをこそ、精神障害者がなした犯罪を裁く際のポイントにすべきと主張する。

　井原[2]は、刑法39条の本質は「乱心者免責規定」であり、その起源は責任主義の勃興のはるか昔に遡ることができ、それとは無関係だとする。精神障害者の免責規定が近代刑法に組み入れられたのは、責任主義の登場後になされた事後的な理由づけにすぎない。むしろ、こういった規定は、精神障害者が「刑事罰にふさわしい人間」以下の存在であること、つまり「二級市民」であることを宣告するものといえる。したがって、その適用は謙抑的であるべきである。むしろ、犯行に至った情状を明らかにすることで、刑の減軽を図った方がよい。精神鑑定も、その力点を「責任から情状」へ移していくべきだと主張する。

　日垣[1]は、刑法39条は精神障害者を半人前として扱う非人間的な欠陥条項であるとしつつも、その著書名『そして殺人者は野に放たれる』が暗に示しているように、被害者がいる以上、精神障害者ということで免責することはあってはならないと主張する。

5 ● 責任能力の虚構性

　佐藤は、「自由意思 − 理性的人間像」、「他行為可能性」なる概念がフィクション、虚構だとした。そうであれば、そこに拠って立つ「責任」も虚構ということになろう。

　佐藤[4]は、すべての犯罪にいえることとして、そもそも人は「他行為可能性」がないからこそ犯罪をなす。「他行為可能性」がないとして免責されるなら、全ての犯罪がそうなろう。そこで、一般的・平均的な人間なら、犯行を避け、他の行為をとるはずだと考えることで、それができなかった

人間の責任を問おうという議論が出てきた。そこには、具体的な人間ではなく、理性的に思考し行為するといった抽象的な人間が前提とされ、そういった人間の理想的な行為として「他行為可能性」が虚構化されたのである。

どうして、こういった虚構化がなされる必要があったのか。この議論に従えば、自由意思も虚構ということになり、そもそも人間の意思は自由なのかどうかという根本的な問題が浮かび上がってくる。

小坂井[3]は、自由なる行動という概念がいかに矛盾を孕んだものであるかを実験心理学や社会心理学、ベンジャミン・リベットらの実証科学の成果を挙げながら論じる。それによると、人間は、容易に周囲に感化され、影響され行動してしまう。それが、極端な形で現れた事例の1つがホロコーストである。すなわち、ナチスのユダヤ人殲滅作戦、絶滅収容所。これらを機能させたのは、徹底した分業体制である。ユダヤ人を捕まえる者、収容所へ送る者、ガス室へ送るかどうかを選別する者、実際にガス室に連れて行く者、シャワーだと説明し衣服を脱がせる者、ガスのバブルを開ける者。誰もがこの一連の過程の一部しか担わないことで、また自分がやらなくても誰かがやるはずだと考えることで、普通の市民であったドイツ人達はその残虐行為に対して責任を感じずにすんだ。だからこそ、組織的な大量殺人が遂行されたのである。このホロコーストの一部に加担したドイツ人を、どうして抵抗しなかったのかと責めることは可能である。しかし、その人がその時代にドイツ人として生まれてこなかったら、そもそもそういった問いを投げかけられることもなかったであろう。

行為の根幹に自由意思があると考えるのは全くの虚構なのである。われわれは、遺伝的に制約され、生まれてからこの方の生活環境、社会状況に影響されながら育っていく。今、ここでの行動は、それらの結果である。つまり、行動を因果関係の中で説明しようとすると、いくらでも本人の意志以外の要素を読み込むことができるのである。逆にいえば、本人にある行動の意図を問い質しても、真意が理解され、語られるとは限らない。

小坂井はいう。ある身体運動を単なる出来事ではなく、その人の行為と社会が認めることにより、そこに事後的に自由意志の存在が構成されるのだと。つまり、「自由とは因果律に縛られない状態ではなく、自分の望む通りに行動できるという感覚であり、強制力を感じないという意味に他ならない。強制されていると主観的に感じるか否かが自由と不自由とを分つ基準であり、他の要因によって行為が決定されるかどうかという客観的事実は、自由かどうかの判断とは別の問題だ」。したがって、「近代的道徳観や刑法理念においては、自由意思の下になされた行為だから、それに対して責任を負うと考えられているが、この出発点にすでに大きな誤りがある。……自由だから責任が発生するのではない。逆に我々は責任者を見つけなければならないから、つまり事件のけじめをつける必要があるから行為者を自由だと社会が宣言するのである。言い換えるならば自由は責任のための必要条件ではなく逆に、因果論的な発想で責任概念を定立する結果、論理的に要請される社会的虚構に他ならない」。

　では、犯罪者に対して刑を科す根拠はどこにあるのか。カントやフォイエルバッハなどの古典学派は、犯罪への応報として刑罰を科すこと自体に意義を見いだした。しかし、それでは、どうして国家が被害者の復讐心を代替せねばならないのか疑問が生じてくる。おそらく、その理由は神の意志といった類いの論理を持ち出す以外には説明できないであろう。それに対し、ロンブローゾやリストなどの近代学派は、社会秩序の維持という目的を成就する手段として刑罰の存在意義を主張した。これは、犯罪の抑止あるいは予防するために矯正を目的とした刑罰を科そうとするものだが、それでは改善不可能な犯罪常習犯に対しては刑を科す根拠を失ってしまう。こういった事情から、現在の刑法は、古典学派の応報主義と近代学派の予防目的主義とを妥協的に共存させることで成り立っているといえる。

　しかし、小坂井はここにも論理の転倒があると主張する。すなわち、「犯罪は行為の内在的性質によって規定されるのではない。社会規範に違反することが犯罪の定義だ。……判断基準は否応なしに歴史・社会条件に拘束

される。正しいからコンセンサスに至るのではない。コンセンサスが生まれるから、それを正しいと形容するだけだ」。ここに犯罪が構成され、処罰が行われる根拠がある。すなわち、社会規範への反逆の帰結として処罰が科せられるのである。つまり、処罰を科せられる人間は自らの意思でその行為を行った、その犯罪者は理性的人間であり、「他行為可能性」があったにもかかわらず、犯罪をなした。故に、その責任を追及し、刑罰を科すことができると国家、社会は宣言するのである。

こういった意味で、「自由意思－理性的人間像」、「他行為可能性」なる概念は刑罰を科すために構成された虚構なのである。そして、そこから派生する「責任」もまた虚構ということになる。

さらに、小坂井の議論を敷衍していこう。

では、自由意志のない、理性的な行動を起こせない、「他行為可能性」のない病気の者はどうなるのか。自動車を運転中に突然の不整脈で意識を失い、事故を起こしてしまったらどうなるか。これまで不整脈を起こしたこともなく、本人もそういった事態に陥ることを予測できなかったとしたら、責任を問うことはできまい。同様に、ある個人の思考、感情、行動といった自由意思のレベルが精神疾患に侵されてしまったらどうなるか。この自然に湧き起こってくる疑問についても規定が必要であろう。つまり、「自由意思－理性的人間像」、「他行為可能性」という虚構を維持するためには、反照規定として、それを欠ける者の規定が不可欠なのである。これが刑法39条である。近代刑法と呼ばれる諸外国の刑法にも同様の条項が含まれるのは、以上の議論から分かるように当然なのである。それがないと、刑法体系、つまりは国家が個人に刑を科す根拠が揺らいでしまうのである。

ここで、我々は責任無能力者の存在もフィクションであることに気づく。人はその時々において、たとえ病に侵されたとしても、何らかの意志において行動する。そこに病前からのパーソナリティの連続性を見ようと努めるならば、その片鱗も窺えないことは極めて稀ではないか。完全なる理性的人間が虚構なら、完全なる責任無能力者も虚構なのである。国家、社会

が国民に刑を科すためには、この虚構を担う人間を想定する必要があった。逆にいえば、そういった責任を問うことのできない存在として責任無能力者を設定しなければ、法体系が成り立たないのである。

　したがって、精神障害者に対して弱者の保護というヒューマニズムの美名の下に刑が減免されたと考えること自体も、虚構の成果といえる。法の構造として、刑の減免が規定されなければならなかったに過ぎないのに、そこにヒューマニズムなる新たな価値観を加味しようとしているからである。ヒューマニズムが故に刑が減免されるのではない。法が必然的にそれを要請する、ただそれだけのことである。

　このように考えてくると、精神鑑定を巡る種々の問題もこの虚構性を看過していることに起因していることが分かってくる。

　佐藤は、我が国の責任能力判断は了解可能性を基にして行われているとして批判した。しかし、この批判は実は的を射ていない。犯行の動機や行為が了解できるという意味は、理性的人間であっても赫々然々の事態に置かれれば、同様の行為を取り得ると了解できるということである。この判断をする裁判官や検察官、そして裁判員は、ここで自らを社会が期待すべき理性的人間へと昇華させているのである。そして、その理性的人間ならば、その行為を思い止まって、別の行動を取ることができたと判断する。すなわち、そういった行動を取らなかった犯人はその責任を取り、刑に処せられるべきと考えるのである。一方、了解不能であるというのは、理性的人間の行為としては到底考えられず、それ以外の行為をとろうにも、どうすればそれが可能なのか見当もつかないと判断するのである。つまり、了解可能性を基にした責任能力判断は、その虚構性の中では自然に取られる方法だといえる。

　一方、例えば、『刑事責任能力に関する精神鑑定書作成の手引き』で示された七つの着眼点[6]は、個々の事件において積極的に心理学的要素に立ち入り、事件の了解可能性を広げようとするものである。それを推し進め、人が完全に自由意思を失うということは理念型としてしかあり得ないと考

えるならば、現実には心神喪失はなくなってしまう。つまり、この考え方は、「自由意思－理性的人間像」と「心神喪失」という2極化した虚構構造のうち、前者しか認めず、後者には眼を瞑るものといえる。それは、不幸にして精神疾患に罹患してしまった人の行為全てに責任を読み込もうとするものであり、突き詰めていけば、精神障害者の存在自体を認めようとしない暴論にもなりかねない。言い換えるならば、精神障害者に「自由意思－理性的人間像」といった虚構を一方的に押し付けるものともいえ、近年豊かに展開されているノーマライゼーションの思想とは相反するものといえよう。

　もう一度、繰り返そう。人は他行為可能性がなかったからこそ、犯行に及ぶ。にもかかわらず、社会はその人を理性的人間として虚構化し、責任を問い、刑罰を科そうとする。その反照規定として、理性的人間として虚構化できない人に対しては、刑を科す根拠がなくなる。こういった虚構性を理解してしまえば、社会がそのように判断する程に重篤な精神障害に侵されてしまった人に対しては、責任を追及できないと考えれば事足りるのである。そこに、「人間」から疎外されているとか、二級市民に成り下がってしまったなどと新たな価値観を付与する必要などない。こういった主張は、刑の減免をヒューマニズムと理解する論法と、ベクトルは逆を向いているにせよ同じ次元での議論でしかない。

6 ● 精神障害者の行為を刑法39条以外の論理で減免することは可能か

　日垣はその著作の中で、次々と例を挙げ、検察官や裁判所によって心神喪失、心神耗弱と判断されたケースの不当性を主張していく。被害者の処罰感情を満たすために、刑罰を科すべきだという主張であり、古典学派的な応報主義に基づくものである。この考え方は、私刑の延長上に刑罰を理解するものといえる。果たして、社会や国家は人々の恨みを代替する必要

や義務があるのか。

　これまでの歴史を振り返ってみよう。社会が何らかのイデオロギーの下に暴走を始めると、一定の人達に対して被害感情を抱く市民群を形成していくことがしばしばあった。ナチス・ドイツやソビエト連邦、わが国の治安維持法、中国の文化大革命など、いくらでも例を挙げることができる。市民が支持する（そのように仕向けられ、操作されたという言い方もできるが）処罰感情が社会を覆っていき、精神障害者や精神遅滞者、同性愛者、国家体制を批判する思想を持つ者やその危険性があるとされる者に対して、その存在が害悪とされ、殺戮の限りを尽くされた歴史を忘れてはなるまい。民族紛争や宗教戦争もまた然りである。

　応報主義に与すると、こういった議論が出てくることを怖れてのことであろう、日垣を含め刑法39条に否定的な論者は、精神障害者の犯罪に対して故意・過失や情状について判断し、刑を減免すればよいと主張する。この点について考えてみよう。過失を問うためには、注意責任が前提となり、これをどのように評価するのかが問題となる。例えば、ある人が急速に幻覚妄想状態に陥り、それに左右されて他者の頭上にナイフを振り下ろしたとしよう。身体の病気のように、誰かに助けを求めて病院に行くことすらできない精神状態にあったとしたら、そこに一般人に期待できる注意義務を想定することはできまい。さらに、本人は犯罪をなすという意志も持ちえなかったとしたらどうであろうか。刑法38条によれば、故意のない行為は原則として処罰はされない。過失や故意を成立させるためには、一般人ならば当然有するべき注意義務や自由意志が必要なのである。つまり、ここにはすでに「自由意思－理性的人間像」が前提とされてしまっている。

　次に、情状を考えてみよう。情状とは、裁判にかけるかどうか、裁判になった場合はどの程度の刑にするかといったことを決める際に考慮されるべき事実全般のことをいう。それには、犯行の動機、手段・方法、共犯関係、被害の程度などといった犯罪事実に関するものと、それ以外の諸事情、

すなわち、被疑者／被告人の性格、年齢、生活状態や被害弁償・謝罪・示談の有無、再犯の可能性などがある。これらを完全に詳らかにしていくことができれば、結局は犯行は情状による必然の行動、その人はその時にそれ以外の行動を取ることができなかったことを証明することになろう。つまり、自由意思が入り込む余地がなかった、「他行為可能性」がなかったということになり、その人の責任を問うことができなくなる。つまり、情状を考えるとは、突き詰めていけば、その人の責任を減免していくことに繋がるのである。

　確かに、責任と責任能力を分け、前者のみを考えればよいという議論もありうる。しかし、精神疾患に罹患したということで、情状により責任を減免するということであれば、これは結局は責任能力を議論していることと何ら変わるところがない。

　では、社会が赦しを与えることで刑の減免を考えるという議論はどうであろうか。これも、情状の1つのあり方であろう。許しとは、社会に対して何らかの負債を負ってはいるが、社会はもう責任を問わないと表明することである。すなわち、許しの議論の根本には、その人が責められるべき負債を負っているという意味で、すでに責任という概念が潜んでいることが分かる。そして、その責任を問わないということが許しの本質なのである。この場合、どうして問わないかというと、その人が精神障害に罹患しているからである。ここで、潜かに責任能力の判断がなされていることに気づこう。しかも、許しを受けた精神障害者は、その負債自体は消えないのだから、社会に対してずっと負い目を感じながら生きていかなければならない。彼らをこういった中途半端な状態に置いておくよりは、責任無能力ということで負債そのものを帳消しにしてしまった方が、その人のその後の生活によっぽど希望を与えることができるのではないか。

　このように、故意・過失や情状、許しといった議論により精神障害者の刑の減免を考えてみても、結局は責任という概念に行き着いてしまう。つまり、そこには「自由意思－理性的人間像」や「他行為可能性」が前提とな

っているのである。このことは、そもそも近代刑法においては刑を科す根拠を、そういった前提を有した理想的人間が社会の規範を破ったと想定するところに置いていたのであるから、当然である。同じ法体系の中で別の論理で精神障害者の刑の減免をしようと工夫したとしても、「自由意思－理性的人間像」や「他行為可能性」を欠いた者、責任を問えない（責任能力を喪失していた）者という議論からは逃れることができないのである。であるならば、責任能力論を敢えて忌避する必要もないのではないか。

7 ● 起訴便宜主義の廃止と死刑の審理

　最初の問題に戻りたい。精神障害者だからといってどうして裁判にかけられないでよいのかという批判、また精神障害者から裁判を受ける権利を奪うべきでない主張、この2つの議論は精神障害者を特別視してよいのかといった共通の疑問から出ている。どうしてこういった疑問が起こってくるのかといえば、刑法39条に基づく責任能力の評価の問題と、検察官による起訴便宜主義がリンクしてしまっているところに重大な問題があると考える。検察官は、起訴する前に責任能力を評価し、そこに問題がありそうなら往々にして不起訴処分にしてしまう。本当に責任能力に問題があるのかどうかを法廷で審理するのではなく、検察官が非公開の場で決めてしまっているのである。被疑者は言いたいことがあってもそれを訴えるところがなく、市民の側も不起訴になった過程を知ることができない。双方から疑問が出てくるのは当然であり、それが先の2つの批判に集約していったと考えられる。

　裁判員裁判が始まり、市民が裁判に関わるようになった現在、そろそろ起訴便宜主義について見直す時期に来ているのではないか。少なくとも責任能力に関しては早急に見直すべきである。法廷で、被告人の言い分を聞きつつ、事件当時の責任能力をも検討していくといったプロセスが一般化

していけば、先の2つの批判も解消していくのではないか。

　裁判員裁判の対象は、法定刑に死刑または無期懲役・禁固が含まれる事件（殺人、強盗致死、強姦致傷等）と、法定合議事件のうち故意の犯罪行為で人を死亡させてしまった事件（強姦致死、危険運転致死等）である。死刑が問題となる事件は、全て裁判員裁判の対象となる。精神障害者の犯行の場合、その責任能力が問題になってくるが、それは隠し立てするようなものではなく、積極的に議論に付されるべきものであることをこれまで見てきた。その根拠法が刑法39条であり、この条文が刑法に存在する理由を、今一度確認してもらいたい。そして、裁判員にはこの点について大いに議論をし、判断を行ってもらいたい。刑法39条は、心理学的要素を判断する前提として生物学的要素が掲げられている。生物学的要素とは、精神疾患の有無、重篤さを検討するものである。当然のことながら、治療可能性や精神保健福祉上の諸問題が議論されることになろう。市民の目を精神障害、精神保健福祉に向けさせるよい機会ではないか。問題を直視し議論することこそが、精神障害に対するスティグマを解消する方法だと信じる。さらにいえば、そういった中で精神疾患に対する市民の理解が深まり、ひいては精神科医療の発展、メンタルヘルスの向上へと繋がっていくことを期待したい[7]。

　繰り返すが、そのためにも責任能力に関しては起訴便宜主義があってはならない。裁判員裁判の対象となる事件は、すべて裁判に付すことにし、責任能力が問題となれば精神鑑定を行うべきである。しかも、それは起訴便宜主義を前提とした検察官による起訴前鑑定ではなく、裁判所による本鑑定がなされるべきである。そして、それについて裁判員裁判で審理していけばよい。そこでは、量刑に関して、死刑の是非も問われることであろう。責任能力に疑義が生じれば、死刑は回避される。その判断を裁判員が責任を持って行うのである。

　小坂井は、現在の死刑執行のプロセスも、ホロコースト同様の無責任体制の中で初めて維持されていることを指摘する。死刑囚を起訴した検察官、

死刑の判決をした裁判官、様々な書類を作成していった法務官僚、執行命令を下した法務大臣、その命令を受けた拘置所長、実際の死刑に携わる複数の刑務官、そして「国民の大半が死刑の存続を望んでいる」と死刑を正当化する法務省等。こういった連鎖の中で、誰も死刑執行にいたる決定的な責任を取らずに済んでいるところに死刑制度存続の本質があるのである。

　裁判員は、精神障害者の責任能力を判断する中で、こういった問題に直面するであろう。死刑の是非も含め、国民的議論が湧出することを期待したい。

【文献】
1) 日垣隆：そして殺人者は野に放たれる．新潮社，2003
2) 井原裕：精神鑑定における精神科医——39条の謙抑と情状の考慮．司法精神医学3：93-100，2008
3) 小坂井敏晶：責任という虚構．東京大学出版会，2008
4) 佐藤直樹：刑法39条はもういらない．青弓社，2006
5) 佐藤直樹：刑法39条は本当に必要なのか．司法精神医学3：101-106，2008
6) 「他害行為を行ったものの責任能力鑑定に関する研究班」作成．第4版，2008
7) 私は、前著『市民のための精神鑑定入門：裁判員裁判のために』（批評社、2012）で示したごとく、責任能力が問題となる事件を裁判員裁判に付すことに消極的であった。しかし、本稿を準備する中でその意見を変更するに至ったことを註記しておきたい。

死刑論の辺縁

高岡　健　Takaoka Ken

1 ● はじめに

　千葉景子法務大臣（当時）が、自ら死刑執行命令を下すことと引き換えに設置したといわれる会議が、法務省の「死刑の在り方についての勉強会」だった。その取りまとめ報告書に付された資料16は、「死刑制度の存廃に関する議論の状況」と題して10項目の論点を挙げ、それぞれに対し死刑制度廃止論の立場と存置論の立場から、短いコメントを列記している。ちなみに、10項目とは、「死刑制度に対する根本的思想・哲学に基づく議論」、「死刑に犯罪抑止力があるか否かという観点からの議論」、「誤判のおそれをどのように考えるかという議論」、「被害者・遺族の心情等をどのように考えるのかという議論」、「犯人の更生可能性に関する議論」、「世論調査についての議論」、「死刑の廃止は国際的潮流か、国際的な動きを考慮すべきかという議論」、「死刑が憲法に違反しないかという議論」、「死刑と戦争に関する議論」、そして「裁判員裁判と死刑に関する議論」だ。

　10項目のなかの後3項目（憲法・戦争・裁判員裁判）は、報告書のまとめ（本書の「まえがき」を参照）に含まれていない。これら3項目のうち、憲法に関する論点とは、死刑が憲法36条の「残虐な刑罰」に該当するか否かをめぐっての議論であり、そのことに対する私の考えは本書の鼎談の中で触れた。そこで、小論では、残る2つの論点について検討を加える。これら2つは、死刑論の辺縁に位置するようにみえながらも、死刑の本質を

逆照しうる視点をはらむからである。

　ところで、上述した10項目に含まれていない重要な論点が、精神障害者と死刑の問題および少年と死刑の問題であることは、改めて指摘するまでもない。それら以外にも、10項目に含まれていない論点として、死刑による（脳）死者からの臓器移植に関する議論と、少年死刑囚の実名報道に関する議論を挙げることができる。これらもまた、死刑論の辺縁に位置するかのようにみえても、死刑の本質を逆照しうる視点をはらんだ論点であるといいうる。

2 ● 戦争と死刑
—— 天つ罪と国つ罪

　取りまとめ報告書に付された資料によると、死刑と戦争に関する議論について、死刑廃止論は、「法の名の下に合法的に人を殺せるのは死刑と戦争だけである」「そうであるなら憲法9条で戦争を禁止していながら死刑を維持するという理屈はたたない」という論理を展開しているという。対する死刑存置論は、「死刑廃止を主張する者の多くは軍隊や戦争を放置しながら、国家に人を殺す権利はないなどと主張する」と反論しているという。

　いずれも書き写しているほうが恥ずかしくなるような、本質に触れない議論というしかない。ただし、報告書の他の個所には、以下のような無視しえない内容が記載されている。

① 日本では、法定刑として死刑のみを規定しているのは外患誘致罪だけであり（絶対的死刑）、他の罪においては無期懲役などの他の刑も選択できるとされている。

② 英国では、謀殺罪については1969年に死刑執行停止の恒久化が議決されたが、他の犯罪で死刑が廃止されたのは、海軍施設での放火が1971年、スパイ活動が1981年、反逆罪が1998年、特定の戦時刑法違反が2003年になってからである。

③　1989年国連総会において採択された死刑廃止条約（死刑の廃止を目指す市民的政治的権利に関する国際規約・第二選択議定書）は、「この議定書にはいかなる留保も許されない」と述べているが、そこには「戦時中に行われた軍事的性質の極めて重大な犯罪に対する有罪判決に従って戦時に死刑を適用することを除き」という条件が付記されている。

　これらをみると、国家間戦争を根拠とする死刑は、他の罪に対する死刑とは別格に扱われていることがわかる。以上に加え、私たちは、報告書に記されていない次のような例を、ただちに思い浮かべることもできる。

④　ニュルンベルグ軍事裁判は、医学研究において被験者の意志と自由を保護する倫理原則としてのニュルンベルグ綱領を産んだが、他方で戦争犯罪人には死刑を適用した。

⑤　米軍からイラクへ引き渡されたサダム・フセインの死刑執行後、英国外相は「いかなる国でも死刑は行われるべきでない」としたが、米国大統領（ブッシュ）は「民主化を進める画期的な出来事」と述べた。

⑥　ウサマ・ビンラディンの暗殺を、ホワイトハウスの地下危機管理室にある音声付スクリーンで見ていたオバマ、クリントン、ゲーツの3人は、殺害後に「We got it !」と呟いた。他方、パキスタン部族地域の裁判所は、ビンラディン暗殺でCIAに協力した医師に対し、国家反逆罪で禁錮33年の判決を下した。

　6番目の例は、裁判を経ていない、国家による私刑としての暗殺と、それに対する部族国家の反撃行動という意味で挙げた。このように列挙してみるなら、すでにあらゆる死刑を停止した英国のコメントを除けば、戦争においては裁判に基づいた死刑にとどまらず、暗殺および暗殺の実況といった猟奇的行為までもが、正義とされていることがわかる。つまり、死刑や暗殺は、政治権力の統制の対象に向かって、無慈悲に執行されるということだ。同じことだが、政治権力の危機を、敵を抹殺することによって政治権力の強化へ反転させる方法が死刑だと、言いなおすこともできる。これは、天つ罪（スサノオが高天原で犯した罪）に相当する、国家成立以降

の犯行に対する刑罰だといいうる。

　それに対し、共同体の危機を、象徴的な清祓の実行によって安定へと向かわせる、宗教的王権を想定することができる。国家間戦争に関連しない犯罪に対する刑罰は、本来すべてここに属する。そこでは刑罰は死刑の形をとる必然性はなく、共同体の危機に際しては、ただ清祓の対象としての生贄を必要とするだけだ。生贄とは、結果的には生贄にされた者の生物学的生命を奪うが、その本質は共同体を被覆する王権への捧げものにほかならない。したがって、象徴的生命を文字通り生きたまま差し出すことを意味しており、生物学的生命に関しては考慮の対象になっていない。これは、国つ罪（天孫降臨以前の国土で犯した罪）に相当する、国家成立以前の非行に対する祈禱だといいうる。

　ところで、統一的な部族国家が成立する直前の過渡期には、天つ罪と国つ罪の未分化な混合状態がみられる。混合状態においては、本来は政治権力の危機に際してのみ発動するはずの死刑を、宗教的王権が共同体の危機を認識する度合いに応じて発動することがありうる。このような過渡期を、吉本隆明に倣ってアジア的段階と呼ぶとすれば、その本質は政治権力と宗教的王権の二重性であり、そこでは死刑も、刑罰と清祓の二重性を刻印されることになる。

　歴史は原始からアジア的段階を経て古代へと単線的に発展するのではなく、いわば地層のように積み重なる（マルクス「ザスーリチへの手紙」）から、新しい地層が崩れたときには古層が露出する。たとえば、現代の日本において、国家間戦争とは無関係に死刑が残存しているのは、アジア的段階（遺制）の露出ゆえである。また、近代国家であるはずの米国が実行したビンラディン暗殺は、裁判によらない死刑という意味で、アジア的遺制を混入させた古い方法の選択だった。そしてその結果、部族国家の反発を招いたが、いまのところ部族国家はアジア的遺制へと退行した方法（米国への清祓的反撃）をあえて採用せず、辛うじて刑法の形式を維持しようとしているかにみえる。また、英国は、この暗殺事件に関する限り、近代国

家の体面を保とうとしているようだ。

　ここで附記するなら、日本では律令国家の成立直後に、死刑の執行されなかった時期（モラトリアム）が見られるという説がある。それが事実か否か、私は検証する手段を持ちあわせないが、戦争が一時的に遠のき共同体が相対的に安定している限りは、死刑のモラトリアムはありえた話であろう。つまり、アジア的段階から離陸しつつあった律令国家は、すでに王権の宗教性を遺制として隠すことに、一時的ではあれ、成功しつつあったといいうる。

　いずれにせよ、戦争と死刑に関する議論は、死刑の辺縁問題のように見えながら、死刑の二重性という視座を引き寄せることによって、死刑の本質を射抜くことになった。それは国家の統制と共同体の安定に従属する二重性であり、換言するなら、**死刑はいかなる意味でも個人に属するものではない**ということを意味する。他の刑罰とは異なり、死刑による生命の抹消は、敗戦国の戦争意思が戦犯個人の脳髄に宿るという仮構を信じるか、あるいは生命の共同体外への永久的追放が共同体内を鎮魂するはずだという信仰を堅持する以外には、構想すること自体が不可能なのである。

3 ● 裁判員裁判と被害者・遺族の心情
　——〈社会一般人〉の仮構

　同じく取りまとめ報告書に付された資料は、裁判員裁判と死刑に関する議論について、次のようにまとめている。すなわち、死刑廃止論は、「普通の市民が自ら死刑を宣告するというのは恐ろしい事態であり、欧州諸国からは野蛮な国と見られかねない」とする。他方、存置論は、「死刑に関しては国民に裁く資格がない、能力がないということはなく、もっと国民を信頼すべき」「裁判員には、個人としての感情を大事にしながらも、より大きな司法としての社会正義実現の責任を全うすることが求められている」とする。やはり、これらも書き写しているほうが恥ずかしくなるような、本

質に触れない議論というしかない。
　一方で、毎日新聞が実施したアンケート調査によると、裁判員経験者467人のうちの50％が死刑求刑事件に関わった方がいいと回答し、14％が関わった方がいいが判決は全員一致とすべきと回答したという（2012年5月18日朝刊）。ただし、50％の人たちの属性（たとえば社会階層）については、男女比以外は解析されていない。だが、彼ら／彼女らが、個人と〈社会一般人〉という仮構を混同しやすい立場にいる人たちであることは、間違いないだろう。なぜなら、すでにみてきたように死刑は個人に属するものではなく、国家ないし社会に従属するものだからである。
　〈社会一般人〉という仮構は、同報告書資料中の別の項目に記されている被害者・遺族の心情に関する議論へと、容易に通底する。もちろん、〈社会一般人〉といった、いかにもすわりの悪い言葉に示されるような人間が、現実に存在するわけではない。それは、共同体を鎮静化するために動員された、仮構の人間に過ぎない。だから、そこに積極的に身を置こうとすれば、どのような個人も限りなく共同体へ溶解してしまうほかない。
　それでも、あえてそうしたい人たちがいる。アンケート調査が示す50％の人々には、すすんで共同体への溶解を正義と信じる人間が、かなりの割合で含まれているに違いない。彼らは、自らの心情を、被害者・遺族の心情に擬そうとする。だが、加害者と被害者とのあいだに生じる応報感情が、加害者と第三者とのあいだに真の意味で生じるはずがないのは当然だ。つまり、生じているのは別の心情のはずなのに、彼らはそのことに気づこうとはしない。ほんとうに生じているのは、共同体を飲み込む荒波（荒波とは犯罪を意味するものではなく、たとえば失業率の増大などを指す）に不安をかきたてられた人々が、その荒波の来たる原因を解ろうとせず、ひたすら祈禱としての死刑を唱えることで、不安を鎮めようとする姿にほかならない。
　赤穂浪士の討ち入りをエッセイで取り上げた小説家に倣っていうなら、加害者である四十七士を支持する民衆とは逆の、あるいは秋葉原事件を経

済的貧困と重ねたかった人々が加害青年を擁護しようとしたこととは反対の、現象が生じていると言い換えてもよい。このとき〈社会一般人〉は、死刑囚に対しても仮構の姿を求める。犯罪者は、自らの死に直面させられることにより、過去を悔い改めて真の謝罪へと至るに違いないとする仮構だ。

　だが、真の謝罪へ至るはずだという仮構は、大阪教育大学附属池田小学校事件[*1]、大阪姉妹殺害事件[*2]、土浦事件[*3]の各死刑囚によって、すでに無効化されている。それぞれの死刑囚は、獄中結婚後に堂々と死刑台へ向かうことによって、あるいは「自分は応報的考えを持っているから死刑は当然だと思っているが謝罪はしない」と語ることによって、そして「俺を殺さなければ死刑になるまで（人を）殺し続けます」と宣言することによって、死刑による更生論の虚妄を明るみに出した。彼らは、自殺の裏返しとしての殺人を、実行した人たちだった。

　ところで、加賀乙彦（小木貞孝）は、拘置所医師としての経験を基盤にして著した小説『宣告』において、死刑囚でキリスト者の楠本他家雄に、次のように語らせている。「或る意味で、ここは屍体収容所ですから。わたしどもの唯一の義務は殺されること、それも恥辱の形においてくびり殺されることです。生きていることの意義がそれだけというのがわたしどもです。（中略）ただもう死を恐れ、俗な言い方で申せば恐怖におののくのが、立派な死刑囚で、事実世間が考えている死刑の意義はそこにしかございませんでしょう。」

　小説中の他家雄は、宗教に目覚めながら、〈社会一般人〉が求める「死刑の意義」を、肯定も否定もしていないようにみえる。要するに、超越して

＊1　2001年に、校舎内の4つの教室にいた児童らが包丁で切りつけられ、8人が死亡、児童13人と教師2人が重軽傷を負った事件。
＊2　2005年にマンションに住む姉妹が刺殺され、放火された事件。加害者には、少年時代に母親を金属バットで殺害した前歴があった。
＊3　2008年に男性が自宅前で刺殺され、続いてJR荒川沖駅周辺で8人が殺傷された事件。

いるということだ。つまり、**死を前にした悔悛という論理は、とうの昔に超えられていたのである。**

実際に、他家雄のモデルになったメッカ殺人事件[*4]の死刑囚は、三審判決後の日記に、「僕は絶望していないし、泣いているわけでもない。恐怖感も抱き得ない程不感症なのだろうか。／どういたしまして。僕は唯、さっきのんだサイダーが如何にも旨かったので、絶望しないのだ」と記している。もっとも、同じく加賀によると、そもそも「回心を経て真の信仰に入った者は、結局そう多くはない」(『死刑囚の記録』)という。だとすると、〈社会一般人〉が死刑囚に対して望むものは、ただ「恐怖におののくこと」のみだということになる。

4 ● 死刑と臓器移植
　　── 共同体の内と外

死刑と共同体をめぐる議論には、すでに記した戦争に関して以外にも、もう一つの深刻な切り口がありうる。それは臓器移植との関連だ。唐突にも映るこの切り口について、光市事件[*5]を例にとり、以下に考察をすすめてみる。

光市事件の差戻し上告審で、最高裁第一小法廷は被告側の上告を棄却し、被告人である元少年の死刑が確定した。光市事件そのものについては、本書の別の個所で浜田寿美男が詳述しているが、ここで照準を合わせる対象は、次のような辺縁的にみえる主題だ。

毎日新聞によると、上告審判決が下される直前に元少年と面会した記者

[*4]　1953年に新橋のバー「メッカ」で証券外務員が殺害され、現金が奪われた事件。主犯は慶応大学経済学部出身、獄中でカトリック教徒となり、心境をさまざまな文章にした。

[*5]　1999年に、排水検査を装ってアパートの一室に入った少年が、そこに住む母子を殺害した事件。裁判の詳細については、本書の浜田論文を参照。

に対して、元少年は臓器移植のドナー登録に触れ「1人の命でも、複数の命をつなぐことができる」と話し、命をなくす死刑には反対と続けたという。この報道を読んだ限りでは、元少年がドナー登録をしているかどうかは不明というしかない。

　しかし、元少年のドナー登録の有無にかかわらず、死刑囚からの臓器移植は死刑問題の辺縁どころか、中心的な主題になりうる。なぜなら、同じく毎日新聞が翌日付で「中国では死刑囚本人やその家族の同意を得ることなどを前提に、死刑囚の臓器を使った移植を容認している」「これまで日本人患者を含め移植の多くは死刑囚をドナーとしてきた」と報じているからだ。

　ここで、ある一人の日本人が、脳死下での臓器移植を了承するという内容の、ドナーカードを所有していたと仮定してみる。彼は、その後に重大事件を起こしたために、裁判を経たあと、死刑が執行されたとしよう。現在の執行方法では、絞首から心臓死までにかなりの時間が経過することが知られている。すると、その時間の経過中に脳死の判定が行われ当該臓器を切りだすことは、技術的には可能なはずだ。ドナーは匿名性ゆえの平等を前提にするので、彼が死刑囚であるからという理由で、他のドナーから区別し彼の生前意思を無視することは、少なくとも倫理的に許されることではないだろう。こうして、ドナーの死を待ち望んでいた日本のレシピエントは移植を受け、手術からの回復後に死刑執行の新聞記事を読んで、自分がもらった臓器は、あの死刑囚からのものかも知れないと気づく。

　このようなストーリーは、決してありえない話ではない。もちろん、脳死下での移植に限らず、心臓死下での移植までをも想定するなら、さらにありえない話ではなくなるだろう。

　生体臓器移植の場合のような身内の関係でない限り、臓器移植のドナーとレシピエントとの関係は、脳死下であろうが心臓死下であろうが、原則的に互いに未知であることを前提とする。言い換えるなら、互いに異なる共同体に属することを前提としている。端的には、米国のようにレシピエ

ントがアッパークラスに属し、ドナーがアンダークラスに属するような場合だ。このことは、同じ共同体に棲む人間同士では臓器をモノとして扱うことはできにくいが、共同体の内外に別れていればモノとして扱いやすいというところに、根拠を持っている。

　はたして、日本の死刑囚は、共同体の内部に棲む人間だと考えられているのか。そう考えられていないときにはじめて、死刑囚からの臓器移植が成立する。臓器移植が成立するのは、もともとドナーが共同体の外に位置している場合か、あるいはドナーが既に共同体から放逐されている場合だけだ。別の言い方をするなら、共同体外の臓器である限りにおいて、はじめてモノとしての臓器が移植可能になるということだ。

　逆に、**死刑囚からの臓器移植を拒みたいレシピエントがいるとするなら、彼は死刑そのものに反対する以外になくなる**。なぜなら、レシピエントはドナーを選択できないからだ。念のために附記しておくならば、死刑に賛成しておきながら死刑囚からの臓器移植を拒むレシピエントがいるとするなら、彼は共同体外へ追放した人の亡霊に怯えているのだ。(ちなみに、私は死刑にも臓器移植にも反対しているから、亡霊に対する怯えからは予め免れている。)

　それならば、死刑囚からの臓器移植を法律で禁じればいいのかというと、そうはいかない。脳死は人の死であるとする移植推進論者の定義に基づく限り、絞首後の移植を禁止するなら、それは善意の死者に優劣をつけることになるからだ。同様に、心臓死における移植でも、死者に優劣をつけることはできない。換言するなら、死んだ後においてまで、彼の遺したモノとしての臓器が、共同体から排除されつづけねばならない理由はないということだ。

　ちなみに、先に触れた『宣告』には、死刑囚が自らの遺体を解剖学教室へ献体できるように、「白菊会」へ登録したと語る場面が描かれている。標準的な医学教育では、毎回の解剖実習の開始前と後には黙禱が行われるし、遺体へ敬意を払うことが繰り返し強調される。なるほど、解剖実習中の遺

体および臓器はモノとして対象化されていることになるのだろうが、少なくともそれらが死刑囚であった人の遺体や臓器であるかどうかは、一切考慮されていない。つまり、死刑囚であったか否かを問わず、生前に献体のための登録をした人たちは、自らが等しく共同体外へ放逐されることと引き換えに、モノとしての臓器が共同体内における医学教育に供されることを望んだということだ。共同体間の境界における交換が、そこには成立しているのである。

　死刑囚からの臓器移植は、自発的意志でドナー登録がなされている限りは、解剖学教室への献体と同様に扱われねばならない。そう法律が明記したとき、〈社会一般人〉は、「どんどん死刑を執行せよ！　そうして死刑囚からの臓器を役立てよ！」と、真顔で訴えるのだろうか。

5 ● 少年死刑囚の実名報道
　── メディアの倫理

　光市事件は、さらに別の論点を、世の中に投げかけている。差戻し上告審後に、ブロック紙（東京・中日・西日本）を除く各紙とテレビ局は、死刑囚となった元少年の名前を、匿名から実名へ切り替えて報道したのだ。それ以前は、各メディアがこぞって、増田美智子による質の悪いルポ本での実名記載を非難していたことに鑑みるなら、手のひらを返したというほかはない。しかも、朝日・NHKなどは、実名報道へ切り替えた理由として、「死刑判決によって更生の機会がなくなった」ことと、「対象者の生命を奪う国家を監視する必要がある」ことの2点を挙げていた。開いた口が塞がらない。

　死刑判決によっても、再審や恩赦の可能性が残っている以上、更生への道が完全に断たれたわけではない。また、そもそも差戻し上告審における5人の裁判官のうちの1人は、過去に高検検事長として事件に関与したという理由から、審理を回避している。さらに、他の1人は、再度の差戻し

を求める反対意見を述べている。つまり、辛うじて過半数で死刑が確定したという、歴然たる事実があるのだ。このような際どい結論を無批判に追認して、更生の機会がなくなったと平気で記すような姿勢が、果たしてマスメディアの報道として正しいといえるのか。

　また、国家を監視する必要性などと大上段に振りかぶりたければ、何よりも死刑囚への継続的な取材許可を主張すべきではないか。当面それが不可能だとしても、少なくとも元少年の家庭裁判所段階での供述がどうであったかを、検証し報道すべきではないのか。なぜなら、家裁調査官による少年調査票や、少年鑑別所技官による鑑別結果通知書が秘匿されるのは、ひとえに少年の更生に不利益をもたらさないためであり、いやしくも更生可能性がなくなったというのであれば、秘匿の必要性はなくなるはずだからだ。

　光市事件の弁護団が作成した資料集には、鑑別所技官が得た所見として、赤ん坊を抱く被害者に対し懐かしいような甘えたいような気持を感じ、死者が生き返るという恐怖に突き動かされたと、元少年の陳述を記している箇所がある。このような犯行直後の陳述が詳細に報道されるなら、元少年が差戻し上告審になってはじめて、助命のための荒唐無稽な陳述を開始したのではないことが明らかになるはずだ。

　ところで、実名報道が行われた最後の少年死刑囚は、永山則夫[*6]だった。彼が、本名で記したノートや小説を発表したことは、よく知られている。それらの内容についての水準や好悪は今は問わないが、ただ一つ、次のようにはいいうるであろう。それは、永山をめぐる裁判が匿名で報道されていたとしても、彼は実名で自分の文章を公表したであろうということだ。

　今後、もし少年に対する死刑判決が続くなら、少年死刑囚の中から、実名で手記や作品を公表しようとする者があらわれる可能性がある。日本では、生あるうちは氏名を剥奪され、死に足を踏み入れてはじめて、奪われ

──────────
＊6　1968年から1969年にかけて惹起された連続射殺事件の加害少年。1997年に死刑が執行された。

つつある自らの命と引き換えに、ようやく氏名の復権が可能になるような状況が生じつつあることを、それは意味する。そのような状況が、はたして正常な社会といえるのかは、もちろん疑問だ。

　一方、死刑のない国イギリスで殺人を行った、マリー・ベル事件[*7]やジェイムス・バルガー事件[*8]の加害少年たちは、出所後に別の名を与えられて暮らしているという。来歴までもが、新しくつくられ与えられているのであろう。もっとも、そのような方法が正しいのかどうかについても、私は疑問なしとしない。

　やはり、**少年に関しては死刑を適用しないことを前提に、匿名報道を原則とすべきだ**と思う。そして、少年死刑囚自身が実名での表現を世に問おうとする場合に限り、支援者との討論を繰り返してメリット・デメリットを整理した上で、その適否を慎重に判断すべきだ。何度でも言うが、朝日やNHKは、少年への死刑適用凍結の旗幟を鮮明に掲げないから、「死刑判決によって更生の機会がなくなった」「対象者の生命を奪う国家を監視する必要がある」などといった、噴飯ものの主張をせざるをえなくなったのだ。

6●まとめ

(1) 戦争と死刑に関する議論は、死刑が国家の統制と共同体の安定という二重性に従属していることを明らかにした。つまり、死刑はいかなる意味でも個人に属するものではない。
(2) 裁判員裁判における〈社会一般人〉の仮構は、死刑囚に対しても死に

＊7　1968年にニューカッスルで起こった2人の男児殺害事件。当時11歳だった加害少女＝マリー・ベルは、「あたしはころした」というメモを残した。(『マリー・ベル事件』評論社)
＊8　1993年にリバプールで2歳のジェイムス・バルガーが誘拐殺害された事件。加害者は当時10歳の2人の少年だった。(『子どもを殺す子どもたち』翔泳社)

直面しての悔悛という仮構を求める。だが、その仮構の論理はすでに超えられており、〈社会一般人〉は死刑囚に対し、ただ恐怖におののくよう望むことしかできない。

(3) 死刑囚からの臓器移植を拒みたいレシピエントがいるなら、彼は死刑に反対する以外にない。逆に、死刑に賛同する限りは、死刑囚からの臓器移植を拒絶することはできない。

(4) 少年に関しては、死刑を適用しないことを前提に匿名報道を原則とすべきである。それでもメディアが少年死刑囚を実名で報道したいのであれば、死刑囚への継続的な取材許可を主張すべきであるとともに、秘匿された記録の公開を求めるべきである。

あとがき

中島 直　Nakajima Naoshi

　「死刑と精神医療」という、狭く、あまり知られているとも言えないテーマに、これだけの方が稿を寄せてくださった。まずは快くお願いをお受けくださった執筆者の皆さんに感謝したい。狭いテーマにもかかわらず、これだけ多様な視点があるのかと、編者としても改めて驚いている。

　読んでいただけるとすぐにおわかりいただけると思うが、執筆者同士にもかなり意見の違いがある。意見が違うというのみでなく、議論がかみ合っていないような印象も持たれるかもしれない。編者としては、本邦では未だ議論が少なすぎるのがその最大の理由だと考えている。

　種々の領域から執筆者を出してもらったつもりであるが、決定的に欠けている一群がいる。学術的な視点を第一に考えた書物であるので、死刑囚（特に、精神障害を有する）、その家族、死刑となった犯罪の被害者、その家族等の〈当事者〉が執筆群の中に不在であるのはやむを得ないとしても、死刑囚の処遇や死刑執行、それに伴う種々の判断に、直接であれ間接であれ、関与している人、あるいは少なくともその情報を得ている人の執筆がないのである。編者としては、これも本邦における死刑に関連する情報すべてに通底する密行主義によるものと考えているが、いずれにせよこのような事態を打破しなければいつまでたっても遠くから論じているような状況が変わらない。

　このようなテーマの書物を手に取っていただき、お読みいただいた読者の皆さまにも感謝したい。

私事に及ぶことを容赦されたい。編者中島がこのような形で「あとがき」を書くのは、本シリーズで2008年に公刊させていただいた『犯罪と司法精神医学』（批評社）以来のことである。そのときには私に影響を及ぼした人々の名を挙げて感謝の意を表した。あのときに書いた「あとがき」の内容からの最大の変化は、森泰一郎氏の若すぎる死である。あのとき「あとがき」を記すに当たっては、同氏に許可をとり、内容も見せろと言われてそのとおりにし、修正を求められてそれに従った。障害発生日を特定するかのような表現があって、それが自身の受給している障害年金（特別障害給付金）の診断書と相違していることからの指摘であった。今回は彼に許可をとることができない。「死者にプライバシーはない」というのが彼の持論であったから、おそらく許してくれるであろう。彼は、晩年は知らないが、少なくとも一時期までは、死刑廃止論者ではなかった。どのぐらい真意なのかわからないが、革命が成就したとき、反革命分子に対する処分をどうするのだ、というのが彼の死刑存置論の根拠の一つであった。私は、「貴方が生きているうちには革命は起こらないから大丈夫」と混ぜっ返しておいたが、それがそのとおりになってしまった。

　最後に、こうした書物の発行の機会を与えてくださり、適時に適切な表現で原稿の催促をし、緻密な編集作業を行う、批評社のスタッフの皆さんに、心からの謝意を表する。

執筆者略歴

●高岡 健（たかおか・けん）
1953年生まれ。精神科医。岐阜大学医学部卒。岐阜赤十字病院精神科部長などを経て、現在、岐阜大学医学部准教授。日本児童青年精神医学会評議員。雑誌「精神医療」（編集＝「精神医療」編集委員会、発行 批評社）編集委員をつとめる。
著書に、『別れの精神医学』『新しいうつ病論』『人格障害論の虚像』『自閉症論の原点』（以上、雲母書房）、『発達障害は少年事件を引き起こさない』『精神鑑定とは何か』（以上、明石書店）、『引きこもりを恐れず』『時代病』（吉本隆明氏との共著）（以上、ウェイツ）、『16歳からの〈こころ〉学』『不登校・ひきこもりを生きる』（青灯社）、『やさしい発達障害論』『やさしいうつ病論』『MHL17 心の病いはこうしてつくられる』（石川憲彦氏との共著）（以上、批評社）、ほか多数の著作がある。

●中島 直（なかじま・なおし）
1965年生まれ。1990年東京大学医学部医学科卒業。東京大学医学部附属病院精神神経科助手、茨城県立友部病院医師、横浜刑務所医務部法務技官を経て、2001年から多摩あおば病院勤務、現在同院副院長・診療部長。法と精神医療学会理事。
著書に、『MHL6 メンタルヘルスはどこへ行くのか』『MHL16 動き出した「医療観察法」を検証する』（いずれも共著、批評社）『犯罪と司法精神医学』（批評社）など。訳書に、『米国精神医学会・拘置所と刑務所における精神科医療サービス』（共訳、新興医学出版社）など。

●芹沢俊介（せりざわ・しゅんすけ）
1942年東京生まれ。1966年上智大学経済学部卒業。文芸・教育・家族など幅広い分野の評論で活躍。現代の家族や学校の切実な課題、子どもたちの問題を独自の視点で捉えている。我孫子市在住。一男二女の父。
著書に、『引きこもるという情熱』『「存在論的ひきこもり」論』（以上、雲母書房）、『母という暴力』（改訂増補版）『ついていく父親』（以上、春秋社）、『「いじめ」が終わるとき』『幼年論』（共著、以上、彩流社）、『親殺し』（NTT出版）、『若者はなぜ殺すのか』（小学館新書）、『阿闇世はなぜ父を殺したのか』（ボーダーインク）、『家族という絆が断たれるとき』（批評社）、『家族という意思』（岩波書店）ほか多数の著作がある。

●小林 修（こばやし・おさむ）
1952年愛知県生まれ。名古屋大学卒業。1983年弁護士登録。現在愛知県弁護士会。日弁連人権擁護委員会再審・冤罪部会部会長、日弁連死刑執行停止法等実現委員会委員長を経て、現在日弁連死刑廃止検討委員会委員長代行兼副委員長。名張毒ぶどう酒事件再審弁護人、日野町事件再審弁護人。

●山本眞理（やまもと・まり）
1953年生まれ。17歳のときに初めて精神病院に入院、現在障害年金2級受給中。全国「精神病」者集団会員。世界精神医療ユーザーサバイバーネットワーク理事。1980年代初めより全国「精神病」者集団の活動に参加。
著書に、『精神医療』（現代書館）、『自立生活運動と障害文化──当事者からの福祉論』（共著、全国自立生活センター協議会発行、現代書館発売）、翻訳に、『精神医療ユーザーのめざすもの──欧米のセルフヘルプ活動』（メアリー・オーヘイガン著、解放出版社）。

●横藤田 誠（よこふじた・まこと）
1956年生まれ。広島大学政経学部卒業。広島大学大学院社会科学研究科博士課程単位取得。現在、広島大学大学院社会科学研究科教授。専攻は憲法・医事法。
著書に、『法廷のなかの精神疾患──アメリカの経験──』（日本評論社）、『裁判所は「権利の砦」たりうる

か』(編著、成文堂)、『人権入門——憲法・人権・マイノリティー』(共著、法律文化社)など。

●**多田　元**(ただ・はじめ)
1944年生まれ。一橋大学卒業後、裁判官に。89年名古屋市にて弁護士を開業。NPO法人「子どもセンター パオ」代表理事のほか、NPO法人「全国不登校新聞社」代表理事、南山大学法科大学院非常勤講師(「家庭・少年問題と法」「刑事実務演習」)、医療事故情報センター常任理事。
著書に、「子どもの伴走者を志して」(共著、『子どもの人権新時代』日本評論社)、「少年審判における附添人の役割」(共著、『司法福祉の焦点』ミネルヴァ書房)、「少年審判と非行事実審理」(共著、荒木伸怡編著『非行事実の認定』弘文堂)、「少年事件の弁護はどのように行うか」(共著、『刑事弁護の技術(下)』第一法規出版)、「長田塾裁判で問われていること」(共著、芹沢俊介編『引きこもり狩り』雲母書房)、「思春期後期の自立・社会参加の支援——子どものパートナーを志して」(「世界の児童と母性」VOL.72所収・資生堂社会福祉事業団) 他。

●**浜田寿美男**(はまだ・すみお)
1947年生まれ。京都大学文学部卒業。奈良女子大学文学部名誉教授、立命館大学特別招聘教授。
著書に、『発達心理学再考のための序説』(ミネルヴァ書房)、『「私」とは何か』(講談社)、『自白の研究』(北大路書房)、『自白の心理学』(岩波書店)、『MHL8 臨床心理の問題群』(共著、批評社) 他。

●**木村一優**(きむら・かずまさ)
1966年生まれ。札幌医科大学医学部卒業。東京大学医学部付属病院精神神経科、ロンドン大学精神医学研究所児童青年精神医学部門、タビストッククリニック思春期部門を経て、2000年より、社団法人一陽会陽和病院に勤務し、現在は、社団法人一陽会こころのクリニック石神井院長。日本児童青年精神医学会評議員。

●**髙田知二**(たかた・ともじ)
1962年北九州市で生まれる。1986年京都大学理学部を卒業し、1991年名古屋大学医学部を卒業。岐阜大学医学部神経精神科に入局し、岐阜赤十字病院精神神経科医師、共立菊川総合病院精神科医長、岐阜大学医学部附属病院精神神経科講師などを経て、2009年からは岐阜県立多治見病院精神科部長。専門は、精神病理学、老年精神医学、総合病院精神医学、司法精神医学。
著書に、『市民のための精神鑑定入門：裁判員裁判のために』(批評社)、『精神分裂病 臨床と病理2』(共著、人文書院)、『現代医療文化のなかの人格障害』(共著、中山書店)、『MHL7 ひきこもり』『MHL23 うつ病論』『MHL26 高齢者の妄想』(共著、批評社)。訳書に、『新版精神分析事典』(共訳、弘文堂)。

メンタルヘルス・ライブラリー ㉚

死刑と精神医療

2012年7月31日　初版第1刷発行

編　集●高岡　健＋中島　直
制　作●字　打　屋
発行所●批　評　社
　　　　東京都文京区本郷1-28-36 鳳明ビル102A 〒113-0033
　　　　Phone. 03-3813-6344　Fax. 03-3813-8990
　　　　振替 00180-2-84363
　　　　e-mail book@hihyosya.co.jp
　　　　http://hihyosya.co.jp
印刷所●モリモト印刷㈱　　　　　ISBN978-4-8265-0566-6 C3047
製本所●㈱越後堂製本　　　　© Takaoka Ken, Nakajima Naoshi 2012 Printed in Japan

JPCA 日本出版著作権協会
http://www.e-jpca.com/

本書は日本出版著作権協会(JPCA)が委託管理する著作物です。本書の無断複写などは著作権法上での例外を除き禁じられています。複写(コピー)・複製、その他著作物の利用については事前に日本出版著作権協会(電話03-3812-9424 e-mail:info@e-jpca.com)の許諾を得てください。

メンタルヘルス・ライブラリー

中島直●著
犯罪と司法精神医学
――医療は迅速に、司法は慎重に！―― 触法精神障害者に対する厳罰主義の社会的風潮を背景に医療観察法が強行採決の末、成立した。医療現場を担う精神科医の立場から、触法精神障害者の医療と司法のあり方を精神鑑定事例の実際をとおして明らかにしつつ、司法精神医学の課題を根源的に検証する。　◆A5判並製／192P／本体2000円

サイコ・クリティーク

加藤智大●著　Psycho Critique17
解
2008年6月8日、私は東京・秋葉原で17名の方を殺傷しました。
〜私はどうして自分が事件を起こすことになったのか理解しましたし、どうするべきだったのかにも気づきました。それを書き残しておくことで、似たような事件を未然に防ぐことになるものと信じています。[本文より]　◆四六判並製／176P／本体1700円

芹沢俊介＋高岡健●著　Psycho Critique15
「孤独」から考える秋葉原無差別殺傷事件
「誰でもよかった」という告白の背後に潜む殺意は、家族という絆が断たれたときの衝動に根ざしている。「引きこもれなかった若者たちの孤独」をキーワードに、家族の変容から無差別殺傷事件へ至るプロセスを具体的に解明しながら、事件の真相を家族論的考察と精神医学的の知見によって再検証する。　◆四六判並製／192P／本体1700円

芹沢俊介●著　Psycho Critique 8
家族という絆が断たれるとき
社会の底が抜けた「個人化の時代」は、家族や地域、学校や会社でのコミュニケーションの場が喪失し、あらゆるものが個人の中に自己領域化されてしまい、相互の関係は遮断されていることを意味している。子どもたちの「いま」をとおして見えてくる家族の変容を、多様な事例分析をとおして明らかにする。　◆四六判並製／200P／本体1500円

髙田知二●著　Psycho Critique 16
市民のための精神鑑定入門――裁判員裁判のために
日本の刑事裁判においては被疑者の責任能力の判断が大きな要素を占めており、裁判員裁判がはじまったなかで、精神鑑定はこれから裁判員になるであろう多くの市民にとって避けてとおることのできない問題となる。現役の鑑定医が精神鑑定の全貌を分かりやすくまとめた入門編。　◆四六判並製／200P／本体1700円

「精神医療」66号　高岡健・中島直【責任編集】
【特集】裁判員裁判下の刑事精神鑑定　◆本体1700円
裁判員裁判におけるマニュアル的刑事精神鑑定の問題性を多面的に検証する。
中谷陽二、岡田幸之、金岡繁裕、川村百合、井原裕、髙田知二、木村一優、他。

＊表示価格は税別です。